古代歷史文化 研究輯刊

三 編

王 明 蓀 主編

第 10 冊

中古前期河北地區胡漢民族線之演變

廖 幼 華 著

國家圖書館出版品預行編目資料

中古前期河北地區胡漢民族線之演變／廖幼華　著 — 初版 —
台北縣永和市：花木蘭文化出版社，2010〔民99〕

目 2+250 面；19×26 公分

（古代歷史文化研究輯刊 三編：第 10 冊）

ISBN：978-986-254-095-4（精裝）

1.民族史　2.邊疆民族　3.漢族　4.中古史　5.河北省

639.1　　　　　　　　　　　　　　　　　　　99001486

ISBN - 978-986-2540-95-4

9 789862 540954

古代歷史文化研究輯刊
三 編 第 十 冊　　　　　　　ISBN：978-986-254-095-4

中古前期河北地區胡漢民族線之演變

作　　者　廖幼華
主　　編　王明蓀
總 編 輯　杜潔祥
出　　版　花木蘭文化出版社
發 行 所　花木蘭文化出版社
發 行 人　高小娟
聯絡地址　台北縣永和市中正路五九五號七樓之三
　　　　　電話：02-2923-1455／傳眞：02-2923-1452
網　　址　http://www.huamulan.tw 信箱 sut81518@ms59.hinet.net
印　　刷　普羅文化出版廣告事業
初　　版　2010 年 3 月
定　　價　三編 30 冊（精裝）新台幣 46,000 元

中古前期河北地區胡漢民族線之演變

廖幼華　著

作者簡介

廖幼華，1956 年生於台灣屏東，祖籍廣西融縣，中國文化大學史學博士。曾任職國家圖書館漢學研究中心編輯、國立花蓮師範學院副教授，現為國立中正大學歷史系教授。專長為中國歷史地理與隋唐史，除本書外另著有《歷史地理學的應用：嶺南地區早期發展之探討》專書及〈丹州稽胡漢化之探討：歷史地理角度的研究〉〈唐宋時代鬼門關及瘴江水路〉〈嚴耕望先生傳略〉〈唐宋時期邕州入交三道〉等學術論文三十餘篇。

提　要

　　本論文旨在打破科際界線，揉和歷史與地理二門學科，以呼應天人之間、尋求歷史真象。尤其中國自東漢以後進入一個大變化的時代；在自然環境方面，進入小冰河時期，氣候寒旱，導致史記所稱之「農牧分界線」南移，塞內外農特狀況大受影響；在人事方面，一連串的胡人入居行動不但自始展開，而且愈演愈烈，原居黃河流域的農業漢民族被迫大舉南遷，留居於北方的漢民族與迭起迭落的胡政權，雙方為維持其基本生存所需及政權的持續，也逐漸找到一個彼此可以共同生活的平衡點，在這個平衡點下，雙方雖偶有爭鬥，基本上仍可保持一個和諧同處的情勢。因此，任何一個新興的胡人政權皆無意、也無力打破這項均勢局面，使得胡、漢民族在這種大前提下，有足夠的時間與空間彼此逐漸涵化，為此後北魏孝文帝漢化埋下了種子，也是隋唐時代混合型文化產生的因子。這對整個中古時代來說，是段極重要的轉變周期，因此要深入探究中古時期的歷史變化，則必須先行了解中古前期河北地區是如何從一個以漢人為主、靜止的農耕社會轉變到胡漢混合的動盪社會，在這動盪社會中，雙方又如何達致平衡，否則，以後的歷史的發展將無所依附，而成為一項失根的史事探討。

　　本文共分七章，分別是緒論、中古時期河北地理分析、黃河區與胡人勢力之興衰、胡人政治核心——鄴經濟區之變動、農牧線南移前後之中山、沮洳地帶與中古前期之民族線、結論等。為求確實反映中古前期之自然與人文狀況，本論文除參考相關史籍及歷史專著，並閱讀大量方志、今古地理書與論文；配合統計、分析、演繹、比較及歸納方法的運用，期望得到一個客觀的結論，以解決長久以來對中古前期胡漢民族共同居住情形的大疑問。

目　次

第一章　緒　論

　　中國史家向來就有「左史右圖」、「史地兼修」的觀念，不過大都把「地理」的定義侷限在山川形勢的鋪陳上，目的僅在連接各史事間的關係及開展，以致於地理的解釋永遠只是史實的附註，無法有獨立、突出、及引導性的地位。近年來，由於自然科學的長足進步，相關研究一日千里，許多歷史學者逐漸了解到，地理的空間就如同歷史的時間一樣，也有因時遷移、交互影響與變化的功能，「滄海桑田」中的人事變化與自然變化，應是同等的重要，如何整合歷史與地理以兼採科際優點，遂成為探討歷史真象的重要方向。這個觀念首於 1907 年為美國氣象學家亨廷頓（Edward Huntington）所提出〔註 1〕；此後中國史地學者如丁文江、蒙文通、徐中舒、姚寶猷、竺可楨、陳高傭、呂蔚光、周廷儒及胡厚宣等人都曾試圖整合這兩門學科〔註 2〕，但不久又歸於沉寂。這些理論及其運用，或被疑為過於機械化，或解釋過於廣泛、籠統，以致對於地理知識的引用不夠確切，相對於歷史資料的解釋也不

〔註 1〕　美國氣象學家亨廷頓於 1907 年發表《亞洲的脈動》（*The Pulse of Asia*），書中強調歷史時期的氣象是有變化的，而這些變化即是導致幾次人文大變亂的基本根源，內容詳見氏著 *The Pulse of Asia* (Boston Press, 1907)。

〔註 2〕　丁文江著有〈中國歷史與人物之關係〉及 *Notes on the Records of Droughts and Floods in Shen-si and the Supposed Desication of N. W. China*，蒙文通〈中國古代北方氣候考略〉，徐中舒〈殷人服象與象之南遷〉，姚寶猷〈中國歷史上氣候變遷之一新研究〉，竺可楨則發表〈中國歷史上之旱災〉、〈我國歷史上氣候之變遷〉等，陳高傭《中國歷代天災人禍表》，呂蔚光〈華北變旱說〉，周廷儒〈中國西北歷史上氣候之變化〉，胡厚宣〈引自氣候變遷與殷代氣候之檢討〉等等。

夠周延，造成兩者整合的障礙，因此扼殺了這一正確研究方向的後續發展。

近數十年來，海峽兩岸傑出歷史學者重新又投身於這方面的研究工作，如嚴歸田師所著之《唐代交通圖考》、譚其驤先生的《長水集》、《歷史地圖集》，史念海先生的《河山集》、再集及三集，與岑仲勉先生的《黃河變遷史》，黃盛璋先生之《歷史地理論集》等等都是功力甚厚，影響深遠的論著〔註3〕；其他再如王恢師在史地方面的系列研究，陳正祥先生自地理角度對歷史的整合，及陳良佐先生對農業、水文的探討等，皆有諸多的貢獻〔註4〕。以上諸位學者或戮力於某方面的專精研究，或偏向於大範圍的地區探討，或著重於歷史上自然地理現象的研究，對於歷史與地理間的交互影響及其互動關係，似乎由於研究範圍所限，並沒有集中注意力於此。

除了以上諸位學者以外，還有一些學者從不同的角度解析人與地間的交互關係，而為後學者提供了一個良好的範本。在點的發展方面，金發根先生指出永嘉亂後，北方漢人有聚居於塢堡的情形〔註5〕，宮崎市定先生則認為夷狄化是從首都、重要都市及其附近地區開始〔註6〕。許倬雲先生在〈傳統中國社會經濟史的若干特點〉一文中所提出經濟網絡的看法〔註7〕，與嚴歸田師縝密嚴實的《唐代交通圖考》〔註8〕、冀朝鼎先生之基本經濟區理論等〔註9〕，都是拓展點與點，進而擴及線與面研究的關鍵性著作。至於在面的研究上，

〔註3〕 嚴耕望，《唐代交通圖考》（台北：中研院史語所，民國74～75年出版），五冊。譚其驤，《長水集》（北京：人民出版社，1987年7月出版），二冊，《歷史地圖集》（北京：地圖出版社，1982～1987年出版），八冊。史念海，《河山集》（北京：人民出版社，1985至1988年），三冊。岑仲勉，《黃河變遷史》（台北：里仁書局，民國71年出版），一冊。黃盛璋，《歷史地理論集》（北京：人民出版社，1962年6月出版），一冊。

〔註4〕 王恢著有《禹貢釋地》，《中國歷史地理》二書及相關史地著作數十篇。陳正祥著作多收錄於《中國文化地理》一書中，陳良佐之相關著作則有：〈我國歷代輪種制度之研究〉、〈我國古代的麥（上）、（下）〉、及〈從《漢書・地理志》試論我國古代黃河下游的黃河主流及其分流〉等。

〔註5〕 金發根，《永嘉亂後北方的豪族》（台北：中國學術著作獎助委員會，民國53年9月初版）。

〔註6〕 宮崎市定，〈六朝時代華北の都市〉，《東洋史研究》二十卷二號（1961年9月），頁53～74。

〔註7〕 許倬雲，〈傳統中國社會經濟史的若干特點〉，收錄在氏著《求古編》（台北：聯經出版社，民國71年出版），頁3～21。

〔註8〕 參見註3。

〔註9〕 冀朝鼎著，朱詩熬譯，《中國歷史上的基本經濟區與水利事業的發展》（北京：中國科學出版社，1981年6月初版），一冊。

許倬雲先生的隙地理論〔註 10〕，以及日本木村正雄先生的第二次農地的說法〔註 11〕，把自然環境與人文發展間的相互關係，做了極佳的說明。日本前田正名先生對於平城的研究〔註 12〕，則是結合歷史與地理，對拓拔氏王朝前後約四百年的一項綜合性探討，爲擴大歷史範疇，結合地理知識研究的另一良好典範。至於天野元之助、米田賢次郎、大澤正昭、滕田勝久諸位學者，對於農業經濟及農業之研究〔註 13〕，與谷川道雄先生的國家共同體觀念〔註 14〕，都是涉及歷史、地理，而又掌握本時期社會大脈動的重要著作。

　　中國自東漢末年以降，胡族大舉入侵塞內，並逐步向黃河中、下游集中，使中國不論在政治、社會、文化及經濟上都產生了驚天動地的影響，其間變化主導了中國此後七百餘年（即中古時代）的歷史發展。在這段始自漢末胡人入居，迄於五代胡人政權分立、割據的中古大變動時期，胡漢民族間的糾葛纏繞，河北地區一直爲主要的活動舞台，其間雖曾擴散及於整個北部地方，甚或黃河以南之地，不過，中國境內胡族政權的興衰、強弱，仍視其能否控制河北地區（指易水以南、黃河以北之河北山麓、平原地帶）而定；因此，河北地區基本上是中古時期北中國胡漢關係消長的樞紐地帶。這段中國歷史上的大動亂，肇始於漢末魏初，至西晉末年達於頂點，舉凡胡郡中之匈奴、羯、氐、羌及鮮卑，都積極的參與了黃河流域的政權爭奪，直至拓拔氏南下，北中國才歸於一統。在這連年征戰，兵騎狂飆的時代，留在北方、未隨東晉政府南遷的漢人（尤其河北地區），不得不與入侵的胡人建立一些互

〔註 10〕許倬雲，〈序言〉，《第一屆社會經濟史研究會論文集》（台北：中央研究院，民國 71 年出版），頁 1～7。

〔註 11〕木村正雄，〈中國の古代專制主義とその基礎〉，《歷史學研究》，第二一七號（1958 年 3 月）及〈中國古代專制主義の基礎條件〉，《歷史學研究》，第二二九號（1959 年 3 月）。

〔註 12〕前田正名，《平城の歷史地理學的研究》（東京都：風間書房，昭和 54 年出版）。

〔註 13〕天野元之助著有《中國農業史研究》及《中國農業經濟論》二書，米田賢次郎則發表：〈呂氏春秋の農業技術に關する一考察——特に氾勝之書と關連〉、〈陂渠灌漑下的稻作技術，華北乾地農法より見た北魏的均田規定の一解釋〉、及〈漢六朝間の稻作技術について——火耕水耨的再檢討を併せて〉等論文，大澤正昭有：〈唐代華北の主穀生產と經營〉，藤田勝久則發表：〈漢代における水利事業の展開〉、〈「四民月令」の性格について——漢代郡縣の社會象〉等。

〔註 14〕谷川道雄，〈自營農民と國家との的共同體的關係〉，名古屋大學《東洋史研究報告》第六期（1908 年）。

利的共同生活方式，所以這段時期胡漢民族間雖有衝突，但亦同時涵化，這是隋唐兼具胡漢文化的重要歷史背景之一，同時河北地區的一些特殊性，又是瞭解魏晉南北朝隋唐時代北中國東西方政治發展的基礎。因此，如果要深入探究中古時期的歷史變化，則必須先行了解中古前期這個地區（易水以南、黃河以北之河北山麓、平原地帶）如何從一個單純的漢人農耕社會，轉變到胡漢農牧畜業混合社會，在動盪社會中雙方又如何的漸趨平衡；否則，以後的歷史發展將無所依附，而成為一個失根的個別性探討。

到底在胡人大舉入居的中古前期，河北地區的胡、漢分佈情形如何？有無地區性的限制？如有限制，造成限制的條件是什麼？是否有所謂「胡人活動優勢區」的存在？胡人在進入原以農業為主的河北後，需不需要改變原來的維生方式（畜牧、或半農半牧）？是以散居方式與漢人雜居？還是擇地自居？徙入後活動地點是否繼續向外開展？這種居住地的拓展是否有極限？如果有，臨界地方所表露出的現象為何等等，這一連串的問題，正足以顯示中古時期胡人在入居河北後，整個地區之社會、文化、政治及經濟變動的根源所在；這種追本溯源的方法，對中古時期以後的歷史開展及影響，將能提出更完整的背景說明。

本文以此立意，承繼諸位先進學者的研究成果，以史籍記載為基礎，再廣泛閱讀相關自然地理著作，以求切實回歸歷史事件發生時的真實情狀；並參考河北方志，而在可變與不變的地理條件間，找尋到一個基準點。利用統計、分析、比較、演繹及歸納等方法，盡量擴大著眼範圍，冀望避免地理決定論的單一論證，使史實的開展與地理的變化能相互印證，而達到更進一步歷史解釋的提昇。

中古前期這個動盪時代，北方社會以胡人為活動主角；不過這些胡人由於長久以來的複雜統屬關係及混血，很難確實界定其真正所屬族群為何，故歷來學者對此皆難下定論；本文旨在探討河北社會漢胡分佈情形，對於胡人的族群未作更細分類。因此，凡所稱之胡人，皆泛指相對於漢人的外族而言，以避免與本文主旨無關的族系爭論。從另一面來說，本文的重點是歷史地理，故著重在地理與人文間相互影響與變動的探討，因此對於胡漢民族研究方面如：民族涵化與衝突問題、胡人對於漢民族統治方式的問題、及漢人加入胡政權的情形等相關討論，雖然都是重要課題，但與本文主題並非直接關聯，所以不列入本論文討論範圍，這些問題以後再逐步研究。在地區界定

上，今日所稱之河北，多指燕山山脈以南、黃河以北、太行山脈以東、渤海以西的山麓、平原地帶；不過，中國在東漢以降，燕山以南、易水以北的河北北部地區，發展出一項性質極為複雜的變化——漢人與胡人政權頻起頻落，有獨立於黃河流域發展之外的情勢，其間之發展與變化，對於整個中國而言，其重要性略遜於太行山東麓之河北平原，且內容龐大、複雜，非短文可予說明，所以本論文無法兼顧，只好割捨，留待他日另文討論。

第二章 中古時期河北地理分析

第一節 小冰河期與農牧線之南移

氣候是地理自然變化過程中主要的因素之一，它直接影響到水文條件，地貌外營力及土壤、植被的形成與分佈，因此氣候因素在自然景觀的形成、發展及利用改造過程中，扮演著塑造國家或民族文化生態環境的重要角色，而其中尤以溫度的變動最為重要；一般人多以為在日常生活中，溫度上下變化幾度，並不會影響到人類生活，尤其臺灣地區有時早晚溫度相差個四、五度，亦不足為奇，更何況歷史時期前後幾千年當中，相差一、二度又何足為怪？但以農作環境來看，年平均溫的變化，有時只是冷了一度，就會提早降霜，縮短了生長期；在溫差起伏較大的內陸氣候區，尤對農作物造成嚴重影響。以冰島地區為例，年平均溫下降攝氏一度，就可以縮短植物生長季節百分之二十七之多；長城一帶草原也是一個邊際地區，微小的氣候變化，可以立刻引發生態的改變〔註1〕。河北地區雖非在邊際地帶，不致有溫度的微小更動，即引發大變化的情形，但由於位置緊鄰邊際地帶，溫度下降，也同受生長季節縮短影響。

再由人文狀況的角度來說，生態環境惡劣，將促使人類生活更形困難，為求生存，獲得基本生活所需，改變耕種習慣、遷徙、戰爭及掠奪，常成為不可避免的行為；許倬雲先生曾明白的指出：

> 其實游牧民族的生活方式，中原並不是他們理想的居住地區。大致

〔註1〕 許倬雲、孫曼麗，〈漢末至南北朝氣候與民族移動的初步考察〉，《蔣慰堂先生九秩榮慶論文集》（台北：商務印書館，民國 76 年出版），頁 236。

說來，游牧民族只要能獲得中原的若干物質（如絲帛、茶、鹽及穀類），能有效出售北亞畜牧產品（如牲口及毛皮）的市場，游牧民族並不想要侵略中國。若游牧民族大量移入中國，必是在北方草原有了住不下去的困難；天然災難，每是使他不能不遷徙的原因。〔註2〕氣候改變使得原來勉可維持往來的游牧、農業民族間的關係，趨於緊張，這種現象的發生，並沒有時間、對象的限制，卻造成整個中國延續數百年的大動亂。考諸史實，從周末的戎、狄入侵、晉代五胡亂華、宋朝金人南下，元人滅宋到滿族入關等幾次外族大入侵，恰都發生在氣象學家所稱的中國小冰河期上〔註3〕；顯然這些外族進入中原，多半是因為小冰河期的氣候異常乾旱，草原已無法繼續畜牧，塞內牧馬遂成為當時最佳的選擇。對於塞內的農耕漢民族而言，因生態環境改變而導致生活條件惡劣的情形，雖不及游牧民族受害之深，農業定耕活動卻禁不起狂飆游掠式戰爭的破壞，只好離開原住地，遷徙他處，以尋求另一個安和樂利的定耕環境；這三種現象通常是連串影響的，其間有緊密關係，因果相循。

從西漢末葉到隋朝初年（即漢成帝建始四年至隋開皇二十年，西元前29～西元600年）中國進入氣象學中的第二個小冰河期，氣候轉為乾冷〔註4〕。在這六百二十九年中，我們如果依照它的寒冷度，還可更精確的劃分為四個時段〔註5〕。西漢末至東漢初（前29～219年）的第一期，中國氣候寒冷乾燥，史書中只有「大寒」、「大雪」而無「冬無雪」、「夏大襖」或「冬暖無冰」的記載，甚至於有夏四月雨雪、燕雀凍死，桃李到秋天才結實的記錄〔註6〕。

〔註2〕 同註1。

〔註3〕 劉昭民，《中國歷史上氣候變遷》（台北：商務印書館，民國71年3月出版），頁23～24。

〔註4〕 劉昭民，前引書，頁22～25。

〔註5〕 劉昭民先生將這六百二十九年的寒冷期劃分為四段：（一）西漢成帝建始四年至東漢獻帝建安二十四年（前29～219年）。（二）魏文帝黃初元年至陳留王咸熙元年（220～264年）。（三）晉武帝泰始元年至晉恭帝元熙二年（265～420年）。（四）劉宋武帝永初元年至隋文帝開皇二十年（420～600年）。許倬雲先儷則更進一步根據史籍中的寒冷記事，做出「公元90～590年寒冷記事分佈圖」，精確的指出中古時期中最冷的四個時段分別是：（一）西元90～130年、（二）西元180～200年、（三）西元270～330年、（四）西元410～540年。

〔註6〕 班固，《漢書》（台北：鼎文書局，點校本，民國68年二版），〈成帝紀〉，建始四年及陽朔四年紀事。

按：今日中原及黃河流域桃李結實的季節在農曆五、六月時，而西漢末年竟遲至秋季。

據科學家推算，其年均溫比今日約低〇・五至一度左右；如果依寒冷記事圖〔註7〕來看（參見圖一），這期的寒冷峰出現在西元 90～130 年間，及 180～200 年的兩個時段中，因此這兩個時段的平均溫應比同期的溫度還要再低一些。三國以後邁入第二期（220～264 年），這一期的氣候一如東漢，寒冷依舊，長江、淮河都曾結冰，魏文帝因是罷南征之兵北歸，《三國志・魏書》，卷二，〈文帝紀〉載：

> （黃初六年）冬十月，行幸廣陵故城，臨江觀兵，戎卒十餘萬，旌旗數百里，是歲大寒，水道冰，舟不得入江，乃引還。〔註8〕

可見本期的寒冷記事雖然少，氣溫也可能和前期一樣，比今日低一度左右。晉武帝泰始元年（265 年）以後的第三、四個時期，中國進入史上最寒冷的時期，如表一：〈中古時期寒暖年數表〉所示。在 224 年間，夏霜夏雪的年數有二十一次，冬季大雪年數五十次，而冬無雪無冰的記載只有二次；再從寒冷紀事分佈圖來看的話，西元 270～320 年，及 410～540 年二個時期的寒冷記事不但多、延續的時間也長，是中古的二個寒冷尖峰期，而尤以第四期為甚。從北魏太祖天賜五年（408 年）到肅宗興和二年（540 年），陰霜雨雪的記載有四十一起，為歷代所未有。像這樣寒冷的狀況，根據史籍的記載，情形仍可想見。《晉書》，卷一〇五，〈石勒載記〉下云：

> 暴風大雨，震電建德殿端門，襄國市西門，殺五人。雹起西河介山，大如雞子，平地三尺，汻下丈餘，行人禽獸死者萬數，歷太原、樂平、武鄉、趙郡、廣平、鉅鹿千餘里，樹木摧折，禾稼蕩然。〔註9〕

《晉書》，卷一〇六，〈石季龍載記〉上亦云：

> 冀州八郡雨雹，大傷秋稼，下書深自答責。遣御史所在發水次倉麥，以給秋種，尤甚之者差復一年。〔註10〕

另《通鑑》，卷一四八，〈梁紀四・武帝天監十四年〉載：

> 是冬，寒甚，淮、泗盡凍，浮山堰士卒死者什七八。〔註11〕

〔註7〕　同註5。
〔註8〕　參見陳壽，《三國志》，點校本（台北：鼎文書局，民國 66 年 2 月三版）及《魏書》，卷二，〈文帝紀〉，頁 85 所載。
〔註9〕　房玄齡，《晉書》，點校本（台北：鼎文書局，民國 76 年 5 月五版），卷一〇五，〈石勒載記〉下，頁 2749。
〔註10〕　《晉書》，卷一〇六，〈石季龍載記〉，頁 2763。
〔註11〕　司馬光，《資治通鑑》（台北：啟業書局，民國 66 年初版），卷一四八，〈武帝天監十四年〉，頁 4620。

這些寒冷記載所涵蓋的範圍，不但包括了中國的北、南部，而且情形極為嚴重，對農作也造成極大的傷害。《魏書·太宗詔賑霜旱》載：

> 頃者以來，頻遇霜旱，年穀不登，百姓飢寒不能自存者甚眾。〔註12〕

貼切的說明了當時的狀況。

物候也是觀察氣候變化的另一指標，尤其在以農立國的中國社會，依時耕種、入山林是維持生產於不墜的不二法門，而一般史籍對這一方面的記錄也頗為周全，可以做為推測溫度的基準。《魏書·律曆志》載云：

> 立春，雞始乳，東風解凍、蟄虫始振。雨水，魚上冰、獺祭魚、鴻雁來。驚蟄，始雨水，桃始華，倉庚鳴。春分，鷹化鳩，玄鳥至，雷始發聲。清明，電始見，蟄蟲咸動，蟄蟲啟戶。穀雨，桐始花，田鼠化為駕，虹始見。立夏，萍始生，戴勝降於桑，螻蟈鳴。小滿，蚯蚓出，王瓜生，苦菜秀。〔註13〕

與春秋戰國時代的《尚書·夏小正》、《呂氏春秋》以及西漢時代的《禮記·月令》、《逸周書》所載之物候相比，南北朝時代的物候遲一候至數候不等〔註14〕。如果拿《齊民要術》中記載的物候來比較的話：

> 三月上旬及清明節桃始花為中時，四月上旬及棗葉生、桑花落為下時。〔註15〕

《齊民要術》的時代（北魏）桃始花、棗葉生及桑花落的時間，比現世要遲十五至三十天，與《魏書》記載的情形一致，可見其時的氣溫比上古時代要寒冷得多。

至於這一寒冷期的確切溫度到底應該是多少，學者也有不同的估計；劉

〔註12〕魏收，《魏書》（台北：鼎文書局，民國76年5月五版），卷三，〈太宗紀〉，頁56。

〔註13〕《魏書》，卷一〇七上，〈律曆志〉上，頁2679～2680。

〔註14〕《尚書·夏小正》：「一月……柳梯……桃始華。二月……來降燕乃睇。……五月，蜩鳴」。

《呂氏春秋·十二紀》：「二月仲春，始雨水，桃李華……玄鳥至。五月，蟬始鳴。」

《禮記·月令》：「二月，始雨水，桃始華……玄鳥至……五月，是月也，日長至，蟬始鳴」。

《逸周書》：「驚蟄之月，桃始華……春分之日，玄鳥至……五月，夏至之月……又五日，蟬始鳴」。

〔註15〕賈思勰撰，繆啟愉校釋，《齊民要術校釋》（台北：明文書局，民國75年1月初版），卷一，〈種穀第三〉，頁43。

昭民先生以爲應比今日低○·五至一度〔註16〕，竺可楨先生卻認爲不止如此，至少應該比今低一到二度才是〔註17〕。依據中古時期寒冷變化的情形來看，東漢位於由暖轉寒的交替期上，氣溫就比今日低○·五至一度，此後隨著寒冷巓峰期的來到，溫度也應該逐步的降低，《通鑑》記載，晉咸寧二年河北渤海灣一帶，從昌黎到營口甚至有連續三年全部冰凍的情形〔註18〕，平均氣溫該是相當低的。根據大陸歷史地理學者近年來的研究，估計當時年均溫約比現在低一至四度〔註19〕，比劉昭民先生的估算數目，相差了二到三度；竺可楨先生由格陵蘭冰塊比較歷史時期的溫度變化，經證實頗爲正確（參見圖二）。綜合他們的推測，可知當時均溫應比今日下降攝氏二度左右。

從均溫分佈圖上來看，我國今日年均溫十度的等溫線從渤海灣沿岸起，沿著燕山山脈南麓今長城西南行，過北平，踰太行山至太原、永和，再穿過黃河，到達隴山山脈東麓（參見圖三）。這條線不但是史記貨殖列傳所稱的「碣石、龍門」農牧分界線〔註20〕，也正是我國今日春麥、冬麥種植的區分線（參見圖四），農作一種、二種分界線（同見圖四）及農牧二區分野線〔註21〕（參見附圖五）。這一農牧分界線與年均溫十度等溫線重疊的現象，在氣象及地理學上來講，絕非巧合可言。根據氣象科學顯示，它不但是夏季季風、降雨的極限，而年均溫十度又正是植物生長的活躍期，在生長期中也較無霜害之虞〔註22〕。至東漢以後，中國進入寒冷乾旱期，頻年的大寒與夏雪對植物所造成的傷害，我們姑且不論；其年均溫下降一至二度，今日的年均溫十度線也勢必隨而南移，根據均溫移動推斷，中古時期年均溫十度線應該在今日均溫線以南、汾水南岸年均溫十二度線以北的地方，今年均溫十二度線由天津北向西延伸，至北平南再西南行，穿越太行山，至汾水以南地區踰黃河，達西安西

〔註16〕劉昭民，前引書，頁84。
〔註17〕竺可楨，〈中國歷史上氣候之變遷〉，《東方雜誌》第二十二卷三期，頁84～99。
〔註18〕詳見《資治通鑑》，卷九十五，〈晉武帝咸寧二年〉紀事。
〔註19〕中國科學院中國自然地理編輯委員會，《中國自然地理》（北京：科學出版社，1980年出版），第二章第一節，頁9～10。
〔註20〕司馬遷，《史記》，點校本（台北：鼎文書局，民國64年一版），〈貨殖列傳序〉，頁3254。
〔註21〕王益厓，《中國地理》（台北：國立編譯館，民國59年七版），下冊，頁249。
〔註22〕日均溫在日較差大於十至十二度的時候，當日平均氣溫高於四度時，早晨溫度仍有可能降低至零度以下，因此在生長期內仍可能發生霜凍。詳見任美鍔，《中國自然地理綱要》（北京：商務印書館，1979年7月出版），頁49～53。

側（同見圖三），約南移了一緯度。換言之，魏晉時期的天然農牧分界線也隨著均溫線南移到今日涿縣、正定、壺關、臨汾及寶雞的連結線附近（參見圖六）。大陸歷史地理學者龔法高等先生，根據生物的分布來推算漢朝至南北朝時期亞熱帶北界的位置，比今日南移一度左右〔註23〕，與本文推論不謀而合，可見這條南移的農牧線所在，應該頗為接近事實。

　　氣溫下降，除了造成自然農牧分界線的南移外，雪日、霜期的延長，也使得整個農業地區的作物農耕期、生長期及生長活躍期跟著縮短〔註24〕；我們雖然缺乏確切的數據可以說明，年均溫下降二度會損失多少農耕期及生長期，如果拿今天的北方年均溫來推算的話（參見表二），青島、保定、平定、大同、太原、蒲州都在鄰近北方的氣候變化影響區內，氣溫下降一至二度皆能導致縮短一個月左右的生長期或生長活躍期；北平與天津雖然臨近渤海，受海洋氣候的調節，情況較好，但三月、十月的氣溫仍相當的低，對早春播種、晚秋霜害有影響（參見表三），若逢大寒年歲，狀況將更形不利；至於濟南、開封及徐州的黃河南岸城市，氣溫較高，比較不受影響，氣溫下降二度對農作物所造成的傷害，也遠不及靠近邊際地區的北方。從以上各方面來看，我們可以斷言，中古前期氣候的轉寒，對北方生態環境勢必造成不小的影響，在農牧線南移後，所發生一連串的胡人大舉內遷，西晉政權瓦解及漢人大量南徙等人文活動，應該都與此有密切的關係。

表一：中古時期寒暖年數表

朝　　　代	西　漢	東　漢	三　國	晉	南北朝	隋　唐	五　代
所歷年數	230	196	45	155	169	318	53
下雪及大寒年數	7	3	3	26	24	39	2
春霜秋霜年數	1	0	1	10	20	15	0
夏霜夏雪年數	5	2	0	6	15	7	0
冬春無雪無冰年數	2	0	0	0	2	19	0
冷暖期	暖　期	冷　期	冷　期	冷　期	冷　期	暖　期	暖　期

（本表節錄自劉昭民《中國歷史上之氣候變遷》）

〔註23〕龔法高等，〈歷史時期我國氣候帶的變遷及生物分布界限的推移〉，《歷史地理》，第五輯，1987年5月，頁1～10，參見表五。

〔註24〕黃美智，《華北小農經濟與社會變遷》（台北：谷風出版社，民國76年9月出版），頁67，及任美鍔，前引書，頁43、170。

表二：華北各地月平均氣溫及生長期表

地名＼月名	1	2	3	4	5	6	7	8	9	10	11	12	生長月數	生長活躍期月數
天津	−4.2	−1.8	4.8	13.1	19.5	24.3	26.5	25.8	20.9	14.0	4.7	−2.2	7	7
保定	−5.1	−1.1	6.0	13.6	20.8	24.9	26.9	24.8	20.6	12.8	4.3	−2.0	8	7
北平	−4.4	−2.6	4.5	12.9	20.2	24.4	26.5	25.0	20.0	12.3	2.9	−2.0	7	7
平定	−5.7	−1.9	4.8	8.4	17.7	21.8	25.7	26.1	20.8	14.0	5.4	−0.9	8	6
大同	−9.0	−4.4	1.8	9.0	14.8	20.8	22.9	21.4	15.4	9.6	0.7	−3.6	7	5
太原	−7.3	−2.5	5.0	12.2	19.2	23.0	25.4	23.0	17.9	10.3	1.8	−4.3	8	7
蒲州	−3.4	−0.4	6.5	9.3	14.9	20.2	26.2	28.0	21.7	17.0	9.0	−0.9	8	6
濟南	−1.7	1.5	8.3	15.8	22.6	27.0	28.2	26.5	22.3	16.4	8.3	1.1	9	7
開封	−1.2	2.0	7.5	14.3	21.2	25.8	29.0	25.8	21.4	14.7	9.0	3.3	9	8
西安	−1.6	2.3	8.7	14.7	20.9	26.7	28.3	26.2	20.8	14.0	7.4	1.9	9	7

表三：北方主要城市降霜期表

地　名	初　霜	終霜期	（日）	實際有霜日數
濟　南	10 月 31 日	3 月 19 日	140	48.1
北　京	10 月 15 日	4 月 4 日	172	46.0
包　頭	9 月 25 日	4 月 20 日	218	100.0
蘭　州	10 月 20 日	4 月 2 日	165	41.5

（本表節錄自任美鍔等：〈我國各地霜期表〉）

第二節　乾旱與河北農業之衰微

　　乾旱，是中古前期氣候變化後的另一項產物，它對人類活動所造成的影響，比氣溫下降更爲嚴重，尤其在以農業爲主的傳統中國社會，降雨不時或不足，幾乎就是歉收與飢荒的同義詞。在降雨不時或不足時，灌漑是維持農作物生長的不二法門。不過，灌漑設施的建立，需要大量人力、物力的配合，及一個專責的指揮、管理機構，做長期性的維修，這些都要統一、強大的政府掌籌，否則將無以爲繼。即使人文條件能完全配合，在某些地區，由於地理環境上水源的限制，甚至連小型的地區性灌漑工程也無法設立。根據民國 42 年的統計，河北省各地灌漑面積，能佔耕地百分之十以上者，尚不及

全省的四分之一〔註25〕，而且多半集中在太行山東麓的夏季降雨迎雨區（參見圖七）。在科技昌明的今日，情形尚且如此，在耕作技術尚未發達，不能大規模實施灌溉的中國古代農業社會，降雨的多寡及時間恰當與否，就更能主宰農作物的收穫量；長時期的缺雨，甚至會造成大範圍的荒旱及飢饉。

雖然中國最晚在漢朝時期已發展出完整的旱耕體系，不過旱耕除了需要大量的人力鋤作外，適度的水分供應仍屬不免。這種自然性的降水問題，並非人力所能及，於是「旱暵則舞雩」，求之於天，乃成爲不可避免之事，《詩經・大雅・雲漢篇》記載：

> 倬彼雲漢，昭回於天。王曰於乎，何辜今之人。
>
> 天降喪亂，飢饉薦臻。靡神不舉，靡愛斯牲。圭璧既卒，寧莫我聽。旱既太甚，蘊隆虫虫。不殄禋祀，自郊徂宮。上下奠瘞，靡神不宗。后稷不克，上帝不臨。耗斁下土，寧丁我躬。旱既太甚，則不可沮。赫赫炎炎，云我無所。大命近止，靡瞻靡顧。群公先正，則不我助。父母先祖，胡寧忍予。旱既太甚，滌滌山川，旱魃爲虐，如惔如焚。我心憚暑，憂心如薰。群公先正，則不我聞。昊天上帝，寧俾我遯。〔註26〕

對於當時乾旱酷烈，河川枯竭、飢饉頻繁，政府束手無策，只好再三求助於天的無奈情形歷歷如繪。一般學者認爲〈雲漢篇〉是西周末年宣王時代的作品〔註27〕，正是中國史上第一個小冰河時期的開始〔註28〕，氣候乾燥寒冷，與中古前期的狀況相同。在人爲的努力下，灌溉設施的開鑿，最晚在春秋末年即已出現，這對中古時代乾旱期的來臨有相當大的舒解作用；曹操鑿渠、築水門及廣泛的屯田都是大小不等的水利開發，因此，幽州地區即使是「寒且旱，二百里無復水」〔註29〕，河北地區仍然維持著相當繁榮的狀況；不過

〔註25〕黃美智，前引書，頁59～65。

〔註26〕程俊英譯註，《詩經譯註》（台北：宏業書局，民國77年9月再版），頁581～586。

〔註27〕《詩經》，《十三經註疏二》（台北：藝文印書館，據重刊宋本影印），頁658～659，詩序：雲漢仍叔美宣王也，宣王承厲王之烈，內有撥亂之志，遇災而懼，側身修行，欲銷去之，天下喜於王化復行，百姓見憂，故作是詩也。

〔註28〕劉昭民，前引書，頁45。

〔註29〕詳見本論文第四章第一節，及《三國志・魏志》，卷一〈武帝紀〉註引〈曹瞞傳・建安十二年〉記載：時寒且旱，二百里無復水，軍又乏食，殺馬數千匹以爲糧，鑿地入三十餘丈乃得水。

這樣的情形在西晉衰微，不重視農業的胡人入居後，就消失了。乾旱的情形可能與詩經所載不相上下。《晉書》，卷十九，〈禮志上〉載：

> 左氏傳「龍見而雩」，經典尚矣。漢儀，自立春至立夏，盡立秋，郡國尚旱，郡縣各掃除社稷。其旱也，公卿官長以次行雩禮求雨，閉諸陽，衣皁，興土龍，立土人，舞僮二佾，七日一變，如故事。武帝咸寧二年，春久旱。四月丁巳，詔曰：「諸旱處廣加祈請」。五月庚午，始祈雨於社稷山川。六月戊子，獲澍雨。此雩之舊典也。太康三年四月、十年二月，又如之。〔註30〕

事實上晉武帝時代的荒旱記載甚多〔註31〕，見載於〈禮志‧求雨篇〉上的四次，可能是情況最嚴重的。此後隨著政局的紊亂，情形也每下愈況，史載：

> 大興二年，大旱，詔求讜言直諫之士……咸和初，夏旱，詔眾官各陳致雨之意。〔註32〕

> （懷帝永嘉三年）夏，大旱，江、漢、河、洛皆竭，可涉。〔註33〕

到五胡相繼建立政權，狀況依然無法舒解，《晉書》又云：

> 時眾役煩興，軍旅不息，加以久旱穀貴，金一斤直米二斗，百姓嗷然無生賴矣。〔註34〕

> （慕容）雋送冉閔既至龍城，斬于遏陘山。山左右七里草木悉枯，蝗虫大起，五月不雨，至于十二月。〔註35〕

傳統社會多以災異附會人事，姑且不論；而五月至十月正是農作物的生長、收成季節，半年不雨、草木皆枯對於農業的打擊想亦可知。此諸胡政權或「隨山澤采橡捕魚」〔註36〕或「丐百姓田租」〔註37〕，甚至於「噉死人肉」〔註38〕，充分顯示出對於乾旱的無奈與無助。

　　史籍中這類記載雖然不少，透露的訊息卻不夠全面性；我們雖可以據以了解旱象事實，卻無法掌握更進一步的狀況。在理想的狀況下，如果能有詳

〔註30〕《晉書》，卷十九，〈禮志上〉，頁597。

〔註31〕參見《晉書》，卷三，〈武帝紀〉，頁49～80所記。

〔註32〕《晉書》，卷八十二，〈虞預傳〉，頁2144、2146。

〔註33〕《資治通鑑》，卷八十七，〈晉紀九‧懷帝永嘉三年〉，頁2743。

〔註34〕《晉書》，卷一〇六，〈石季龍載記〉上，頁2764。

〔註35〕同註34，頁2797。

〔註36〕同註34。

〔註37〕《晉書》，卷一〇九，〈慕容皝載記〉，頁2826。

〔註38〕《晉書》，卷一一五，〈符登載記〉，頁2948。

細的降雨記錄，做爲分析的基準，再配合史籍中有關災情的敘述，必能精確的描繪出當時一般乾旱情形。可惜中國雖然自漢朝起就有調查降雨的制度〔註39〕，卻因只是做爲施政參考，而未留下任何有關記錄供後人研究。所幸乾旱是農業社會的大事，史籍內的本紀、災異志都有簡略的敘述，這種概略性的資料應用在短時間的研究上，固然顯得不夠清楚，無法具體的凸顯事實。但若作長時期的運用，再經過統計、分析及比較，可以得到一個接近事實的結論，勾勒出某一期間氣候的乾溼狀況。

　　爲比較、凸顯中古前期的乾旱情形，本文將統計時間延長，由西漢高祖元年起到唐天寶十四載安祿山反叛爲止（前206～755年），以史籍中有關乾旱的二八九條記載爲基礎（見附表四），三十年做一時間劃分單位，每一乾旱記錄不分程度輕重皆計數一次，繪成「漢至唐中葉旱災頻率圖」（參見圖七）。我們根據曲線圖所示，可以發現在961年間，旱災發生的頻率有二個高峰期及二個低峰期。第一個低峰期從漢高祖元年起，貫穿整個西漢時期直至東漢初，共二百三十一年，是整個統計中乾旱頻率最低者；氣象學家認爲此一時期是歷史上的暖溼期〔註40〕，降雨應該不會太少。第一個乾旱期出現在東漢初年，此後逐年攀升，到和帝、安帝時到達高峰，再頻年下降，至沖帝年間至另一低峰期；在這一百二十五年間，乾旱指數雖然上升很快，但下降得也快，形成一個尖瘦的洪鋒。第二個低峰期自沖帝起到晉武帝泰始元年以前，共持續一百二十年；本期氣候雖然寒冷〔註41〕，卻不甚乾旱，只比第一期的指數略高，可算是前後二個乾旱高峰間的一個緩衝期。晉武帝泰始年以後，中國進入歷史上旱災最嚴重的時期，旱災發生的次數不但多，延續期也長；根據史書記載，從晉成帝咸康二年（336年）迄東晉滅亡（420年）的八十餘年間，中國無一因雨成災的記錄

〔註39〕鄭樵，《通志》（台北：新興書局，民國48年初版），卷四十二，〈禮略一〉載：後漢自立春至立夏盡立秋，郡國上雨澤，若少，郡縣各掃除社稷，公卿官長以次行雩禮。
　　　　又：顧炎武，《日知錄》（台北：世界書局，民國70年六版），卷十二載：洪武中，令天下州長史，月奏雨澤。蓋古者龍見而雩，春秋三書，卜雨之意也。承平日久，率視爲不急之務。永樂二十二年十月，通政司請以四方雨澤章奏，送給事中收貯。上曰：「祖宗所以令天下奏雨澤者，欲前知水旱以施恤民之政，此良法美意。今州縣雨澤，乃積於通政司，上之人何由知，又欲送給事中收貯，是欲上之人不知也。如此徒勞州縣何爲？自今四方所奏雨澤，至即封進親閱也」。
〔註40〕劉昭民，前引書，頁62～69。
〔註41〕詳見前節所論。

〔註42〕，而旱災竟達三十四次之多，為歷史上乾旱顛峰。期間雖然在西元 415
年以後的六十年間，有乾旱指數滑落的現象，也還是比乾旱低峰期的最高指數
高，而且很快就恢復了乾旱的高峰，在旱災頻率圖上呈現著連接式的高峰（同
見圖七）。由以上可見，本期除了漢末三國的一百二十年以外，基本上是長時間
處在乾旱的情形中，而屬於乾旱的氣候類型。

　　農作物歉收，是乾旱所造成最快也最直接的結果，通常與之俱來的還有
飢荒及流亡；不過在安土重遷的中國社會裡，如果旱災發生的頻率不高，短
期的歉收有時還可以靠政府救助或以野生植物充當食物度過荒年，等待來年
的收穫，大規模的人口流徙與求食尚不易發生；倘不幸連年缺水，農作物根
本沒有生長的機會，當然就難免「民庶流」及「人相食啖，白骨委積」了；
因此要探討乾旱的情形，對於旱災是否連年發生，絕對不可忽視。下文以表
四資料為基礎，三十年一期，每一連續乾旱發生年（即連續二年發生乾旱者）
計數一點，按點累計，以明瞭西漢至唐中期乾旱發生的連續性（參見圖八）。

　　圖八中顯示，西漢連續發生旱災只有一次，東漢以後卻急速升高，在西
元 85～115 年的三十年中高達十個點數，以後逐年下降，至三國時期狀況好
轉，並無連續乾旱年的出現。晉武帝泰始七年（271 年）以後再急速升高，以
致於由 271～291 年的短短二十年中，竟有十一個連續乾旱指數，無怪乎「米
斛萬錢，詔骨肉相賣者不禁」〔註43〕，想必對農產造成不可彌補的傷害。此
後指數以犬牙交錯、互有高低的情形出現，每一期中至少有一點數，最多時
乾旱係數可達十一點，例如晉穆帝永和八年（352 年）在兩個連續乾旱年之
後，遏陘山左右七里有草木悉枯的狀況發生〔註44〕，情形之嚴重，由是可見
一斑。就整個乾旱連續圖的大趨勢來看，我們發現它與頻率圖的走勢完全相
同，本時期乾旱的趨勢及乾旱災情的嚴重動向，在此又得一明證。

　　中古前期如前所論，雖是中國歷史上一個極為乾旱的時代，但在降雨分
佈上仍因地區所在，而有多寡的分別。我國降雨量因受東南季風影響，因此
降水空間分佈的基本趨勢，是從東南沿海向西北內陸遞減，而且愈向內陸，
減少愈為迅速，降雨量亦隨緯度增高而遞減〔註45〕；於是乾旱之中古前期

〔註42〕參見《晉書》，卷七至卷十各帝紀。
〔註43〕《晉書》，卷四，〈惠帝紀〉，頁94。
〔註44〕同註35。
〔註45〕參見任美鍔，前引書，頁54。

中，山東半島、河北平原東部等地，因能受到夏季東南暖溼氣流的恩澤，降雨較多；反之，太行山西麓及河北北部平原已是東南季風末梢，降雨將相對的減少許多，這對倚農為生的漢民族而言，影響相當的大。不過對從事畜業為生的胡民族而言，塞外邊際地區氣候的惡化遠比塞內為甚，寒旱使得草木旱萎，畜牧較前困難。相對的，塞內惡化後的情況，卻與以往塞外狀況相差不遠，是維持原來生計的良好環境。這種環環相扣的變化，是中國在東漢以後胡人大舉內徙，北方地域逐漸胡質化的一個基本原因。

表四：中古時期旱災記錄表

中　國　紀　年	西元	旱　　　災　　　記　　　事
漢惠帝二年	前 147	夏旱
惠帝五年	前 150	夏，大旱，江水少，谿谷絕。
文帝三年	前 177	秋，天下旱。
文帝九年	前 171	春，大旱。
文帝後六年	前 165	夏四月，又大旱蝗。
景帝中三年	前 147	秋，大旱。
後二年	前 145	秋又大旱。
武帝建元四年	前 137	六月旱。
元光六年	前 129	夏，大旱蝗。
元朔五年	前 124	春，大旱。
元狩三年	前 120	夏，大旱。
元封二年	前 109	夏，旱。
元封四年	前 107	夏，大旱，民多渴死。
元封元年	前 105	秋，大旱蝗。
大漢三年	前 92	夏，大旱。
太始二年	前 95	秋，旱。
征和元年	前 92	夏，大旱。
昭帝始元六年	前 81	夏，大旱。
元鳳五年	前 76	夏，大旱。
宣帝本始三年	前 71	五月，大旱，郡國傷旱，甚者，民毋出租賦。
宣帝神爵元年	前 61	秋，大旱。

元帝初元三年	前 46	夏，旱。
成帝建始二年	前 31	夏，大旱。
鴻嘉三年	前 18	夏四月，大旱。
永始三年	前 14	夏，大旱。
永始四年	前 13	夏，大旱。
哀帝建平四年	前 3	春，大旱。
平帝元始二年	2	四月，郡國大旱蝗，青州尤甚，民流亡。
光武帝建武三年	27	七月，洛陽大旱。
建武五年	29	夏四月，旱蝗。
建武六年	30	春，旱。
建武九年	33	春，旱。
建武十二年	36	五月，旱。
建武十八年	42	五月，旱。
建武二十一年	45	六月，旱。
明帝永平元年	58	五月，旱。
永平三年	60	夏，旱。
永平八年	65	冬，旱。
永平十一年	68	八月，旱。
永平十五年	72	八月，旱。
永平十八年	75	三月，旱。
章帝建初元年	76	三月，旱。
建初二年	77	夏，洛陽旱。
建初四年	79	春，旱。
建初五年	80	春，旱。
元和元年	84	春，旱。
元和二年	85	冬，旱。
和帝永元元年	89	五月，京師旱。
永元二年	90	郡國十四旱。
永元四年	92	夏，京師旱蝗。
永元六年	94	秋七月，京師旱。
永元九年	97	六月，蝗旱。
永元十二年	100	春二月，旱。

永元十五年	103	丹陽郡國二十二旱。
永元十六年	104	秋七月，旱。
安帝永初元年	107	郡國八旱。
永初二年	108	夏五月，旱。
永初三年	109	郡國八旱。
永初四年	110	夏，旱。
永初五年	111	夏，旱。
永初六年	112	夏，旱。
永初七年	113	夏，旱。
元初元年	114	夏，京師及郡國五旱蝗。
元初二年	115	夏五月，京師旱。
元初三年	116	夏四月，京師旱。
元初六年	119	夏五月，京師旱。
建光元年	121	郡國四旱。
延光元年	122	郡國五旱，傷稼。
順帝永建二年	126	三月，旱。
永建三年	128	夏六月，大旱。
永建五年	130	四月，京師旱。
陽嘉元年	132	春二月，京師旱。
陽嘉二年	133	夏六月，旱。
陽嘉三年	134	二月，以久旱，京師諸獄無輕重，皆且勿考。
陽嘉四年	135	春亦旱。
永和四年	139	八月，太原郡旱，民庶流冗。
沖帝永嘉元年	145	夏四月，旱。
質帝本初元年	146	旱。
本初二年	147	夏四月，京師旱。
桓帝元嘉元年	151	夏四月，京師旱，任城、梁國飢，民相食。
延熹元年	158	夏六月，旱。
延熹四年	161	秋七月，旱。
皇帝熹平五年	176	夏四月，大旱。
熹平六年	177	夏四月，大旱。
光和五年	182	夏，大旱。

光和六年	183	夏，大旱。
獻帝典平元年	194	自夏四月至秋七月，三輔大旱，是歲，穀一斛，五十萬，豆麥一斛二十萬，人相食啖，白骨委積。
典平二年	195	夏四月，旱。
建安十九年	214	夏四月，旱。
魏明帝太和二年	228	五月，大旱。
太和五年	231	三月，大旱，自去冬十月至此月不雨。
吳大帝嘉禾五年	236	旱，自十月不雨至於夏。
廢帝五鳳二年	240	大旱，百姓飢。
太平三年	255	旱，自八月沈陰不雨四十餘日。
魏、高貴鄉公甘露三年	258	旱，自去秋至此月不雨。
吳、烏程侯寶鼎元年	258	春夏旱。
晉武帝泰始七年	266	五月，旱。
泰始八年	271	五月，旱。
泰始九年	272	五月，旱。
泰始十年	273	四月，旱。
咸寧二年	274	旱。
太康二年	281	旱。
太康三年	282	旱。
太康五年	284	六月，旱。
太康六年	285	三月，青、梁、幽、冀郡國旱。六月，濟陰、武陵旱傷麥。
太康七年	286	夏五月，郡國十三旱。
太康八年	287	四月，冀州旱。
太康九年	288	六月，郡國三十三大旱傷麥。
太康十年	289	二月，旱。
太熙元年	290	三月，旱。
惠帝元康元年	291	七月，雍州大旱，隕霜疾疫，關中飢，米斗萬錢。
元康七年	297	秋七月，雍梁大旱，疾疫，關中飢，米斗萬錢。
永寧元年	301	自夏及秋，青、徐、幽、并四州旱。十二月，郡國十二旱。
明帝咸和元年	326	九月、十一月大旱，自六月不雨至於是月。
咸和二年	327	夏四月，旱。
咸和五年	330	夏五月，旱且飢疫。

咸和六年	331	四月，旱。
咸和八年	333	秋七月，旱。
咸和九年	334	六月，大旱。
咸康元年	335	六月，大旱。會稽、餘姚尤甚，米斗五百價，人相賣。
咸康二年	336	三月，旱。
咸康三年	337	六月，旱。
康帝建元元年	343	五月，旱。
穆帝永和元年	345	旱。
永和五年	349	七月不雨至於是月，旱。
永和六年	350	夏，旱。
永和八年	352	大旱，遏陘山左右七里草木悉枯，蝗蟲大起，自五月不雨至十二月。
永和九年	353	春三月，旱。
升平四年	360	冬，大旱。
哀帝隆和元年	362	夏四月，旱。
海西公太和元年	366	夏，旱。
太和四年	369	冬旱，涼州春旱至夏。
簡文帝咸安二年	372	十二月，大旱，飢。
孝武帝寧康元年	373	夏五月，旱。
寧康二年	375	冬十二月，旱。
太元四年	379	六月，大旱。
太元五年	380	夏四月，大旱。
太元八年	383	六月，旱。
太元十年	385	七月，旱、飢。
太元十三年	388	夏六月，旱。
太元十五年	390	七月，旱。
太元十七年	392	秋冬，旱。
太元十八年	394	秋七月，旱。
安帝隆安三年	399	冬，旱，寒旱。
隆安四年	400	六月，旱。
隆安五年	401	夏秋多，旱。
元興元年	402	九月至十月不雨，泉水涸。

元興二年	403	六月，不雨，冬，旱。
元興五年	404	旱。
義熙四年	408	冬，不雨。
義熙六年	410	九月，不雨。
義熙八年	412	十月，不雨。
義熙九年	413	秋冬，不雨。
義熙十年	414	九月，旱。十二月又旱，井瀆多竭。
宋文帝元嘉二年	425	夏，旱。
元嘉三年	426	秋，旱。
元嘉四年	427	京師旱。
元嘉八年	431	六月，揚州旱。
元嘉十九年	442	南兗豫州旱。
元嘉二十年	443	諸州郡旱，傷稼，民大飢。
元嘉二十七年	450	八月不雨至次年三月。
元嘉二十八年	451	旱。
高宗和平元年	460	旱。
和平五年	464	旱。
顯祖天安元年	466	州鎮十一旱，民飢。
皇興二年	468	州鎮二十七水旱。
高祖太和元年	477	州郡八水旱蝗，民飢。
太和二年	478	州鎮二十餘旱，民飢。
太和三年	479	旱。
太和四年	480	旱。
太和五年	481	旱。
齊高帝建元三年	482	大旱。
建元八年	484	旱。
建元九年	485	旱。
建元十一年	487	旱。
建元十四年	490	旱。
建元十五年	491	旱。
建元十七年	493	旱。
明帝建武二年	495	大旱。

建武二十年	496	旱。
世宗景明三年	502	大旱。
景明四年	503	夏,大旱。
正始元年	504	旱。
永平元年	508	旱。
永平二年	509	旱。
永平三年	510	旱。
延昌元年	512	旱。
肅宗熙平元年	516	旱。
神龜元年	518	旱。
正光元年	520	旱。
正光二年	521	旱。
正光三年	522	旱。
前廢帝普泰元年	531	旱。
孝靜帝普泰二年	532	旱。
天平四年	537	九州旱霜,人飢流散。
武定元年	543	冬,旱。
武定二年	544	三月,旱。
武定五年	547	冬,旱。
武定六年	548	春,旱。
北齊文宣帝天保元年	550	夏,大旱。
廢帝乾明元年	559	春,旱。
武成帝河清二年	563	夏四月,并、汾、京東、雍南等五州蟲旱傷稼。
後主天統二年	566	春,旱。
天統四年	568	正月至五月不雨。
天統五年	569	旱。
武帝五年	574	夏,大旱。
北周明帝武成二年	560	旱。
保定元年	561	旱。
保定二年	562	旱。
保定三年	563	旱。
天和元年	566	旱。

建德元年	572	旱。
建德二年	573	旱。
建德五年	576	七月,京師旱。
宣帝大象二年	580	旱。
隋文帝開皇二年	582	旱。
開皇三年	583	旱。
開皇四年	584	旱。
開皇六年	586	旱。
開皇十四年	594	五月,關內諸州旱,八月,關中大旱,人飢,上率戶就食於洛陽。
開皇十五年	595	旱。
煬帝大業四年	608	旱。
大業八年	612	大旱疫,人多死,山東尤甚。
大業十三年	617	天下大旱。
唐高祖武德三年	620	旱。
武德四年	621	旱。
武德七年	624	秋,關內河東旱。
太宗貞觀元年	627	夏,山東旱。
貞觀二年	628	旱、蝗。
貞觀三年	629	旱。
貞觀四年	630	旱。
貞觀九年	635	秋,劍南、關東州二十四旱。
貞觀十二年	638	旱。
貞觀十三年	639	旱。
貞觀十七年	643	旱。
貞觀二十一年	647	秋,陝、絳、蒲、虁等州旱。
貞觀二十二年	648	秋,開、萬等州旱。
貞觀二十三年	649	春,旱。
高宗永徽元年	650	秋,京畿、雍、同、絳等十州旱。
永徽二年	651	冬無雪,旱。
永徽三年	652	旱。
永徽四年	653	旱。

永徽五年	654	旱。
顯慶四年	659	旱。
永徽五年	660	春，河北州二十二旱。
麟德元年	664	冬無雪。
乾封二年	667	旱。
總章二年	669	七月，劍南州十九旱，冬無雪。
總章三年	678	旱。
永隆二年	680	旱。
永淳元年	682	關中大旱飢。
永淳二年	683	夏，河南，河北旱。
中宗嗣聖二年	685	旱。
嗣聖三年	686	冬無雪。
嗣聖四年	687	旱。
嗣聖六年	689	旱。
嗣聖七年	690	旱。
嗣聖十一年	694	旱。
嗣聖十四年	697	旱。
嗣聖十七年	700	夏，關內、河東旱。
中宗神龍二年	706	京師，山東、河北、河南旱飢。
景龍元年	707	旱。
景龍二年	709	旱。
睿宗先天元年	712	春，旱。
先天二年	713	旱。
開元二年	714	關內大旱。
開元三年	715	旱。
開元六年	718	旱。
開元七年	719	旱。
開元九年	721	冬無雪。
開元十二年	724	七月，河東、河北旱。九月，蒲、同等州旱。
開元十四年	726	秋，諸道州十五旱。
開元十五年	727	諸道州十七旱。
開元十六年	728	東都、南宋、亳等州旱。

開元十七年	729	冬無雪。
開元十九年	731	旱。
開元二十一年	733	旱。
開元二十四年	734	旱。
天寶二年	743	冬無雪。
天寶六年	747	旱。
天寶九年	750	旱。

（資料出處：《晉書》及陳高庸《中國歷代天災人禍表》）

表五：中古以前中國氣候與亞熱帶北界位置表

氣候期名稱	周初寒冷時期	春秋戰國溫暖時期	漢初南北朝寒冷時期	隋唐溫暖時期
起迄年代	公元前 1000～772 年	公元前 771 年～公元前三世紀後期	公元前三世紀末～公元六世紀	公元六世紀後期～十世紀中期
氣候寒冷狀況（與今相比）	寒　冷	暖　和	寒　冷	暖　和
亞熱帶北界位置（與現在相比）	南移約一個緯度	北移二個緯度	南移一個緯度	北移一個多緯度
主要氣候證據	亞熱帶地區植被增加耐寒成分；長江支流漢水多季封凍，物候期推遲，春季終霜期提早。	竹子、梅樹等亞熱帶植物在黃河中下游地區廣爲分布，生長良好。柑桔種植於淮河以南。黃河中下游地區一年可種兩熟。黃河中下游地區春季物候比現在早三個星期。	黃河下游石榴樹需要採用保溫措施才能越多。	梅樹分布於黃河中游地區；長江中下游地區柑桔基本無凍害。春季物候期較今早十至十五天。
證據來源	《竹書紀年》《詩經·豳風》《詩經·小雅》	《詩經》、《周禮》《荀子·富國篇》《呂氏春秋·任地篇》	《齊民要術·種穀》	地方志普查

（資料出處：龔法高〈歷史時期我國氣候帶的變遷及生物分布界限的推移〉）

第三章　黃泛區與胡人勢力

第一節　黃泛區的形成及特質

　　黃河歷來即以含沙量高、善決善徙著稱，在遠古時期就有「洪水泛流天下」的形容，但考諸史實，傳世的先秦著作中只有少數幾次人工決開黃河，用以浸灌鄰國的記載〔註1〕，而無一語道及黃河是否曾經改道，即使在漢初治黃言論最具代表性的賈讓〈治河三策〉中，也僅言及「堤防之作，近起戰國」〔註2〕，對於漢以前河道的改變、泛濫，沒有清楚的交代。《史記‧河渠書》雖然遠從大禹導河敘起，講到黃河決徙卻是從「漢興三十九年孝文時」始，前此皆不明，到底黃河在西漢、東漢時期因何改道、泛濫？安流因素有那些？對中國中古前期的發展又有什麼樣的影響？這些都是本節所擬討論的重點。

一、黃河泛濫的原因

　　「水百斗泥九十」是黃河最膾炙人口的形容詞，這句話不但充分說明了黃河含沙量高、混濁的特性，也為河道為何屢次遷徙提出最好的說明。由於黃河中游的黃土層缺乏森林覆被，一遇雨水沖刷即成泥漿，混入河中，加上區內夏雨集中的特性，在七、八、九三個雨月裡，洪水夾雜大量泥沙沖刷而下，河水輸沙量可以達到全年的百分之八十，其中八月的顛峰期間，一個月的輸沙量就占了全年的百分之五十〔註3〕。雖然涇、渭、洛三河的含沙量很高

〔註1〕《漢書》，卷二十九，〈河渠書〉，頁 1693。
〔註2〕同註1。
〔註3〕詳見沈怡編著，《黃河問題討論集》（台北：台灣商務印書局，民國 63 年 3 月

〔註4〕，是造成黃河含沙量的主要來源，不過本段河道行經高原，河川切割，兩岸高聳夾峙，流水急湍，河水含沙量雖高，卻不易沈澱堆積。出陝縣以後進入平原，河道平緩，水流減慢，沖刷力減低，泥沙遂大量在河床中沈積，直至高出河堤兩旁地面，成爲「地上河」。每當夏秋暴雨驟至，而河堤不能約束時，就發生泛濫、決堤以至於改道。在過去的三千多年中，泛濫、決口就有一千五百多次，重要改道二十六次（其中大改道九次）〔註5〕，河中大部分泥沙由堤防決口流出，堆積在平原上〔註6〕，破壞地表微結構景觀，而致河道不穩，水系紊亂。這種情形不只黃河如此，同屬黃土地帶、平原地區的海河水系也有相同的困擾。如永定河素有「小黃河」之稱，含沙量亦高〔註7〕，河道深度比黃河還淺，是中國本部河流平均徑流深度最淺者〔註8〕，尤其華北平原地勢低凹，降水少、蒸發強盛；河床內沈積大量泥沙，河床日益抬高爲地上河，河道本身無法接受堤外水流，堤外之水就匯集在河間的低窪地帶，形成內澇。這些河北水系的徑流深度往往在五十毫米以下，肅寧、棗強一帶的

出版），頁262～264。依據1934～1935年陝州各月全年及洪水期間之輸沙量，而計算全年各期輸沙量所佔之比例，可知短時間連續一次至二次之大洪水，其所挾帶之泥沙量，近於黃河全年全部輸沙量之半數（1934年三次占百分之六十九‧七，1935年二次占百分之二十九‧五）。是以黃河全年所輸送泥沙總量十二‧五億立方公尺之內，其中七、八、九三個月占百分之八十（1934年占百分之六十九‧七，1935年占百分之七十七‧三），而八月一個月即占全年百分之五十（1934年占百分之四十八‧八，1935年占百分之四十六）。

〔註4〕據黃河水利會民國23～31年的觀測，在洪水期間，渭河含沙量爲百分之四十二‧九，涇河百分之五十四‧七，洛河百分之六十三，而汾河僅占百分之八～十六，無疑的可以斷定，這三條支流就是供給泥沙，造成黃河含沙量高的主要來源。詳見宋希尚等編，《中國河川誌》（台北：中華文化出版事業委員會，民國44年11月再版），頁19。

〔註5〕任美鍔等，前引書，頁95。

〔註6〕據國際聯盟調查1552～1852年三百年間黃河堆積於平原上的沙土量爲四五○億立方公尺。但〈黃河水利發電調查報告書〉認爲此項推算過於謹愼，而認爲平原上堆積的沖積土確實數目，應爲此數的三倍至五倍，換言之，即一三五○億立方公尺至二二五○億立方公尺之間。詳見《黃河問題討論集》，頁264～266。

〔註7〕據陝縣觀測所得，黃河平均每立方米平均含沙量三十七‧○五公斤，占中國第一位，華北則爲八‧七二公斤，占第二位，詳見任美鍔等，《中國自然地理綱要》，表十四。

〔註8〕除中亞、蒙古等乾旱地帶的內流河外，中國本部河流的平均徑流深度，華北各河流域最淺，爲五十四毫米，其次爲黃河流域六十五毫米。詳見任美鍔等，前引書，表七。

乾旱區甚至還不足二十五毫米〔註9〕，在乾季時呈現枯河狀態，一遇豪雨即漫流泛濫，甚而改道，所以在歷史上與黃河河患同爲北方的重大自然災害，尤其在海河水系單獨形成前〔註10〕，黃河或貫穿河北中部於天津入海，或徑行平原東南、收納諸水，二者的關係皆是一而二、二而一，毫不可分的，益者同兼其利，患者同受其害，難怪《漢書・地理志》及《水經注》除黃河以外，亦同稱河北諸水爲「河」〔註11〕，二者實有共同討論的必要。

二、上古黃河水系與河北之發展

　　雖然史籍對西漢以前黃河水系的泛濫情形敘述甚簡，以致於在做地區性、平面式的研究時，常因資料不足而倍覺困難；所幸今日考古發達，出土文物眾多，爲以往人類活動狀況提供一個良好的說明。重以當今學者在歷史地理方面已有專精、深入的研究，對於《山海經》、《漢書・地理志》、〈河渠書〉及《水經注》中的水文都有明白的圖文闡釋，在缺乏直接史料的情形下，由這代表三個時代的地理書中，尋找黃河及各支流水文的變動，而推論出當時河水遷徙和可能泛濫的情形，應當是最理想而又可靠的方式。

　　從考古文化遺址來看，從新石器時代經商周直到春秋時代，河北平原的中部一直存在著極爲寬廣的一塊空白地區，在這片地帶上既沒有發現過這些時期的文化遺址，也沒有任何見于可信歷史記載的城市或聚落。目前已發現的新石器時代遺址，大致沿著太行山脈及今黃河呈 L 形分佈，西邊依太行山東麓，而以今京廣鐵路線爲限，南邊則大約以今徒駭河爲限，京廣線以東到徒駭河以西，東西相去約自百數十公里到三百公里之間並無遺址存在〔註12〕（參

〔註 9〕　任美鍔等，前引書，頁 83。

〔註10〕　譚其驤先生認爲海河水系的完成在東漢建安十一年（西元 206 年）。詳見氏著〈海河水系的形成與發展〉，《歷史地理》，第四輯，1986 年 2 月出版，頁 1～27。

〔註11〕　《漢書・地理志》中除河水外稱河者，有清河水、屯氏河、鳴犢河、屯氏別河、張甲河、篤馬河、故漳河、㿺池河、㿺池別河及派河，又滱水自高陽以下或稱滱河，詳見《漢書・地理志》各卷。《水經注》除河水外稱河者七，包括：巨馬河、沽河、瓤河、滹沱河、商河、清河、潞河等。詳見《水經注》河水、巨馬河、沽河、瓤子河、淇水各卷。

〔註12〕　河北新石器時代遺址的地點可參見：孟昭林，〈河北正定縣再次發現彩陶遺址〉，《考古》1957 年一期，頁 50～52。河北省文化局文物工作隊，〈河北永年縣台口村遺址發掘簡報〉，《考古》1962 年十二期，頁 635～640。唐雲明，〈河北邢台柴庄遺址調查〉，《考古》1964 年六期，頁 316～317。羅平，〈河北邯鄲百家村新石器時代遺址〉，《考古》1965 年四期，頁 205。邯鄲市文物

見圖九）。商周時代的文化遺址和見于歷史記載的城邑聚落，仍然一樣限於太行山東麓及山東半島西北邊，這裡不但是古代的主要農業區，也是重要的交通路線，西周封建諸國建國於此，兼具了經濟與軍事的雙重效用〔註13〕。張光直先生更進一步的指出，周代城邑大都位於近山平原，又接近水道處〔註14〕，能得水之利，免水之患；反之，今雄縣、廣宗、曲周一線及東南徒駭河處，中間還是留著大片的空白地區〔註15〕。春秋時代，邯鄲以南、太行山以東的河北平原西部與泰山以西的平原東部的城邑相去不過七、八十里，但在邯鄲以北，平原東西部城邑的分布則仍然不超過商周時代的範圍〔註16〕，中原國家北出，不是經由太行山東麓線，即行太行山西邊的山西一途。平原中部空無城邑的狀況，一直要到戰國時期才有改善，這時本區出現了高陽（今縣東）、安平（今縣）、昌城（今冀縣西北）以東，武城（今縣西）、平原（今縣南）、壽丘（今商河西北）以北、鄭（今任丘北）、貍（今任丘東北）以南，東至于平舒（今大城）、饒安（今鹽山西南）等十餘個城市，雖然密度很低，卻不再是空無一物了。這種現象的改變，大陸著名的歷史地理學者譚其驤先生認爲是

保管所等，〈河北磁山新石器遺址試掘〉，《考古》1977年六期，頁361～372。嚴文明，〈黃河流域新石器時代早期文化的新發現〉，《考古》1979年一期，頁45～50。高天麟，〈關于縣下潘庄仰韶文化遺存的討論〉，《考古》1979年三期，頁51～78。安志敏，〈斐李崗、磁山和仰韶——試論中原新石器文化的淵源及發展〉，《考古》1979年四期，頁355～364。河北省文物管理處，〈河北三河縣孟各庄遺址〉，《考古》1983年五期，頁404～406。河北省文化研究所，〈河北灤南縣東庄店遺址調查〉，《考古》1983年九期，頁775～778。河北省文物管理處等，〈河北武安洛河流域幾處遺址的發掘〉，《考古》1984年一期，頁1～2，等各期有關河北出土文物報告。

〔註13〕 參見許倬雲，《求古編》（台北：聯經出版公司，民國71年出版），〈周代都市的發展與商業的發達〉，頁117～149。

〔註14〕 Kwang-Chin Chang, *Early Chinese Civilization: Anthropological Perspectives* (Harvard University Press, 1976), P. 67.

〔註15〕 參見唐雲明，〈河北邢台東先賢村商代遺址調查〉，《考古》1959年二期，頁108～110。河北省文化局文物工作隊，〈河北靈壽縣北宅村商代遺址調查〉，《考古》1966年二期，頁107～108。河北省博物館等，〈河北藁城縣商代遺址和墓葬的調查〉，《考古》1973年一期，頁25～34。河北省文物管理處，〈河北元氏縣西張村的西周遺址和墓葬〉，《考古》1979年一期，頁23～27，有關出土文物報告及許倬雲著，前引書，頁117～149，譚其驤，《長水集（下）》，頁59。

〔註16〕 史念海，《河山集》三集（北京：人民出版社，1988年），同見《歷史地理》第三輯，〈由地理的因素試探遠古時期黃河流域文化最爲發達的原因〉，頁15～54。

戰國中葉（西元前四世紀四十年代左右）綿亙數百里長堤修築，能有效防止
洪水漫流後，才造成的局面〔註17〕。這不論與西面太行山東麓的政經都市，
如薊、中山、邯鄲、鄴、溫及軹等，或南方的洛陽、大梁、衛、陶、臨淄相
比，相差都極為懸殊，如非當時本區河水泛濫、自然條件狀況極差，嚴格地
限制了發展，實在難有其他更好的解釋。史念海先生在這一點上並不同意譚
其驤先生的說法，而是認為河北中部在上古以前應該有遺址存在，只是在黃
河泛濫過程中，為大量沖積土所淹蓋，湮沒太深，而不是一般挖掘所能發現
〔註18〕。筆者對史氏這項說法雖覺懷疑，但是不論如何，二氏皆同樣認為河
北中部在上古時期以前泛濫嚴重，自然環境甚差。顯然後世河北地區的開
發，與人為的努力有極密切的關係。

築堤障水在中國起源甚早，據《國語‧周語篇》中所云：

> 厲王虐，國人謗王。……王怒，得衛巫，使監謗者，以告，則殺之。
> 國人莫敢言，道路以目。王喜，告邵公曰：「吾能弭謗矣，乃不敢言。」
> 邵公曰：「是障之也。防民之口，甚於防川。川壅而潰，傷人必多，
> 民亦如之。是故為川者，決之使導；為民者，宣之使言。」〔註19〕

《左傳‧襄公三十一年》亦載：

> 鄭人游于鄉校，以論執政。然明謂子產曰：「毀鄉校如何？」子產曰：
> 「何為？……我聞忠善以損怨，不聞作威以防怨。豈不遽止？然猶
> 防川，大決所犯，傷人必多，吾不克救也，不如小決使導。」〔註20〕

從邵公及子產能就近取譬，知道障水及川潰傷人必多的道理來看，築堤應該
頗普遍。春秋以後，治水為國之大事，立司空專司其事，修障防即為其中要
項之一，《管子‧立政篇‧省官》云：

〔註17〕 譚其驤，〈西漢以前的黃河下游河道〉，《長水集（下）》（北京：人民出版社，
1987年7月），頁56～86。

〔註18〕 史念海，〈由地理因素試探遠古時期黃河流域文化最為發達的原因〉，前引書，
頁27～28載：寧晉縣南的北魚公社于1964年發現明代天啟年間（公元1621
～1627年）的石碑，碑高二點四米。發現時碑頭在地面下八十厘米。立碑以
來，這裡的堆積已達三‧二○米……巨鹿縣1919年發現宋古城（宋巨鹿縣城）
為黃河淹沒，今仍多在巨鹿城內六米深處掘出器皿及房屋遺跡。
上古時代華北地勢比宋明時代為低，河泛堆積情形應更為嚴重。同見《河山
集》二集，〈歷史時期黃河在下游的堆積〉。

〔註19〕 《國語》，〈周語上〉（台北：里仁書局，民國69年9月出版），頁9。

〔註20〕 《左傳》，卷四十（十三經注疏本，台北：藝文印書館，民國65年5月出版），
頁20～21。

決水潦，通溝瀆，修障防，安水藏，使時水雖過度，無害於五穀，

雖凶年，有所穫，司空之事也。〔註21〕

徐中舒先生認為中國堤防的出現，最晚也在春秋時期〔註22〕，也許更早，應該是正確的說法。不過本時期的政治型態是小國並立，尤其陝縣以東到山東半島的地區是社會經濟及政治高度開發的地帶，鄭、衛、宋、魯等又都是當世舉足輕重的國家，獨立修築小型障水之工程應不成問題。不過堤防的修建，除了某些地區有自然地形的助益，可以突起障水、省卻工程外，無法斷斷續續的興建；山東半島北面丘陵林立，由於地形之便，小型的堤防工程尚能達到效果，河北南部及河南北部的低平地帶，恐怕就非大型障水工程無以為功，這又非綜合諸國之力難以完成。但各國利害既難一致，想要捐棄私利，共同完成一耗時費事的偌大工事，並非易事。戰國以後，黃河中、下游地區形成韓、趙、魏、齊四大國並立的局面，各國轄地廣大，皆有雄厚的政經力量背景，對於河泛這種自然的大患也有較大的處理能力，大型的堤防工程於是興起。這樣一來，賈讓在〈治水三策〉中所言就極為合理〔註23〕；我們也不必呶呶爭論，堤防的修築到底是春秋時代？抑或賈讓所言的戰國時候了〔註24〕。不過，由以上論證我們至少確定了一項事實，即西元前四世紀四十年代左右（戰國中期）所築的大型堤防，就在春秋以來長期為黃河主流所經行的「漢志」河的兩岸，自此以後，黃河其他諸道漸趨消失，這條河道便成了黃河下游唯一的固定河道〔註25〕（參見圖十）。由賈讓所論來看，由於築堤以後河道穩定，泛濫因而減少，原來兩岸的居民可以獲得較佳的農耕環

〔註21〕《管子》，〈立政篇第四·省官〉（台北：文海書局，民國 65 年影印吳郡趙氏本），頁 1034。

〔註22〕徐中舒，〈古代灌溉工程起源考〉，《中央研究院歷史語言研究所集刊》第五本第二分，民國 24 年出版，頁 264。

〔註23〕《漢書》，卷二十九，〈溝洫志第九〉，頁 1692 載：蓋隄防之作，近起戰國，雍防百川，各以自利。齊與趙、魏，以河為竟。趙、魏頻山，齊地卑下，作隄去河二十五里。河水東抵齊隄，則西泛趙、魏，魏亦為隄去河二十五里。雖非其正，水尚有所游盪。時至而去，則填淤肥美，民耕田之。或久無害，稍築室宅，遂成聚落。大水時至漂沒，則更起隄防以自救，稍去其城郭，排水澤而居之，湛溺自其宜也。

〔註24〕同註22。

〔註25〕陳良佐，〈從漢書地理志試論我國古代黃河下游的黃河主流及其分流〉，《大陸雜誌》第七十二卷第三期（民國 75 年 3 月），頁 1～28；及譚其驤，〈西漢以前的黃河下游河道〉。

境，城郭聚落於是出現，經濟也於焉開展。這一論證與譚其驤先生的推測甚為契合，也由是可見，巨大堤防的修築是華北東部平原開發的首要條件。陳良佐先生甚至認為在戰國以前，未修河堤（應該是大型河堤）的時代，夏天雨季來臨之後，黃河在河北地區幾乎呈漫流狀態〔註26〕，這項說法雖然驚人，卻也反映了一些事實。

　　秦祚甚短，又忙於對外征戰，除了為防胡南下而修築長城以外，並無其他防洪水利措施。見諸史載的僅有：始皇二十二年，王賁攻魏，引河清（蒗蕩渠）灌大梁，大梁城壞〔註27〕一條，不過這只能說秦末開發新的大型堤防工程，戰國以來留下的大堤——金堤，仍然發揮著隔阻洪水的作用〔註28〕，這條大堤一直到西漢末年哀帝時，還發揮著極大的效用，並與其他故堤、新堤在黃河兩岸形成環層〔註29〕，這些大堤西起原武西南〔註30〕，東北行經滑縣、濬縣、濮陽、內黃、清豐、南樂、大名、冠縣、館陶、堂邑、清平、臨清、博平、高唐、平原〔註31〕，而至德縣附近為止（以上皆指今縣）〔註32〕。

〔註26〕 陳良佐，〈從漢書地理志試論我國古代黃河下游的黃河主流及其分流〉，《大陸雜誌》第七十二卷第三期，頁123。

〔註27〕 《史記》，卷六，〈始皇本紀第六〉，頁234。

〔註28〕 申丙，《黃河通考》（台北：中華叢書編審委員會印行，民國49年5月出版），頁17。又據《括地志》論曰：「金隄，一名千里隄，在白馬東，當今滑縣東北，世稱河防巨工，始於漢武帝之瓠子宣防，據此以觀，則武帝以前，已有千里金隄，則其施工，固已久且大矣，其事必在五霸七雄之時代，以列國分疆，無統一之記載，故自漢以上，闕焉不詳。」

〔註29〕 《漢書》，〈溝洫志〉，附貫讓〈治河三策〉中載：近黎陽南故大金堤，從河西西北行，至西山南頭，乃折東，與東山相屬。民居金堤東，為廬舍，十餘歲更起堤，從東山南頭直南與故大堤會……東郡白馬故堤亦復數重，民皆居其間。從黎陽北盡魏界，故大堤去河遠者數十里，內亦數重，此皆前世所排也。河從河內北至黎陽為石堤，激使東抵東郡平剛；又為石堤，使西北抵黎陽觀下；又為石堤，使東北抵東郡津北；又為石堤，使西北抵魏郡昭陽，又為石堤，激使東北。百餘里間，河再西三東，迫阨如此，不得安息。

〔註30〕 據嚴耕望，《唐代交通圖考》，第五卷，篇四十六，〈河陽以東黃河流程與津渡〉（台北：中研院史語所發行，民國75年5月出版），頁1559載：又鄭州滎澤縣（今原武縣西南），東南至州五十里，金隄在縣西北二十二里，漢文帝時河決酸棗，潰金堤。明帝永平十二年，詔「王景築堤，起自滎陽……此堤首也。」根據這項說法，作者推測大堤起自原武西（古滎澤）黃河東北轉折處。

〔註31〕 申丙，在《黃河通考》頁44中稱這些縣治是西漢黃河故道所經之處。同見譚其驤，《中國歷史地圖集》第二冊，頁9～10。另岑仲勉著《黃河變遷史》亦稱黃河故瀆經過衛國縣戚城西（濮陽西北）、繁榮縣東（內黃東南）、陰安縣西（清豐北）、昌樂縣東（南樂西北）、元城縣西北（大名東）、發干縣西（堂

（參見圖十）這些地區固然因大堤的屏障，免卻了水泛之禍，但河道經堤防固定以後，泥沙堆積加速，到西漢前期即西元前二世紀中葉，又開始出現頻繁決溢的記載，而形成新的泛濫帶。根據西元前一世紀末的記載，當時的黃河下游已出現多數險段，如：

（一）從今河南浚縣西南古淇水口起，至浚縣東北古黎陽的七十餘里河段內，河堤修得很高。淇水口附近河堤高出地面一丈，其東十八里的遮害亭附近地勢低下，河堤甚至高出地面四、五丈。當時就有人指出「河水高於地面」，這裡很可能已形成地上河了。在一次洪水中，黎陽附近河面水漲一丈七尺，距堤頂僅二尺，水面高出堤外民屋。淇水口一段的水面也高出地面五尺，而至堤半之處。〔註33〕

邑西南五十里）、貝丘縣南（清平西南）、甘陵縣南（清河東南）、靈縣南（博平東北四十里、高唐西南二十里）、鄃縣東（平原西南五十里）、平原西（平原南二十里）、繹幕縣東北（平原西北二十里）、鬲縣西（陵縣北）、脩縣東（景縣南）、安陵縣西（吳橋西北）、東光縣西（東光東），詳見頁246～249。

〔註32〕漢鴻嘉四年，勃海、清河、信都河水泛濫，灌縣邑三十一，敗官亭民舍四萬餘所，當時丞相孫禁與河堤都尉共謀補救方法，孫禁以為：「可決平原金堤間，開通大河，令入故篤馬河，至海五百餘里，水道浚利，又乾三郡水池，得美田且二十餘萬頃，足以償所開傷民田廬處，又省吏卒治堤救水，歲三萬人以上。」既言開通平原金堤以洩河水，則堤當延續至平原以北。許商對此持相反意見，認為：「古說九河之名，有徒駭、胡蘇、鬲津，今見在成平、東光、鬲界中。自鬲以北至徒駭間，相去二百餘里，今河雖數移徙，不離此城。孫禁所欲開者，在九河南篤馬河，失水之跡，處勢平夷，旱則淤絕，水則為敗，不可許。」篤馬河在平原縣（今平原縣南）稍北之處。依孫禁所言看來，西漢在篤馬河以北，鬲縣（今德縣東南）、東光（今東光縣東）一帶是黃河下游尾閭之處，河水在此曾有許多分流，地勢平夷，水勢洪枯懸殊，很難形成固定水道「旱則淤絕，水則為敗」，自然狀況甚差，西漢政府也無意改變這種狀況，由此可以推論，黃河在鬲縣以北的右岸之地，築堤機會甚微。又《漢書‧地理志》〈平原郡鬲縣〉註文曰：「鬲，平當以為鬲津，（王）莽曰河平亭」，從鬲津、河平亭顧名思義，大約黃河至此不再夾束於河堤之中，河身趨於平廣，易於過渡，至於黃河在鬲縣以北的左岸是否有隄，則因資料欠缺，難以推論。不過，我們從《水經注》卷九，〈清水〉中引文載「清河又東北左與張甲、屯絳故瀆河合，阻深隄高障，無復有水。」及《漢書‧溝洫志》所云「自塞宣防，河復北決於館陶，分為屯氏河……宣帝地節中，光祿大夫郭昌行使河，北曲三所水流之勢皆邪直貝丘縣，恐水盛，隄防不能禁，乃各更穿渠。」來看，至少黃河的分流張甲河、屯氏河及清絳河都築有堤防，這些河都在東光左近注入黃河，我們因此可以推測黃河左側之隄在東光以上應該是存在的。

〔註33〕參見《漢書》，卷二十九，〈溝洫志〉，及中國科學院中國自然地理編輯委員會編《中國歷史自然地理》，第四章所載。

　　（二）黃河河道在經古黎陽後，地勢漸趨平緩，流速減弱，成爲寬槽河段。戰國時黃河下游東岸的齊和西岸趙、魏所修築的堤防，一般都距離河漕二十五里，遠的甚至數十里，大溜得以在堤內「有所游蕩」，因此在河槽兩旁出現大片肥沃的灘地，日久灘上被墾植，形成聚落；當地人民逐漸在堤內修了很多民埝來保護田園，這些埝遠則距水數里，近的僅百步。在東郡白馬（今滑縣南舊滑城）一帶大堤內，及從黎陽至魏郡東北界（今館陶縣東北）一段的大河堤內，這樣的民埝有數重，相互起挑水作用，形成河彎。如從黎陽（今浚縣）至魏郡昭陽（今濮陽附近）這一段，爲當時魏郡和東郡接壤地帶。因民埝而成河彎，「百餘里間，河再西三東」，河水「一折即一沖，沖即成險」。所以這一河段也成了黃河的險工段。〔註34〕

　　（三）當時清河郡與東郡、平原郡接壤的河段，地勢較低，「城郭所居尤卑下，土壤輕脆易傷」，今臨清市南古貝丘縣境內的河水「北曲三所」，大河正溜侵嚙著貝丘城一帶隄岸。漢宣帝地節（西元前 69～66 年）中曾截彎取直「不令北曲」，過了三十年又形成河曲，繼續威脅著貝丘縣大堤，是黃河下游的另一險工段。〔註35〕

　　由於這些險段的存在（參見圖十一），在西漢一代見諸史載的黃河九次決溢中，就有八次發生在上述的魏郡、清河、平原及東郡境內〔註36〕。其中最著者如：漢武帝元光三年（西元前 132 年）河水在東郡濮陽瓠子口（今濮陽西南）決溢，洪水東南瀉入巨野澤，由泗水經淮水入海。這是歷史記載上黃河奪淮入海的第一次。當時由於丞相田蚡的阻撓〔註37〕，洪水泛濫遍及十六個郡，歷時二十餘年，直至元封二年（西元前 109 年）才將決口堵住。但持續不久，又在魏郡館陶境內北決，沖出一條「廣深與大河等」的屯氏河故道〔註38〕。永光五年（西元前 39 年）河水在清河郡靈縣（今山東高唐縣南）又

〔註34〕同註33。
〔註35〕同註33。
〔註36〕《漢書》，卷二十九，〈溝洫志〉內載，王莽時長水校尉平陵關並言：河決率常于平原、東郡左右。
〔註37〕《漢書》，卷二十九，〈溝洫志〉載：其後三十六歲，孝武元光中，河決於瓠子，東南注鉅野，通於淮、泗。……是時武安侯田蚡爲丞相，其奉邑食鄃。鄃居河北，河決而南則鄃無水災，邑收入多。蚡言於上曰：「江河之決皆天事，未易以人力彊塞，彊塞之未必應天。」而望氣用數者亦以爲然，是以久不復塞也。
〔註38〕詳見《漢書》，卷二十九，〈溝洫志〉中所載。

決出一條名爲鳴犢河的河道，分洪七十年的屯氏河由是斷流。但鳴犢口所處地勢低下，排水不暢，分洪作用不大，「不能爲魏郡、清河減損水害」〔註39〕，所以大河在以後的三、四十年內仍不斷在東郡、魏郡以及其下的清河、平原、渤海等諸郡境內決溢，造成多次嚴重災害（參見表六）。〔註40〕

　　王莽始建國三年（西元 11 年），黃河在魏郡元城（今河北大名東）以上決口，河水一直泛濫到清河以東數郡。王莽因爲河決東流，可使他在元城的祖墳不受水溢的威脅，就不主張堵口〔註41〕，聽任水災延續了近六十年，造成黃河歷史上第二次重大改道，這對上述水患諸郡而言，當然是爲禍甚大。根據統計顯示，西漢黃河的泛濫及水利工程修築多集中在今河北省的中、南部地帶，波及河南省的次數並不多見（參見表六），但到東漢以後情形卻完全改觀，不但少見河水北決的記錄，就連治水工程的地點，也完全集中在黃河以南的兗州、東郡、濟南、樂安國等地（參見表七），數年之間就有如是大的變異，應該不是「河南爲帝鄉」的單純理由可以解釋。自來一般歷史及地理學者，都把東漢初年到唐朝末年，黃河七百餘年安流的原因歸究到東漢明帝永平十二年王景治河成功的結果〔註42〕，到底爲患中國上古幾千年的黃河泛濫問題，能不能用單獨的「王景治河成功」理由給予全面的解釋？作者對於這點頗感懷疑，而以爲至少包含以下三點原因，才足以解釋。

（一）新水系之形成與自然環境的改善

　　新莽始建國四年，黃河改道南流，經今滑縣、觀城、濮州、范縣、朝城、陽穀、荏平、禹城、平原、陵縣、德平、梨陵、商河、武定、青城、蒲台、高苑、博興而由利津入海〔註43〕。北道斷流，原屬於黃河水系的清絳水系與洹河水系就不再流入黃河，而自行匯爲清河水系，與漳水匯流後出海。

〔註39〕同註38。

〔註40〕岑仲勉《黃河變遷史》頁 266 謂，故大河近西山爲左擺的極限。賈讓治河三策亦云：「河西薄大山，東薄金堤，勢不能遠泛濫」，因此筆者認爲黃河左泛濫帶絕不逾此。

又清河郡東、南二面與黃河比鄰，北近清絳水，中部又爲黃河分流張甲河、屯氏別河、屯氏河、鳴犢河貫穿，諸河不但是黃河在本區屢次決溢的最佳證明，各河復含沙量大、水流不穩，時有決隄、泛濫的情形，故一般來說，清河郡大部份地區都有水患之虞。

〔註41〕《漢書》，卷九十九中，〈王莽傳〉載：「河決魏郡，泛清河以東數郡。先是，莽恐河決爲元城塚墓害。及決東去，元城不憂水，故遂不隄塞。」

〔註42〕參見申丙，前引書，頁 51 及岑仲勉，前引書，頁 273 李協所論。

〔註43〕參見酈道元，《水經注‧河水注》及胡渭，《禹貢錐指》，葉四十下。

清絳水系由清漳水、濁漳水、沔水及滏水四大河流所組成（參見圖十），是河北南部除黃河以外最大的水系，匯合太行山南段東、西兩麓的泉水與河流東注。清絳水系與河北諸河一樣，具有含沙量高、水量洪枯懸殊的特性。據崔述〈漳河水道記〉云：

> 漳水即禹貢之衡漳，周官職方氏所稱，冀州其川漳是也，其源有二，清漳出山西平定州樂平縣南少山……濁漳出山西潞安府長子縣西發鳩山……夏秋霖雨相繼，土堅崖峻，勢不能留，則二十餘州縣之雨畢會於漳，所過崖崩岸刷，其土亦隨水而下，爲淤爲沙以出交漳口，自交漳口又東入直隸磁州界，東過講武城南，山盡地平，水始奔放漲漫，又東過河南臨漳縣、直隸成安縣界而土始疏、沙始漲，岸始數決，又東入本縣（大名縣）界則地勢愈下，水患浸多矣。初古河自大伾北流，距西山僅百里，漳瑜山衡流出……而注於河，是故患常在河而不在漳……周漢以降，河日南徙，而漳遂獨歸於海……自是始獨爲患。〔註44〕

雖然今古水道不同，但漳水匯合眾水、挾沙泛濫兩岸的特性卻始終不變。尤其在出西山到鄴縣（今磁縣）以後，地勢漸趨平緩，水流汛激，每年夏秋之際，暴雨驟至，兩岸土壤沖刷崩陷，形成中、下游的河道積淤及遷徙，近河州縣半成沮洳〔註45〕。史稱早在戰國魏文侯時，漳水中游的鄴縣民就有「即不爲河伯娶婦，水來漂沒，溺其人民」的恐懼〔註46〕，西門豹、史起以治鄴縣漳水名垂後世，漳水爲患當時的情形想必相當嚴重。西漢漳水過鄴縣後東北流，於列人縣（西漢縣地）附近有滏水、白渠水來會，二河俱是太行山東麓大河，漳水水量更爲增加，再加上南來的洹水水系，在信成（西漢縣地）

〔註44〕程廷恒等修，《大名縣志》（台北：成文出版社出版），卷七，〈河渠〉，頁283〜284。

〔註45〕程廷恒等修，《大名縣志》，卷七，〈河渠〉附路趙光〈漳水議〉中載：漳水爲應魏諸邑患有自來矣，漳水俗號小黃河，水一石泥五斗，經流之道歲久多淤，淤則善遷，然而上流不潰者，山地堅有以相制也，下流不潰者，已至平土，其行緩也，臨漳而下百餘里之間迁徙無常者，方過西山，從高趨下，加以山水暴注，其勢汛激，百餘里間土脈軟脆，不足以相制也。
又同書卷七，〈堤堰〉王居建〈蔣公堤記〉載：獨漳水清濁異派，合流東注，遷徙靡常，自鄴郡之豐樂鎮而東，洶湧湍急且塗泥膠滯，遇土疏弱輒易齧決，南抵內黃，北拒鉅鹿，中穿成安、永年、肥鄉、曲周、廣平、魏縣，地半沮洳，魏之北鄉諸村受害尤劇。

〔註46〕《史記》，卷一二六，〈滑稽列傳第六十六〉，頁3211。

流入張甲河，使得黃河下游信都郡、清河郡（西漢郡地）一帶地區，成為太行山南段東、西兩麓諸水的匯集處（參見圖十），土疏沙漲，川河漫溢，對黃河而言，不啻是雪上加霜，禍害更烈，方志稱此時「患常在河不在漳」〔註47〕，即此之故。黃河改道南行後，漳水、清河合流單獨入海，不再注入黃河，使黃河下游的問題變得較單純，尤其河南、山東（今省）諸省河道、湖泊眾多〔註48〕，黃河可藉以分殺水勢，遠非北流時代尚須收納漳、洹諸水水勢可比。黃河之水宜導不宜障，因水就下，導之歸海，是歷來治黃的重點，可惜困於地勢，築渠則又耗財費力，難以全功。但在這次黃河自然改道後，上述諸問題皆迎刃而解，河北南部因河徙而不再有河患（參見表七），為文化的發展又增添一層助力，中古以後本區活動愈趨頻繁，與這點有相當的關係。清、漳水合流雖然仍繼續泛濫，但偏離黃河，牽連範圍不再廣泛，西漢時期黃災最烈的魏郡、東郡、平原及清河中、南部都不再泛濫；河患重心移到漳河水系，影響所至，漳河中、下游的太行山東麓諸郡及信都、河間郡（東漢郡地）地區水患頻仍，形成河北中部的大問題，本文第六章對此有詳細敘述。

　　黃河挾沙沈澱的特性，勢必造成兩岸居民築隄障水的結果，沙愈積愈多，隄也愈築愈高，黃河終成地上河，這情形在西漢時代即已形成〔註49〕。黃河南徙後，這些高聳、乾涸的河道就在平原上形成一道天然綿延的小山，根據中共地理學者的統計，這條黃河故道的高度，即使是今日溫暖多雨狀況下的稀有洪水都過不去，是黃河泛濫的北界〔註50〕，那就更遑論東漢以後乾旱期的黃泛了（參見圖十二）。這道天然隄西起濮陽縣西（今縣），東迄東光縣西止（今縣），正是西漢時期黃河決溢最為嚴重的地帶。沙淤隄高，東漢以後的七百餘年中古時期，黃河即使北泛，在故道的保護下，也不會對河道以西地區造成嚴重的威脅。至於黃河以東的渤海沿岸地區，在西漢時期是泛濫

〔註47〕同註44。

〔註48〕黃河改道南行後，南方諸水如漯水、濮水、濟水、瓠子河、鴻溝水、浪蕩渠及大野澤等都成為分殺水流、調節水量的重要河渠。參見《水經注・河水注》及譚其驤《歷史地圖集》第二冊。

〔註49〕參見《後漢書・溝洫志》中所載。

〔註50〕陸中臣、賈亞非、曹銀真、舒曉明合著，〈試論黃河下游北岸可能決口地段及其最大淹沒範圍〉，《地理研究》，第六卷第四期，1987年12月，頁23載：從京廣路到慶雲還有一條寬十至二十公里不等的古河床高地，據歷史資料考證，它是公元前206年後西漢故道，其高程有的地段比馬頰河堤頂還高，當然寬度比堤頂就更寬，經計算稀有洪水連馬頰河都過不去，當然更過不去古河床高地了。

嚴重、人為保護（築隄、渠）最弱的地帶，篤馬河（相當於今日的馬頰河）〔註51〕橫貫本區南部，是黃河下游的分水河；根據陸中臣等諸位先生的計算，今日馬頰河由於長久淤積、河床墊高的關係，地勢甚高；能阻擋稀有洪水，與西邊蜿蜒而來的故道連成一道黃河北泛的北界〔註52〕。這條因澱積而致河道高抬的篤馬河天然隄形成於何時，目前雖然不知，但由《漢書‧溝洫志》孫禁與許商的討論〔註53〕及《水經注》的記載來看〔註54〕，中古時期的篤馬河因渤海地勢平衍及河本身含沙量高的原因，有河道淤淺、不穩定的情形發生，不過，我們如僅根據這點就推斷東漢的篤馬河河道有今日的高度，顯然不合理。但依當時情形推想，篤馬河以北地區在經長久沖積後，地勢應比南方新黃河河道附近高，具有相當程度的防洪作用。因此，我們可以推論，黃河在新莽始建國四年的改道，對河北南部而言，不但減少了水患的可能性，也形成了一道障水的天然隄，不論黃河北泛的可能性有多大，這自然形成的優勢，都能有效的減輕水患。

（二）生態環境的改變

　　生態環境惡化，土壤缺乏植被的覆蓋，因而遭水侵蝕，表土大量流失，是形成黃河下游泛濫的重要原因。探討中國歷史上生態環境惡化的因素，可分為自然的，及人為的——不當政策所導致兩方面。在人為因素方面，最主要的是人口過量增加，超過了境內天然資源的最合適容納量，只好向一些本來不適宜農業種植的地帶發展，移入大量人口，清除原有天然植被，開墾農田，而破壞了原有景觀。此外，若干政權為因應人口增長的速度，加強國力，而訂立一些產權制度及墾荒政策〔註55〕，又加重了這種局勢的發展。

〔註51〕陳良佐依據篤馬河的流向及《太平寰宇記》中的記載，推斷漢時的篤馬河相當於今日的馬頰河。參見氏著，〈從漢書地理志試論我國古代黃河下游的黃河主流及其分流〉，頁106。

〔註52〕陸中臣等，前引書，頁19載：經過不同洪水過程的演算，其洪水流路及淹沒範圍……即南界，濟南以上基本上以黃河大堤為界……北界，南樂以上以古河床高地南界為線，南樂以下以馬頰河的南堤為界。
　　　　由此可見，北界最遠沒有超過馬頰河。

〔註53〕參見《漢書》，〈溝洫志〉，頁1690及1691。

〔註54〕《水經注‧河水注》載：「……自平原城北，首為大河故瀆，東出，亦通謂之篤馬河……北逕安德故城西……又東北……東逕樂陵縣故城北……又東北逕陽信縣故城南，東北入海。」詳見卷五，頁91。

〔註55〕參見趙岡，〈中國歷史上生態環境之變化〉，《幼獅學誌》第十九卷第三期，民國76年5月，頁1～53。

根據史念海先生的估計，中國遠古時期黃河中、下游的森林還相當的普遍，當時不但關中地區的渭河中、上游，涇、洛水上游的橫山山脈、六盤山、屈吳山及山西的呂梁山、河北的太行山都有大量的森林，連今黃河下游的河、濟之間也有不少森林存在〔註56〕。但經春秋、秦、漢以來諸國的砍伐，已所剩無幾，以巨鹿郡為例，在秦時還有大片森林，到東漢永平年間（西元102年）卻已苦乏材木，不敷所用了〔註57〕。這種木材的消耗，據《潛夫論·浮侈篇》來看，非常的嚴重：

> 京師貴戚，必欲江南檽梓豫章梗柟，邊遠下土亦竟相倣傚。夫檽梓豫章，所出殊遠，又乃生於深山窮谷，歷經山岑，立千步之高，百丈之谿，傾倚險阻，崎嶇不便。求之連日，然後見之。伐斫連月，然後訖。會眾然後見動擔⋯⋯計一棺之成，功將千萬夫。既其終用，重且萬斤，非大眾不能舉，非大車不能輓。東至樂浪，西至敦煌，萬里之半，相競用之。此之費功商農，可為痛心。〔註58〕

這種大型木材遭伐，短期以內難以恢復。在小型雜木方面，由於中國日常燃料所需多為木材，政府雖然強調「斧薪以時入山林」，不過在民生需求殷切情況下，難禁私入山林盜伐者。這些都對天然植被造成極大的傷害，難怪漢時貢禹嘆云：「斬伐林木無有時禁，水旱之災未必不由此也」〔註59〕，可以想見當時黃河流域的森林所餘已不多。

　　在防止雨水土壤侵蝕的效力方面，森林遠優於草原，草原又勝過農地。在黃河中、下游森林被濫採的同時，中游鄂爾多斯高原的草原地帶也在西漢政府有計劃的實施開墾、移民政策下，變更為農地。黃土高原的耕作習慣，無論是秋禾或是二麥，一年只種一次，種了秋禾，就不再種二麥；同樣，種麥之後也不再種秋禾；這種田地在收成後，暫時雖不再種植，卻還要耕犁，使地力得以休息〔註60〕。這時地表無被覆，又正值黃河流域的夏季暴雨期〔註

〔註56〕　詳見史念海，〈黃土高原及其農林牧分布地區的變遷〉及〈由地理的因素試探遠古時期黃河流域文化最為發達的原因〉，分別刊載於《歷史地理》，第一輯，1981年11月，頁21～33及《歷史地理》，第三輯，1983年11月，頁1～20。

〔註57〕　《後漢書》，卷四十二，〈中山簡王焉傳〉載：「永平二年薨⋯⋯發常山，巨鹿、涿郡黃腸雜木，三郡不能備，復調餘州郡工徒及致送者數千人。」

〔註58〕　王符，《潛夫論》（台北：世界書局，民國76年據摛藻堂四庫全書薈要影印）〈浮侈篇〉，頁28。

〔註59〕　《漢書》，卷七十二，〈貢禹傳〉。

〔註60〕　史念海，〈黃土高原及其農林牧分布地區的變遷〉，前引書，頁29。

61〕，侵蝕自然更為厲害，遠非作為畜牧地帶時的草原可比。不幸的是，西漢又正是中國史上的溫暖多雨期〔註 62〕，大量雨水夾雜了高濃度的黃土沖刷入河，在下游河道積淤，大水一至則溢決〔註 63〕。西漢之所以是中國歷史上黃河頻繁泛濫的時期〔註 64〕，也是因為此時黃河中游到處開墾、破壞草原，農業地區代替了畜牧地區，而中、下游的森林又受到嚴重摧毀，林區大幅度的縮小，無法有效的調節降雨。東漢以後，世界氣候逐漸邁入寒冷少雨〔註 65〕，降雨減少，侵蝕能力也大為降低；同時，因塞外氣候趨於嚴寒，外族入居塞內不去〔註 66〕，東漢政府迫於既定事實，徙胡內居成為不變政策，胡人入居又使得原居邊地的漢人大量回流，土地拋荒，黃河中游的農業區於是縮小，草原也相對的擴大，對森林的破壞減少，雨水侵蝕力也相形的降低；譚其驤先生認為這是本期黃河安流的原因，確為卓論。

（三）王景治河的功勞

　　從王莽末年黃河改道起，華北平原水患的地點就隨著黃河的南向而南移，東漢光武建武十年陽武令張汜曾因黃河南泛、濟渠敗壞，漂沒數十縣，而建議修治〔註 67〕。後來雖因浚儀令樂俊以「新被兵革，民不堪命」的理由反對而中止〔註 68〕，卻說明了治河工程的重心已經隨著河道的遷徙而移動。到了明帝時代，水患遍及兗、豫二州，情形已嚴重到必須立刻解決的地步，這點由永平十三年的詔書中可明白的看出來：

　　　　今兗、豫之人，多被水患，乃云縣官不先人急，好興宅役，又或以

〔註61〕黃土高原的冬小麥大多在農曆六月，夏雨來臨以前收穫完畢，以免遭水損失。黃河流域夏雨集中的情形詳見本書第二章第二節。

〔註62〕西漢氣候變化詳見本論文第二章，第一、二節。

〔註63〕《漢書》〈溝洫志第九〉，頁1697載：王莽時，上書言能治河者百數，其中大司馬史張戎言：「河水重濁，號為一石水而六斗泥。今西方諸郡，以至京師東行，民者引河、渭山水溉田。春夏乾燥，水少時也，故使河流遲，貯淤而稍淺；雨多水暴至，則溢決」。可知西漢末年黃河含沙量甚高，是造成潰決的主要原因，與今日狀況相同。

〔註64〕據史念海先生研究，中國歷史時期，黃河曾經有過兩次長期相對安流時期，第一次在商周到秦代之間，第二次出現在東漢初年到唐代後期之間。同樣的，也有兩次頻繁泛濫時期，分別出現在西漢時代及唐代後期迄今，詳見氏著，〈黃土高原及其農林牧分布地區的變遷〉。

〔註65〕同註62。

〔註66〕許倬雲、孫曼麗，前引書，頁210。

〔註67〕《後漢書》，卷七十六，〈王景傳〉，頁106。

〔註68〕同註67。

爲河流入汴，幽、冀蒙利，故曰左隄彊則右隄傷，左右俱強則下方傷，宜任水勢所之，使人隨高而處，公家息壅塞之費，百姓無陷溺之患。議者不同，南北議論，朕不知所從，久而不決。今既築隄理渠，絕立水門，河、汴分流，復其舊跡，陶丘之水，漸就墳壤。

王景就在這種情勢背景下，展開他的治河計劃，依照史籍中有關王景治水的各項資料來看〔註69〕，我們可歸納出下列幾項事實：

〔註69〕關於王景治水的歷史記載有七條，分別如下：
（一）《東觀漢記》，卷十八：王景治浚儀、賜山海經、河渠書，建初八年，景爲廬江太守，乃教民種麻桑而養蠶。
（二）《後漢書》，卷二，〈明帝紀〉：（永平十二年）夏四月，遣將作謁者王吳修汴渠，自滎陽至千乘海口……。（永平十三年）夏四月，汴渠成，辛巳行幸滎陽，巡行河渠，乙酉詔曰……今既築隄理渠，絕立水門，河汴分流，復其舊跡，陶丘之北漸就壞墳，故薦嘉玉絜牲，以禮河神，東過洛汭嘆禹之績，今五土之宜，反正其色，濱渠下田賦與貧人，無令豪右得固其利，庶繼世宗瓠子之作……。
（三）《後漢書》，卷三，〈章帝紀〉：（元和三年）二月壬寅，告常山、魏郡、清河、鉅鹿、平原、東平郡太守曰……今將禮常山，遂徂北上，歷魏郡、經平原、升踐隄防，詢訪耆老，咸曰：「往者汴門未作，深者成淵，淺則泥塗……。
（四）《後漢書》，卷七十六，〈王景傳〉，頁2465：（永平十二年）議修汴渠，乃引見景，問以理水形便。景陳其利害，應對敏給，帝善之。又以嘗修浚儀，功業有成，乃賜景山海經、河渠書、禹貢圖及錢帛衣物。夏，遂發卒數十萬，遣景與王吳修渠築隄，自滎陽東至千乘海口千餘里。景乃商度地勢，鑿山阜、破砥績，直截溝澗，防遏衝要，疏決壅積，十里立一水門，令更相洄注，無復遺漏之患。景雖簡省役費，然猶以百億計，明年夏，渠成。帝親自巡行，詔濱河郡國置河堤員吏，如西京舊制。景由是知名。王吳及諸從事掾吏皆增秩一等。景三遷爲侍御史。
（五）酈道元注，楊守敬、熊會貞合疏，楊雄合撰《水經注疏》（台北：台灣中華書局影印本，民國60年6月初版），卷五，〈河水〉：漢明章永平十二年，議治汳渠。上乃引樂浪人王景問水形便，景陳利害，應對敏捷，帝甚善之，乃賜山海經、河渠書、禹貢圖及錢帛。後作堤，發卒數十萬，詔景與將作謁者王吳治渠，築隄防、修塌，起自滎陽，東至海口千有餘里。景乃商地勢、鑿山開澗，防遏衝要，疏決壅積，十里一水門，更相迴注，無復滲漏之患，明年渠成。
（六）《水經注》，卷七，〈濟水〉：漢明帝之世，司空伏恭薦樂浪人王景、字仲通，好學多藝，善能治水，顯宗詔與謁者王吳始作俊儀渠，吳用景法，水乃不害，此即景吳所修故瀆也，渠流東注俊儀，故復謂之俊儀渠。
（七）《水經注》，卷二十四，〈瓠子河〉：（永平十二年）顯宗詔樂浪人王景治渠築堤，起自滎陽，東至千乘，一千餘里，景乃防遏衝要，疏決壅積，瓠子之水絕而不通，惟溝瀆存焉。

（一）黃河南向，河北地區水患立即大幅減少，可見「幽冀蒙利」，是東漢初年反對治水的主要原因。

（二）黃河奪取南方諸河水道出海，導致各河淤積、泛溢，因此在王景治水工程上，不論是汳渠、浚儀渠或汴渠，都是位於黃河以南的河水分支。

（三）王景治水工程耗大，費時一年，動員人工數十萬，耗資百億，對河、汴出海通道做了徹底的整理。

（四）工程內容至少包括了(1)修築滎陽到千乘海口千餘里的汴渠。(2)汴渠每十里建一扇水門。(3)黃河與汴渠的隄防。〔註 70〕

（五）王景治渠之後，史稱「河渠分流，復其舊跡……五土之宜，反其正色」「是歲，天下安平，人無徭役，歲比登稔，百姓殷富」〔註 71〕，成效卓著，勿庸置疑。

這項費時、費工的大型防洪排水工程，無論從那一方面來看，都是史載中首見者〔註 72〕，在當時立收見影之效，也想必當然。不過汴渠排水工程功效的確立，必須在下列三項條件的保證下，才能完成：（一）滎陽至千乘海口渠道的暢通。（二）黃河與汴水隄防的完好，河水不侵汴道。（三）維持口門調節水量的功能。這當中不管是排水工程的維修、或河道淤沙的清除，都是人為的工事，須大量的人力與物力，否則「河汴決壞，日月侵毀，水門故處皆在河中」也是可立見之事。我們姑且不論東漢中期以後政局混亂，政府根本無力於此，到晉朝以後外族入侵，本區成為四戰之地，水利工程能否繼續存在，實在令人值得懷疑，更遑論華北地區因此而保持七百餘年不受黃泛的影響。因此，汴渠設施完好未必是黃河安流的主要原因。綜觀整個西漢時代，從文帝河決酸棗起（參見表六），到哀帝朝賈讓的〈治河三策〉為止。河患、治水的重心都圍繞在冀州（今河北中、南部）附近地區〔註 73〕，充份說

〔註 70〕佐藤武敏以為，向來學者把王景築堤工程的對象放在黃河，是值得懷疑的，他一方面以築堤地點的地勢來說明所築之堤應為汴渠的河堤，又引清代治水專家魏源、李儀祉及武同舉等人對遙堤、縷堤及水門的功用來證明黃、汴河皆有堤，水門即建在其間。詳見氏著〈王景の治水について〉，頁 392～396。岑仲勉先生對於這一點有精闢詳細的論述，由於論證本文繁複，此處不予詳引，請參見氏著《黃河變遷史》，頁 273～284。

〔註 71〕詳註 68。

〔註 72〕本項統計單就防洪排水設施而言，不包含先秦以來，以灌溉為主要目的之水利工程在內。

〔註 73〕賈讓的治河三策，除下策「繕完故堤」未提出確實地點以外，上策「徙冀州之民當水衝者，決黎陽遮害亭，放河使北入海。」及中策「多穿漕渠於冀州

明黃河在走北道時，對河北地區有破壞性的影響。這種情形在新莽初期並沒有絲毫的改變，不論是長水校尉關並所稱：

> 河決率常於平原、東郡左右，其地形下而土疏惡。聞禹治河時，本空此地，以爲水猥，盛則放溢，少稍自索，雖時易處，猶不能離此。上古難識，近察秦漢以來，河決曹、衛之域，其南北不過百八十里者，可空此地，勿以爲官亭民室而已。〔註74〕

或是大司空掾王橫所言：

> 河入勃海，勃海地高於韓牧所欲穿處（禹貢九河處）。往者天嘗連雨，東北風，海水溢，西南出，寖數百里，九河之地已爲海所漸矣。禹之行河水，本隨西山下東北去。周譜云定王五年河徙，則今所行非禹之所穿也。又秦攻魏，決河灌其都，決處遂大，不可復補。宜卻徙完平處，更開空，使緣西山足乘高地而東北入海，乃無水災。〔註75〕

都是當時冀州的狀況，對於兗州、陳留、潁川等南方諸郡皆未提及有水災之患。新莽始建國四年（西元 11 年）黃河決魏郡，於千乘入海，從此北道遂空，爲黃河歷史上的第二次改道；自此以後，在歷史記載中，我們發現黃河的泛濫重心由北移而至南（參見表六及表七），「幽冀蒙利」，北方從此未有大泛濫的記載。治水工程反多見諸於南方，這情形在王景治河的四十年前就已經開始，因此，黃河北泛的時間，斷限應該是在始建國四年，而不是明帝永平十二年。所以我們稱「王景治河，是爲因應當時黃河南泛的局勢」，實遠比說「黃河因王景治河而不再北泛」，更爲恰當。不過，除了得助於自然環境改變的優勢外，王景治河之所以能成功，在他能夠認識自然的真理，順黃河的規律性，把濟、汴兩大支流保留起來，分殺洪水的水勢，又針對河易淤的特性，建立二隄，把泥沙轉移到他處〔註76〕，確實解決黃河因改道而南泛的問題，仍然有其不可磨滅的功績。至於河北地區，在黃河改道後六百餘年，則沒再發生重大的水患。〔註77〕

地，使民得以漑田，分殺水怒，雖非聖人法，然亦救敗術也。」的地點都在冀州。

〔註74〕《漢書》，〈溝洫志第九〉，頁 1696～1697。

〔註75〕同註74。

〔註76〕岑仲勉，《黃河變遷史》，頁 281。

〔註77〕黃河新河道形成後的六百年間，見於記載，明確爲黃河下游泛決的僅有四次，災情也不嚴重，詳見《中國自然地理》第八冊，頁 46 所載。

第二節　胡質化的開始──石趙政權的興起

由王莽故瀆（西漢黃河故道）到東漢黃河流道間的河北黃泛區地帶，是黃河險段在歷史上泛濫、決堤所形成，它至少包括了西晉行政區劃下的黎陽、頓丘、衛縣、陰安、東武陽、陽平、館陶、發干、樂平、聊城、博平、貝丘、清河、靈縣、鄃縣、平原等地（參見圖十二）。農耕本來就是一項需要長時間經營的事業，頻來的洪水對於人畜的直接傷害姑且不論，迭經洪水之後的土壤，通常都有鹽鹼化的傾向，而土壤的退鹼，不但需要具有龐大排水、洗鹼的水利設施，同時也是項費時、費力的工作〔註78〕；這在漢末、西晉都很難實施。不過這種含鹼的沮洳地，卻十分適合牧草的生長，因此漢末以降，本區除了西緣地區（近魏郡、河內地帶）尚可藉太行山東麓水系（洪水、洹水、白溝及滏水）提供良好農耕環境、維持農業於不墜以外〔註79〕，王莽故瀆以東黃河北岸雖然還有零星的農耕，卻已無法行精耕式的農業，漸有農牧並行的趨勢〔註80〕。在這種情況下徙胡入居本區，以充份利用地利，便是西晉政府在拒胡東侵失敗下一項變通措施。但是生活型態與生產方式本不是短時期內可改變得了的，胡人進入黃泛區本基於「因地制宜」、「地盡其利」的目的，但大批胡人的徙入，再配合適宜的地理環境，反促使本區加速的胡質化，以致於本區漢人在西晉以後紛紛外遷〔註81〕，造成本區成為胡人畜牧及粗耕維生方式的一個結果。以下，作者將對王莽以降，本區胡漢勢力之消長做一探討。

（一）叛亂勢力向本區移動之傾向

王莽初年，黃河決於魏郡，由於王氏祖墳在元城（今大名縣東），河決東

〔註78〕 參見中國科學院中國自然地理編委會，《中國自然地理》，〈土壤地理〉，頁145。

〔註79〕 根據《三國志‧魏書》及《水經注》的記載，曹魏時代本區的屯田多在太行山東麓地區，如滎陽（今河南滎陽附近）、汲郡（今河南汲郡西南附近）、魏郡（今河北磁縣附近）、鉅鹿（今河北寧晉附近）；屯田都尉的設置也在滎陽、列人及鄴的太行山東麓。
詳見《三國志》、《魏志》、《晉書》何曾、賈充、裴潛、石苞、管輅、束晳本傳及《水經注‧濟水注》等各篇所載。

〔註80〕 據《晉書‧石勒載記》云，太安中石勒等諸胡賣至關東，與茌平人師懽為奴，「耕作於野」，而「懽家鄰於馬牧」，可見本區有農牧並行傾向。通常行牧區都不利於農耕，何況胡人即使習於耕作，亦不見得閑習漢人精耕的農業方式，因此筆者懷疑黃泛區內的農耕是一種能以胡人操作的粗耕方式。

〔註81〕 詳見前節所論，漢人的南徙。

去，元城可免水溢之患，莽遂任其泛濫不堤塞〔註82〕，水患所至使清河郡以東及沿河以下諸地的自然環境大受影響，漢初即迭遭水害的本區，破壞更形嚴重。自古以來，沼澤、山林等政治力量不易到達、經濟發展緩慢的地帶，很容易成為盜賊淵藪。新莽年間天下大亂，本區由於地理環境的關係，除了地區性的叛亂，例如：「平原女子遲昭平能說博經以八投，亦聚千人於河阻」〔註83〕以外，其他鄰近地區的叛軍也有向本區發展的趨勢〔註84〕，一時「河濟之間，盜賊縱橫，所在寇掠」〔註85〕。光武討平諸亂，又任王景治河，將黃河導入正流，自此黃河流路穩定，不再北泛，魏郡、清河、平原、渤海等郡從此免掉了泛濫之苦，但已遭破壞的自然環境卻無法在短期之間恢復正常，一遇戰亂，又再成為賊盜淵藪。漢末董卓兵入洛陽，關東州郡起兵討伐，雙方膠著在滎陽、河內一帶，隨著戰爭的進行，地方愈形破壞。漢靈帝中平二年二月，張牛角等首先反於黑山（今濬縣西北八十里），號稱黑山賊〔註86〕，與之同時稱兵者有十餘起，靈帝討擊未能奏效，使其勢力更形坐大〔註87〕，縱橫黃河南北及太行山區左近地帶〔註88〕。漢末在河北地區爭霸的豪強，如公孫瓚、袁紹及曹操等與他們時而對立抗爭，時而相互連結，共同對抗其他

〔註82〕《漢書》，卷八十九中，〈王莽傳〉，頁4127。

〔註83〕《漢書》，卷八十九中，〈王莽傳〉，頁4170。

〔註84〕如赤眉起於瑯琊，後向四方擴散，其中一支主力向北延伸至青、徐等地，進入本區，參見《漢書·王莽傳》，頁4154～4173。

又銅馬多活動於太行山區，並在河內、館陶等建立強大勢力，可見其活動範圍已延伸入本區。參見《後漢書》。

又《讀史方輿紀要》卷十六，〈開州·長垣縣·蒲城〉條載：後漢初，光武大敗銅馬賊於館陶，受降未盡，而高湖重連諸賊，從東南來與銅馬合，光武與戰於蒲陽，悉破降之。蒲陽即蒲城之南。

〔註85〕顧祖禹認為當時河濟之間的盜賊有銅馬、大肜、高湖、重連、鐵脛、大搶、尤來、上江、青犢、五校、五幡、富平、獲索等。各領部曲或以山川土地為名，或以軍容強盛為號，眾合萬人。參見《讀史方輿紀要》卷二，頁81。筆者以為以上諸賊有部份活動於太行山區（參見《後漢書》漢末諸帝紀），不見得都在河濟之間，但活動於河濟間者當在少數。

〔註86〕《後漢書》，〈帝紀八·靈帝紀〉，頁17。

〔註87〕《三國志》，引《九州春秋》載：張角之反也，黑山、白波、黃龍、左校、牛角、五鹿、羝根、苦蝤、劉石、平漢、大洪、司隸、緣城、羅市、雷公、浮雲、飛燕、白爵、楊鳳、于毒等各起兵，大者二三萬，小者不減數千。靈帝不能討，乃遣使拜楊鳳為黑山校尉，領諸山賊，得舉孝廉計吏。後遂瀰漫，不可復數。

〔註88〕參見《三國志》，卷八，〈張遼傳〉，頁261。

豪傑〔註89〕，儼然爲雄恃一方的地方豪強。根據史載，他們在黃河下游的活動地區以河內郡、東郡、魏郡，西漢黃河下游兩岸的泛濫帶爲主要活動地帶〔註90〕，亦正是上述西漢以來頻遭水患的地帶，黑山諸賊成爲聚集於此，第一股凝結的漢人地方勢力。

（二）胡人勢力的入侵

西漢徙外族入居漢土，最初僅在遼東、遼西、右北平、漁湯、廣陽、上谷、代郡、雁門、太原、朔方等沿邊諸郡〔註91〕，東漢以後漸漸向內推展至涇河、渭水流域、汾水中游及黃河中游的塞內地區〔註92〕。據江統〈徙戎論〉載：

> 滎陽句驪本居遼東塞外，正始中，幽州刺史毋丘儉伐其叛者，徙其餘種。始徙之時，戶落百數，子孫孳息，今以千數，累世之後，必至殷熾。〔註93〕

毋丘儉遷移高麗人至滎陽，胡人始定居在泛濫區內，此後又陸續遷徙其他種族入內，魏並設典農都尉於此〔註94〕，以督導當地的開墾。

另有氐羌等族，亦由西東侵，江統〈徙戎論〉又云：

> （光武帝）建武中，以馬援領隴西太守，討叛羌。後其餘種於關中，居馮翊、河東空地，而與華人雜處。數歲之後，族類蕃息，既恃其

〔註89〕 《三國志》，卷一〈武帝紀〉、卷六〈袁紹傳〉及卷八〈張燕、張楊傳〉等載：袁紹至河內，（張）楊與紹合，復與匈奴單于於夫羅屯漳水。……其（張楊）將楊醜，殺楊以應太祖。楊將眭固殺醜，將其眾，欲北合袁紹。袁紹與公孫瓚爭冀州，（張）燕遣將杜長等助瓚，與紹戰，爲紹所敗，人眾稍散。
同書〈武帝紀〉又載：（初平）四年春……荊州牧劉表斷術糧道，術引軍入陳留，屯封丘（今封丘西南），黑山餘賊及於夫羅等佐之。……術退保封丘……。

〔註90〕 根據《三國志》所載，當時黑山賊在朝歌（今淇縣）、黑山（今濬縣西北）、內黃（今內黃）、頓丘（今清豐縣西南）、黎陽（今浚縣東）、東武陽（今山東朝城縣東南）、射犬（今武陟東北）、龍城（在今黃河南岸，詳細所在不明）、封丘（今封丘西南）及敖倉（今滎陽東北）一帶活動，都是黃河下游險段的泛濫帶。

〔註91〕 參見《漢書》，卷九十四，〈匈奴傳〉，《後漢書》，卷八十九，〈南匈奴列傳〉，《後漢書》，卷九十，〈烏桓鮮卑傳〉，卷八十七，〈西羌傳〉等所載。

〔註92〕 詳見《三國志》，卷三十，〈烏桓鮮卑東夷傳〉及卷八十七，〈西羌傳〉。

〔註93〕 《晉書》，卷五十六，〈江統傳〉，頁1531。

〔註94〕 《水經注》〈濟水注〉引京相璠云：「今滎陽東二十里有故垂隴城……蓋滎陽典農都尉治。」

肥強，且苦漢人侵之。（安帝）永初之元，騎都尉王弘使西域，發調羌氐之，以爲行衛。於是群羌奔駭，互相扇動，二州之戎，一時俱發，覆沒將守，屠破城邑。鄧騭之征，棄甲委兵，輿尸喪師，前後相繼，珠戎遂熾，至於南入蜀漢，東掠趙魏，唐突軹關，侵及河內。及遣北軍中候朱寵將五營士於孟津距羌，十年之中，夷夏俱斃，任尚、馬賢僅乃克之。……并州之胡……（獻帝）中平中，以黃巾賊起，發調其兵，部眾不從，而殺羌渠。由是於彌扶羅（即於扶羅）求助於汶，以討其賊。仍值世喪亂，遂乘釁而作，鹵掠趙魏，寇至河南。〔註95〕

在氐羌東侵的路線中，有一個十分重要的關卡——孟津，孟津即河陽津，在今偃師縣西北。黃河自孟津以下流入廣大沖積平原，因沙多流緩，河道易於淤塞，隨時可能有改道或泛濫的情形發生。而漢朝的政治中心在長安與洛陽，恃山西高原爲屏障，河北平原爲外府，故河上津渡以孟津與蒲津最爲重要〔註96〕。除孟津外，軹關位處河陽西北，爲太行八陘的南起第一陘，正當古代河東通往河內轉至河南道的交通路線上，故自戰國時代已爲秦國出兵山東的要道〔註97〕。這兩個關卡，實際上便是漢代拒擋西方胡人勢力東侵的重要防守線，尤其漢末徙胡入居弘農、河東、并州、關中以後，數歲之間便族類蕃息〔註98〕，一遇風塵之警，徙胡便以足夠的力量，起而爲亂，東掠趙魏，侵及河東，漢中央唯有勉力守住孟津、軹關，方能維持首都洛陽的安全。據《後漢書·西羌傳》載，安帝元初元年曾遣兵屯河內，又在通谷衝要三十三所作塢堡、設鳴鼓，以防羌亂；〈樊準傳〉中更明言：「（準）轉河內太守，時羌復屢入郡界，準輒將兵討逐，修理塢堡，威名大行。」河內位居孟津、軹關東北，顯見此時關中的羌人發展已勢不可遏，屢逼河內。若再由上引〈徙戎論〉看來，十年的經營，也只落得個「夷夏俱斃」罷了。可見漢末的徙胡，已使孟津以西的胡漢人口結構，有了重大的改變，迫使東漢終究要從防守線上退縮。

〔註95〕 《晉書》，卷五十六，〈江統傳〉，頁1531。
〔註96〕 嚴耕望著，《唐代交通圖考》，五卷，篇四十六，〈河陽以東黃河流程與津渡〉，頁1551～1588。
〔註97〕 嚴耕望著，《唐代交通圖考》，一卷，篇五，〈中條山脈諸陘道〉，頁168。
〔註98〕 同註94。

一、胡人勢力的興起

　　漢末董卓入洛陽，史稱其「卓兵來東下，金甲耀日光，平土人脆弱，來兵皆胡羌」，卓以轄下擁有的并、涼、匈奴、屠各、湟中、義從、八種西羌等胡兵〔註99〕，長趨入洛，打破了東漢苦心經營的防線，但卓旋焚洛陽宮室回返長安，築塢積穀，未再東出〔註100〕，並沒有留下多少胡兵在關東。但是當時滎陽、弘農一帶已經很荒蕪，早已成為王公大臣的牧苑地；史稱梁冀的苑囿「西至弘農，東界滎陽，南極魯陽，北達河淇，包含山藪，遠帶邱荒，周旋封域，殊將千里」〔註101〕荒蕪的範圍很大。待群雄並起，這裡又成為往來征戰的交通要道，頻年征戰，地方破壞更形嚴重；當時活動在河北的群雄，袁紹號稱「撫有三郡烏丸，寵其名王而收其精騎」〔註102〕，曹操亦「率匈奴暨單于、烏桓、鮮卑、引弓之類」〔註103〕，此外如公孫瓚、袁術等部都有引胡為兵的記錄，不過這些胡人都依託於各群雄，隨所部征戰，並未單獨以胡政權姿態出現。然已可證明此時本區胡漢往來的活動甚多，可能已有少數胡人入居定著的情況，不過大量以群體方式的遷入卻未見記載。《魏志》，卷十五，〈司馬朗傳〉稱關東兵起，軍隊集中在滎陽、河內，「民人死者且萬」，荒蕪之地又更形擴大，所以魏明帝還能在滎陽附近圍一千餘里的大禁苑〔註104〕，荒殘情形由此可見。

　　三國在動亂之後，人口銳減，勞動力異常缺乏。曹操在中原持續推行原來兩漢施行於邊境的屯田制度，其他豪強、大族也招募大批流民作為他們的部曲、田客，在這種政府、豪強競占勞動人口的情況下，大量遷徙外族深入內地，便是補充人口的最佳辦法。不過這種徙胡入居的本意是在增加勞動人口，與前之漢朝、後之西晉徙胡入塞以為招撫的根本精神大不相同；因此既不能把他們放在邊境、政府勢力不及或有叛逃之虞的地方，也不能處置在漢人農耕極發達、大族勢力穩固的區域內〔註105〕。黃泛區的位置與狀況就因此

〔註99〕《三國志》，卷十六，〈鄭渾傳〉裴松之注引張璠漢紀載：且天下之權勇，今見在者不過并、涼、匈奴、屠各、湟中、義從、八種西羌，皆百姓素所畏服，而明公權以為爪牙，壯夫震慄，況小醜乎。

〔註100〕《三國志》，卷六，〈董卓傳〉，頁176。

〔註101〕《後漢書》，卷六十四，〈梁統附玄孫冀傳〉。

〔註102〕《三國志》，卷三十，〈烏丸鮮卑東夷傳〉，〈序文〉，頁831。

〔註103〕參見《全三國文》，卷十九，曹植〈大饗碑〉序，頁1。

〔註104〕《三國志・魏志》，卷二十四，〈高柔傳〉。

〔註105〕參見陳寅恪，《陳寅恪先生論文集補篇》，頁1～22，〈述東晉王導之功業〉。

成爲徙胡定居的上選之地，改變了漢以來的情形。《全晉文》石崇〈奴券〉載：

> 余元康之際，出在滎陽東住；聞主人公言聲太粗。須臾出，趣吾車
> 曰「公府當怪吾家嘵嘵邪？中買得一惡氐奴也，名宜勤，身長九尺
> 餘，力舉五千斤，挽五石力弓，百步射錢孔，言讀書欲使便病，日
> 食三斗米。不能奈何。」吾問公賣否，公喜，便下絹百匹。問，謂
> 吾曰「吾胡王子，性好讀書，公府事一不上券則不爲。」〔註106〕

可見魏晉之間，黃泛區一帶已有畜胡奴的風氣。《晉書》，卷一○四，〈石勒載記〉上又載：

> 石勒字世龍，……上黨武鄉羯人也。其先匈奴別部姜渠之冑。……
> 祖……父……並爲部落小卒。……年十四，隨邑人行販洛陽。……
> 長而壯健有膽力，雄武好騎射，……部胡愛信之，所居武鄉……父
> 老及相者……勸邑人厚遇之。時多嗤笑。唯鄔人郭敬。陽曲甯驅以
> 爲信然，並加資贍。勒亦感其恩。爲之力耕。……太安中，并州飢
> 亂，勒與諸小胡亡散，乃自雁門還依甯驅。北澤都尉劉監欲縛賣
> 之，驅匿之，獲免。勒於是潛詣納降都尉李川，路逢郭敬，……勒
> 謂敬曰：「今者……諸胡飢甚，宜誘將冀州就穀，因執賣之，可以兩
> 濟。」……會建威將軍閻粹說并州刺史、東嬴公騰執諸胡於山東充
> 軍實，騰使將軍郭陽、張隆虜群胡將詣冀州，兩胡一枷，勒時年二
> 十餘，亦在其中。……既而賣與茌平人師懽爲奴。……每耕作於
> 野……懽家鄰於馬牧，……勒以能相馬自託於（汲）桑。嘗傭於武
> 安臨水。

以石勒之經歷看來，武鄉一帶胡人在當時雖仍「雄武好騎射」，然已知「力耕」，
不過其時胡人之身份似乎甚低，多以傭僱爲生，且在動亂之際，常爲漢人所
掠賣，或「賣充軍實」，或「耕作於野」。即以石勒以「相馬自託於桑」之馬
牧率汲桑而言，《太平御覽》，卷二十一，引《趙書》云：

> 汲桑六月盛暑而垂重裘、累茵，使十餘人扇之，患不得清涼，斬扇
> 者，軍中爲之謠曰：「奴爲將軍何可羞，六月重茵被狐裘，不識寒暑
> 斷人頭。」

其中「奴爲將軍」及「不識寒暑」，均顯示出汲桑的出身不高，其地位之由
來，多半肇因於時勢。漢代，西北邊的官府牧場上即有「官奴婢三萬人，

〔註106〕《全晉文》，卷三十三，石崇〈奴券〉，頁13。

分養馬三十萬匹」〔註107〕，到了晉代，這些官奴婢逐漸以胡人取代。當中央政治力逐漸衰退，胡人的勢力得以集結，所謂牧率，自然就成了胡人集團的首腦，而能取得胡牧人的支持，擁有一部分的地方勢力。這在中央控制力微薄的時代，自然也就成了逐鹿中原不可忽視的力量。而石勒，原是活動於上黨、太原地區的羯胡，在被賣到茌平（今山東茌平縣西）暫時脫離原有的地緣關係後，卻又很快的與當地（魏郡至平原間）胡人建立了良好關係，其間除了胡人的同類意識及胡牧人所需要之馬牧知識（勒善相馬）外，石勒個人的領導能力，也是主要的原因。〔註108〕

再就石勒興起的地理因素來看，魏郡從漢朝以來，就是富裕的經濟地帶，尤自東漢遷都洛陽後，經濟上更需要魏郡的支持。待曹操受封於鄴，並以此作為爭霸天下的指揮中心〔註109〕，於是設典農都尉督課農耕，企圖對魏郡原有的農業優勢，再做進一步的開發，由此，魏郡的灌溉及交通系統也愈見完備。然而隨著魏郡以降徙胡入居的情勢發展，原本冀望於徙胡開墾農業的目的，反而更促使本區加速胡化與畜牧化，此由〈石勒載記〉對汲桑勢力之描述可見端倪：

> 懽家鄰於馬牧，與牧率魏郡汲桑往來，勒以能相馬自託於桑。……
> 遂招集王陽、夔安、支雄、冀保、吳豫、劉膺、桃豹、逯明等八騎
> 為群盜。後郭敖、劉徵、劉寶、張噎僕、呼延莫、郭黑略、張越、
> 孔豚、趙鹿、支屈六等又赴之，號為十八騎。復東如赤龍、騄驥諸
> 苑中，乘苑馬遠掠繒寶，以賂汲桑。〔註110〕

可知晉末汲桑所處之魏郡一帶，已經成為牧地，才有牧率之設；亦因其為牧地，故石勒方能以「善相馬」自附於桑。而十八騎之形成與十八騎和汲桑勢力的結合，也證明此一地區的畜牧化程度不但相當高，而且已經有一段的時間了，故而勒等方能乘「赤龍、騄驥」諸苑馬，縱橫區內，「遠掠繒寶，以賂

〔註107〕《漢書》，卷五，〈景帝紀〉，注如淳引漢儀注。
〔註108〕《晉書》，卷一〇四，〈石勒載記〉上云：羯朱（石勒父）性凶粗，不為群胡所附，每使勒代己督攝，部胡愛信之。
可見石勒幼時在家即已有統御部族的特長，及被縛賣山東，招集十八騎，附汲桑、大張背督、劉元海、收諸胡，更顯其領導上之智、能。
〔註109〕參見勞榦，〈北魏後期重要都邑與北魏政治的關係〉，《中研院史語所集刊外編第四種》上冊，民國49年7月出版，頁229～269。
〔註110〕《晉書》，卷一〇四，〈石勒載記〉上，頁2707～2708，又同卷，頁2715載：初，勒被鬻至平原。

汲桑。」

這一胡人馬牧勢力到張方逼惠帝遷長安，關東各地兵起勤王後更為突顯。當時陽平（今大名縣東）公師藩率眾數萬，起兵趙魏，石勒及汲桑率牧人乘苑馬數百騎響應，起於清河鄃縣（山東夏津東北），寇頓丘，至白馬而南〔註111〕，後不幸為苟晞所敗，二人於是潛返牧苑，以牧苑為根據地，帥牧人劫掠郡縣繫囚及招納山澤亡命，聲勢大增。此時汲桑、石勒的勢力，顯然已擴展到黃泛區內。不久之後又敗殺司馬騰，入據鄴城〔註112〕，攻殺幽州刺史石尟於樂陵，並大敗乞活部眾，而與苟晞相持在平原、陽平間數個月〔註113〕。從惠帝永興二年（305年）公師藩起兵到永嘉元年（307年）司馬騰敗死的短短二年之間，石勒的部眾能由千餘人發展到數萬人，當與他成功集結黃泛區的胡人勢力有很大關係。雖然石勒後為苟晞所敗，出奔山西樂平（今山西昔陽縣）〔註114〕，但其在區內仍保有殘餘勢力，故劉元海起兵後仍需借重其力，才得領有其地。

從汲桑被殺、石勒投靠劉元海重返魏郡起，到北方的漢人勢力中堅王浚被殺為止，是石勒在河北黃泛區內發展的黃金時期。這一時期中，西晉的勢力在司馬騰死後即呈現分崩離析、各自為政的狀態〔註115〕，沒有一個足以號召河南、北（即本區）漢人勢力，能組織強大的武力以對抗石勒的團體出

〔註111〕《晉書》，卷一○四，〈石勒載記〉上：（汲）桑乃自號大將軍，稱為成都王穎誅東海王越、東瀛公騰為名。桑以勒為前鋒都督，大敗騰將馮嵩，因長驅入鄴，遂害騰，殺萬餘人，掠婦女珍寶而去。濟自延津，南擊兗州，越大懼，使苟晞、王讚等討之。
桑、勒攻幽州刺史石尟於樂陵，尟死之，乞活田禋帥眾五萬救尟，勒逆戰，敗禋，與晞等相持平原、陽平間數月，大小三十餘戰，互有勝負。越懼，次於官渡，為晞聲援。桑、勒為晞所敗，死者萬餘人，乃收餘眾，將奔劉元海。冀州刺史丁紹要之于赤橋，又大敗之。桑奔馬牧，勒奔樂平。王師斬桑於平原。
〔註112〕《晉書》，卷三十七，〈列傳七·新蔡武哀王傳〉載：（汲桑、石勒等）與張泓故將李豐等將攻鄴。騰曰：「孤在并州七年，胡圍城不能克。汲桑小賊，何足憂也。」及豐等至，騰不能守，率輕騎而走，為豐所害。
司馬騰封在晉陽，并州雖為胡人區，但晉陽城的居民居民結構依〈劉琨傳〉來看，多屬漢人，騰經營七年，形勢想必極堅固。鄴雖為西晉政軍大城，但鄰近黃泛區，汲桑等占地利之便，羽翼已豐，勢力已然形成，騰輕敵結果，一戰而敗亡。
〔註113〕同註112。
〔註114〕詳見《晉書》，卷三十七，〈列傳七宗室·新蔡武哀王騰傳〉。
〔註115〕參見《晉書》，卷三十七，〈新蔡武哀王騰傳〉及卷五十九〈長沙王乂·成都王穎傳〉。

現。王浚在聲望、勢力上雖然都是足以擔當此一大任，不過一方面他的勢力
遠在幽州，對黃泛區的戰爭鞭長莫及，另一方面又需應付劉元海、鮮卑等對
幽州的干擾〔註116〕，防範劉琨在中山的發展〔註117〕，自顧不暇，無法兼顧於
此。而石勒利用這一機會，在劉元海的支持下重回本區，整理舊有的勢力，
寇魏郡、頓丘，潰鄴城，攻趙郡、下中丘，陷白馬、襲鄄城，攻廣宗、清河、
平原、陽平諸縣，轉戰黃河南北勢如破竹，幾無敵手〔註118〕。石勒於這一時
期中雖也曾分兵遣將北攻中山、高陽等地〔註119〕，但經營的重點仍在黃泛區
內。〔註120〕

　　石勒的核心組成份子，也充滿了地方性的色彩〔註121〕，如夔安、支雄、
呼延莫、王陽、桃豹、逯明、吳豫等都是馬牧十八騎的主要人物，這些都是
他稱霸黃泛區的資本。劉聰屢以石勒爲督山東征討諸軍事、平東大將軍、鎮
東大將軍、征東大將軍、陝東大將軍、東單于、又使其統冀幽并營四州雜夷、
封東夷校尉，其領地多在并、幽二地，可見勒之實力多在太行山以東，其
足以號召統領者包括四州雜夷、甚或東夷。而劉氏的勢力則在太行山以西之
地的汾水流域，對黃泛區鞭長莫及，藉著石氏的地方勢力，成功的由西晉手
中奪得黃河兩岸包括汲郡、東郡、魏郡、頓丘、清河、平原、豫州、兗州等
廣大的地盤〔註122〕，石勒也藉此機會鞏固自己的勢力，成爲以後向四方發展

〔註116〕參見《晉書》，卷三十九，〈王沈附傳子浚〉及《晉書》卷一〇四，〈石勒載記〉
　　　　上。
〔註117〕參見《晉書》，卷六十二，〈劉琨傳〉及卷三十九，〈王沈附子浚傳〉。
〔註118〕詳見《晉書》，卷一〇四，〈石勒載記〉上，頁2710～2722。
〔註119〕同註118。
〔註120〕《晉書》，卷一〇四，〈石勒載記〉上載：元海命勒與劉靈、閻羆等七將率眾
　　　　三萬寇魏郡、頓丘諸壘壁，多陷之，假壘主將軍、都尉，簡強壯五萬爲軍士，
　　　　老弱安堵如故，軍無私掠，百姓懷之。……進軍攻鉅鹿、常山，害二郡守將。
　　　　陷冀州郡縣堡壁百餘，眾至十餘萬，其衣冠人物集爲君子營。……勒退屯黎
　　　　陽，分命諸將攻諸未下及叛者，降三十餘壘，置守宰以撫之。……渡河攻廣
　　　　宗、清河、平原、陽平諸縣，降勒者九萬餘口。復南濟河，滎陽太守斐純奔
　　　　於建業。……勒馳如武德（即武德城，今沁陽縣東南五十里），坑降卒萬餘，
　　　　數梁巨罪而害之。王師退還，河北諸堡壁大震，皆請降送任于勒。
〔註121〕《晉書》，卷一〇四，〈石勒載記〉上，頁2711云：乃引張賓爲謀主，始署軍
　　　　功曹，以刁膺、張敬爲股肱，夔安、孔萇爲爪牙，支雄、呼延莫、王陽、桃
　　　　豹、逯明、吳豫等爲將率。
〔註122〕《晉書》，卷五，〈孝懷帝紀〉，頁117～123所載各條紀事：
　　　　（永嘉三年）石勒陷長樂，安北將軍王斌遇害，因屠黎陽。
　　　　（永嘉四年）二月，石勒襲鄄城（今山東濮陽縣東），兗州刺史袁孚戰敗，爲

的根據地。

懷帝永嘉五年（311 年），石勒追擊西晉的主力部隊東海王越軍於苦縣寧平城（河南鹿邑縣東），將之全部殲滅〔註123〕；同年，與劉曜、王彌會師攻破洛陽〔註124〕，不久後又誘殺王彌，兼併其部〔註125〕；再依張賓之計，進據襄國（今河北邢台），當時西晉的東北八州，石勒已有其七，不過直到此時，石氏的主要活動地區仍侷限在黃河南北。愍帝建興二年（314 年），石勒襲殺王浚，取幽州，據有了河北、山東的大部份地區〔註126〕。二年後（建興四年）敗晉將劉琨；太興四年（321 年）滅鮮卑段氏〔註127〕；同年乘東晉祖逖之死，進據河南、皖北〔註128〕；二年後再破曹嶷，取青州〔註129〕；到西元 329 年（咸和四年）滅前趙，併有關隴後，整個中原地區除遼東慕容氏、河西張氏以外，名義上都爲石勒所統一，包括「南逾淮，東濱於海，西至河西，北盡燕代」〔註130〕的廣大地區。就政治局勢來看，此時的北方漢人勢力似乎已退出黃河流

其部下所害。勒又襲白馬，車騎將軍王堪死。五月，石勒寇汲郡，執太守胡寵，遂南濟河，滎陽太守斐純奔建鄴。九月，河內人樂仰執太守斐整叛，降于石勒。冬十月辛卯，壬寅，石勒圍倉垣（今河南陳留縣西），陳留內史王讚擊敗之，勒走河北。石勒陷襄城，太守崔曠遇害，遂至宛。王浚遣鮮卑文鴦帥騎救之，勒退。浚又遣別將王申始討勒于汶石津，大破之。

（永嘉五年）四月戊子，石勒追東海王越喪，及于東郡，將軍錢端戰死，軍潰……王公已下死者十餘萬人。東海世子毗及宗室四十八王尋又沒于石勒。六月癸末，劉曜、王彌、石勒同寇洛川，王師頻爲賊所敗，死者甚眾。庚寅，司空荀藩、光祿大夫荀組奔轘轅，太子左溫畿夜開廣莫門奔小平津。丁酉，劉曜、王彌入京師。百官士庶死者三萬餘人。帝蒙塵于平陽，劉聰以帝（石勒）爲會稽公。秋七月，大司馬王浚承制假立太子，置百官，署征鎮。石勒寇穀陽，沛王滋戰敗遇害。九月癸亥，石勒襲陽夏，至於蒙縣，大將軍苟晞、豫章王端並沒于賊。冬十月，勒寇豫州諸郡，至江而還。

（建興元年）四月，石勒攻龍驤將軍李惲於上白，惲敗，死之。

（建興二年）三月癸酉，石勒陷幽州，殺侍中、大司馬、幽州牧、博陵公王浚，焚燒城邑，害萬餘人。

〔註123〕參見《晉書》，卷五，〈孝懷帝紀〉，卷五十九，〈東海王越傳〉及卷一○四，〈石勒載記〉上。
〔註124〕《晉書》，卷一○四，〈石勒載記〉上，卷一○○，〈王彌傳〉。
〔註125〕同註 124。
〔註126〕《晉書》，卷一○四，〈石勒載記〉上及卷三十九，〈王沈附子浚傳〉。
〔註127〕《晉書》，卷一○四、一○五，〈石勒載記〉上、下，卷六十三，〈段匹磾傳〉。
〔註128〕《晉書》，卷一○四，〈石勒載記〉上，頁 2717。
〔註129〕詳見《晉書》，卷一○四，〈石勒載記〉上。
〔註130〕《讀史方輿紀要》，卷三，〈歷代州域形勢三〉，頁 133。

域。漢人大量向外流徙，在南方建立另一新的政權，北方完全淪入胡族的控制。不過，這是政治上的歸屬現象，事實上，以黃河流域爲主的中原地帶自古就是漢民族的聚居地，即使有些地方因爲自然環境變遷與政治勢力的轉變而導致胡人入居，但也不致於造成漢民族在整個地域上的退出，因此，要清楚解釋這一時期的歷史與社會現象，不能僅由政治上漢人的撤退單一表象來解釋，應從整體的社會角度來觀察。

二、西來胡人勢力的集結

漢朝末年以來中國戰亂不斷，人口急驟減少；永嘉亂後中原板蕩，又有大量人口向外遷徙，根據譚其驤先生的統計，當時南渡的人口至少占北方總數的八分之一強〔註 131〕，這只是個保守估計，並不包括南方豪宗大族的庇蔭戶〔註 132〕，因此實際上南渡的人口應當不僅於此。然在兵荒馬亂、逃死救亡的南渡途中，遭遇重重險阻是絕對可以預料的事情，重以跋涉山水、遷徙南下的費用龐大，更非一般的人民所能負擔，因此之故，鄰近邊境地帶的人民才多採取向外移徙的手段；深居內陸、交通不便或是家無餘力者，就自行聚居險要處，以塢堡作爲安身立命的處所。黃河下游地帶自春秋以來就是中原地區的交通樞紐，往來便捷。河（指東漢黃河）以北的黃泛區又是漢末以來群雄爭霸、胡民族積極活動的地帶，區內民族不但有能力，也有原因向外做大規模的遷徙。由《晉書・地理志》、《宋書》及《南齊書・州郡志》等對僑州郡縣的記載來看，當時河北、山東地區的徙出戶也大部份集中在這一黃泛區內（參見表八）。如前所言，永嘉亂後南渡的人口至少占北方人口總數的八分之一，但這只是個表面計算數字，忽略了以上這些地區性的原因，因此黃泛區內人口南移的百分比應比這個數字爲高，以魏郡頓丘（今濮陽縣北）爲

〔註 131〕譚其驤把《宋書・州郡志》中所記載的僑州郡縣之户口數作爲南渡人口（政府的編户齊民）的約數，從永嘉到劉宋之間，南渡户口約有九十萬，佔當時總户口五百四十萬的六分之一。至西晉太康初年，根據《晉書・地理志》的記載，北方諸州及徐州的淮北約有户口一百四十萬，如果以一户五口來計算，當有七百餘萬人口，而南渡人口九十萬，占北方人口總數的八分之一強。詳見氏著〈晉永嘉喪亂後之民族遷徙〉，《燕京學報》十五期，頁 72。

〔註 132〕《世說新語・政事篇》注引檀道鸞《續晉陽秋》云：「自中原喪亂，民離本域；江左造創，豪族并兼，或客寓流離，民籍不立」。蕭子顯《南齊書・州郡志・南兗州》序：「時百姓遭難，流離此境，流民多庇大姓以爲客。」《晉書・山濤傳》：「豪族多挾藏户口，以爲私附，遐到縣八旬，出口萬餘。」可見當時世家大族蔭庇户口數目之多。

例，它的位置正居黃泛區的中央地帶，是漢末以來的四戰之地，促成人民向外流徙的動力很大，南朝政府就曾分別在江蘇睢寧、江蘇滁縣、山東汶山、山東歷城、山東章邱等五個地方為其設立僑郡、縣以為安置〔註133〕，頓丘住民的大量徙出由是可證；同一區內的其他郡縣如廣平（今河北大名）、肥鄉（今河北肥鄉）、元城（今河北元城）等都有同樣的情形。〔註134〕

人口不但是維持戰力的重要根本，也是進行生產、持續政權的基礎。在人口南遷及戰亂死亡之餘，北方必然呈現生產力嚴重不足的現象。西元 314 年，石勒擊殺王浚，領有整個河北地區後，開始向內徙民，以填補因漢民族向外流徙所造成的空隙。綜觀整個石趙時代，共有十九次移民，都是以襄國到黃泛區間 L 型地帶為中心點的移民（參見表九及圖十八）。若以每戶五人，每落六人為計算標準，石趙時代見諸史載的徙入人口就大約有 3,443,500 人〔註135〕，占西晉太康年間人口的二分之一，數目非常驚人。石氏把這些人口移入本區，除了軍事（增加戰鬥兵力）及經濟（增加勞動人口）原因外，最主要的還是基於政治的考量，太行山南麓及黃泛區是石氏的崛起根砥及國都所在，勢力穩固，徙民至此可以就近監視，沒有叛亂之虞。從表中徙民的性質來看，移入本區的也多係胡人種族，而且在進入本區後並未打散胡族的部落型態，由石氏付予各豪酋都督的身份來統領部眾。《晉書‧姚弋仲載記》云：

> 姚弋仲，南安赤亭羌人……世為羌酋。……永嘉之亂，東徙榆眉（今甘肅汧陽縣東），戎夏繦負隨之者數萬，自稱護西羌校尉、雍州刺史、扶風公。……及石季龍克上邽，弋仲說之曰：「明公握兵十萬，功高一時，正是行權立策之日。隴上多豪，秦風猛勁，道隆後服，道洿先叛，宜徙隴上豪強，虛其心腹，以實畿甸。」……勒既死，季龍執權，思弋仲之言，遂徙秦雍豪傑於關東。弋仲率部眾數萬遷于清河，拜奮武將軍、西羌大都督，封襄平縣公。……（季龍自立）遷持節、十郡六夷大都督。……季龍甚重之。朝之大議，靡不參決，公卿亦憚而推下之。〔註136〕

又《晉書‧苻洪載記》云：

〔註133〕參見《晉書‧地理志》及《南齊書‧州郡志》。

〔註134〕詳見表八所示。

〔註135〕詳見表八所示。

〔註136〕《晉書》，卷一一六，〈姚弋仲載記〉，頁 2959～2960。

符洪字廣世，略陽臨渭氐人也。……屬永嘉之亂，乃散千金，召英
傑之士訪安危變通之術。宗人蒲光、蒲突遂推洪爲盟主。……季龍
滅石生，洪說季龍宜徙關中豪傑及羌戎内實京師。季龍從之，以洪
爲龍驤將軍、流人都督，處于枋頭。……後石鑒殺遵，所在兵起，
洪有眾十餘萬。〔註137〕

〈苻堅載記〉上亦載：

苻堅……祖洪，從石季龍徙鄴，家託永貴里。其母苟氏嘗游漳水，
祈子於西門豹祠，其夜夢與神交，因而有孕，十二月而生堅焉。至
安陽，過舊閭，引諸耆老語及祖父之事，泫然流涕，乃停信宿。……
堅自鄴如枋頭，讌諸父老，改枋頭爲永昌縣，復之於世。〔註138〕

《讀史方輿紀要》載姚氏所居之清河灄頭在今河北棗縣東北灄頭戍；氐人苻
氏的活動地帶枋頭則在今濬縣西南，安陽即今河南安陽縣，都在黃泛區的西
緣可耕可牧的地帶。由於羌、氐人都是農牧兼行的胡人，遷入本區既不失本
業，足可安居，又可爲石氏軍事外圍，以爲心腹，一舉數得。從此他們部族
在區內繁衍發展，成爲石趙精銳武力來源，如史載：

故東宮謫卒高力等萬餘人當戍涼州，行達雍城，既不在赦例，又敕
雍州刺史張茂送之，茂皆奪其馬，令步推鹿車，致糧戍所。高力督
定陽梁犢等因眾心之怨，謀起兵東還，陰令胡人頡獨鹿微告戍者，
戍者皆踊抃大呼。梁犢乃自稱晉征東大將軍，率眾攻陷下辯，逼張
茂爲大都督、大司馬，載以軺車。安西劉寧自安定擊之，大敗而
還。秦雍間城戍無不摧陷，斬二千石長史，長驅而東。高力等皆多
力善射，一當十餘人，雖無兵甲，所在掠百姓大斧，施一丈柯，攻
戰若神，所向崩潰，戍卒皆隨之，比至長安，眾已十萬。其樂平王
石苞時鎮長安，盡銳距之，一戰而敗。犢遂東出潼關，進如洛川。
季龍以李農爲大都督，行大將軍事，統衛軍張賀度、征西張良、征
虜石閔等，率步騎十萬討之。戰于新安，農師不利。又戰於洛陽，

〔註137〕《晉書》，卷一一二，〈苻洪載記〉，頁2867。

〔註138〕《晉書》，卷一一三，〈載記十三・苻堅〉上，頁2883～2893，另《紀要》卷
十六，〈大名府・濬縣〉，頁715同載：枋頭城，縣西南七十里，即今淇門渡……
咸寧二年苻洪降於石虎，說虎遷秦雍民十餘萬戶於關東，虎以洪爲流民都督，
居枋頭。永和五年，趙亂，秦雍流民相率西歸，路由枋頭，共推洪爲主，眾
至十餘萬。洪子健在鄴，亦斬關奔枋頭……五年，苻堅破燕，自鄴如枋頭，
宴父老，改枋頭曰永昌，復之終世。

農師又敗，乃退壁成皋。犢東掠滎陽、陳留諸郡，季龍大懼，以燕王石斌爲大都督中外諸軍事，率精騎一萬，統姚弋仲、苻洪等擊犢于滎陽東，大敗之，斬犢首而還，討其餘黨，盡滅之。〔註139〕

梁犢之戰的成員都是「多力善射，一當十餘人，雖無兵甲，所在掠百姓大斧，施一丈柯，攻戰若神，所向崩潰」的「高力」〔註140〕，關中又是石趙勢力區的外圍地帶，於是起兵後連陷下辯、安定，秦雍間城戍無不摧陷，至長安已有眾十萬，石趙鎮守關中的精銳部遇之即敗。犢眾長趨而東，再敗李農大軍，直入洛陽、進掠滎陽，可以說已經進入石趙的核心區，危及王國存亡；最後還是在姚弋仲及苻洪等人的協助下才討平梁犢，顯然姚、苻二氏不但在本區的發展已極爲穩固，而且還繼續保持著胡人勇武的特質。憑藉著這支武力，在石季龍死後又參與石遵的王位之爭〔註141〕，及對冉閔的作戰〔註142〕，直到後趙滅亡爲止，黃泛區西半部的氐、羌部族一直都保持著舉足輕重的地位。其後冉閔滅諸胡，苻健率所部西歸〔註143〕，姚襄亦率眾渡河南下〔註144〕，氐、

〔註139〕《晉書》，卷一○七，〈石季龍載記〉，頁2787。

〔註140〕同註139。

〔註141〕《晉書》，卷一○七，〈石季龍載記〉下，頁2787～2788載：石遵聞季龍之死，屯於河內。姚弋仲、苻洪、石閔、劉寧及武衛王鸞、寧西王午、石榮、王鐵、立義將軍段勤等既平秦洛，班師而歸，遇遵于李城，說遵曰：「殿下長而且賢，先帝亦有意于殿下矣。但以末年潛惑，爲張豺所誤。今上白相持未下，京師宿衛空虛，若聲張豺之罪，鼓行而討之，孰不倒戈開門而迎殿下者邪！」遵即從之，僭即尊位于太武殿前。

〔註142〕《晉書》，卷一一六，〈姚弋仲載記〉，頁2961云：冉閔之亂，弋仲率眾討閔，次於混橋。石祇僭號于襄國，以弋仲爲右丞相，待以殊禮，祇與閔相攻，弋仲遣其子襄救祇，戒襄曰：「汝才十倍於閔，若不梟擒，不須復見我也。」襄擊閔於常盧澤（即長盧澤，河北臨晉、新河附近），大破之而歸。弋仲怒襄之不擒閔也，杖之一百。

〔註143〕《晉書》，卷一○七，〈石季龍載記〉下云：（冉閔之亂）太宰趙鹿、太尉張舉、中軍張春、光祿石岳、撫軍石寧、武衛張季及諸公、侯、卿、校、龍騰等萬餘人出奔襄國。石琨奔據冀州，撫軍張沈屯滏口，張賀度據石瀆，建義段勤據黎陽，寧南楊群屯桑壁，劉國據陽城，段龕據陳留，姚弋仲據混橋，苻洪據枋頭，眾各數萬。王朗、麻秋自長安奔于洛陽。秋承閔書，誅朗部胡千餘。朗奔于襄國。麻秋率眾奔于苻洪。

《晉書》，卷一一二，〈苻洪載記〉，頁2868：洪將死，謂健曰：「所以未入關者，言中州可指時而定，今見困豎子，中原非汝兄弟所能辦。關中形勝，吾亡後便可鼓行而西。」

又同卷〈苻健載記〉載：時京兆杜洪竊據長安，……健密圖關中，懼洪知之，乃僞受石祇官，繕宮室於枋頭，課所部種麥，亦無西意，有知而不種者，健

羌二部才脫離了黃泛區的範圍。

三、北下胡人勢力

　　除了以大族群方式出現，曾經建國的羯、氐、羌外，還有一些部眾較少的徙入外族，如烏桓、丁零皆是。烏桓又稱烏丸，原是活動於今內蒙古東部老哈河流域的游牧部落，爲鮮卑近屬[註145]，臣服於匈奴。西元前一世紀漢武帝擊破匈奴，遷烏丸至上谷、漁陽、右北平、遼東、遼西的塞外，爲漢偵查匈奴動靜。光武建武二十二年（46 年）匈奴分裂，轉徙千里，烏桓取而代之，勢力轉盛，逐漸滿佈在漢沿邊諸郡，即今山西、河北以北到內蒙古包頭一帶。西元 190 年，遼西部大人丘力居死，從子蹋頓代立，總攝三部，成爲部落結合的軍事領袖，遂乘中國紛擾之際大舉入掠，侵擾邊境。東漢建安十二年（207 年）曹操親征蹋頓於柳城（今遼寧朝陽縣南），大敗之，斬蹋頓而歸，並將烏丸部族收入軍隊，參與對中原諸雄的作戰，「由是三郡烏丸爲天下名騎」[註146]。西晉末年中原大亂，幽州刺史王浚爲結鄰援，以求自保，將二女分別嫁予務勿塵及蘇恕延[註147]，以建立彼此的密切關係。及趙王倫篡位，三王起兵，成都王穎與王浚不和，兩人兵戈相向，務勿塵遂在王浚的徵召下，率領所部進討穎[註148]，由幽州長趨而下，先敗穎眾於平棘（河北趙

　　　　殺之以徇。既而自稱晉征西大將軍，都督關中諸軍事、應州刺史，盡眾西行。……（至長安）健入而都之。……永和七年，僭稱天王、大單于……建元皇始。

〔註144〕《晉書》，卷一一六，〈姚襄載記〉：弋仲死，襄秘不發喪，率戶六萬南攻陽平（河北館陶）、元城（河北大名東）、發干（冠縣東南），皆破之，殺三千餘家，屯於碻磝津（今黃河北岸、聊城東南）。以太原王亮爲長史，天水尹赤爲司馬，略陽伏子成爲左部帥，南安斂岐爲右部帥，略陽王黑那爲前部帥，強白爲後部帥，太原薛讚、略陽權翼爲參軍。南至滎陽，始發喪行服。與高昌、李曆戰於麻田，馬中流矢死，賴其弟萇以免。晉處襄於譙城，遣五弟爲任，單騎入淮，見豫州刺史謝尚於壽春。尚命去仗衛，幅巾以待之，一面交款，便若平生。……（南歸後與殷浩交惡）襄尋徙北屈，將圖關中，進屯杏城，遣其從兄輔國姚蘭略地鄜城，使其兄益及將軍王欽盧招集北地戎夏，歸附者五萬餘戶。

〔註145〕《三國志‧魏志‧鮮卑傳》注引王沈《魏書》說鮮卑族「言語習俗與烏丸同」，可見鮮卑、烏丸是近屬，他們當時的社會性質也大致相同，因此《晉書》各傳中對烏桓、鮮卑的稱呼常有互用的情形。

〔註146〕詳見《三國志‧魏志‧烏丸傳》所載。

〔註147〕《晉書》，卷六十三，〈段匹磾傳〉，頁1710。

〔註148〕《晉書》，卷三十九，〈王沈附子浚傳〉，頁1146。

縣南），再下鄴城，迫使穎及惠帝單車走洛陽〔註149〕。直到永嘉六年疾陸眷不應召爲止，這支善戰的胡人武力一直是王浚的主力部隊之一，隨之轉戰河北各地〔註150〕。王浚與疾陸眷分道揚鑣後二年即亡於石勒，烏桓雖然又轉而支持劉琨，但它不似已往般積極介入中原事務。由於自晉末以來不斷用兵中原的結果，已有部分烏桓部族留居下來，他們的數目不多、種族勢力也不大，很難在羯、羌、氐的活動地帶（即黃泛區西部）發展，轉而向沿海的東部地區渤海、平原一帶活動〔註151〕；這裡是石趙勢力範圍的邊緣，控制力薄弱，因此也是西晉遺臣的主要活動地區〔註152〕，於是二者聯手（漢族、烏桓）在這裡成立一條圍堵黃泛區內胡族的防守線。

〔註149〕《晉書》，卷四，〈惠帝紀〉，頁103；卷三十九，〈王沈附子浚傳〉，頁1147。
〔註150〕同註149。
〔註151〕根據《晉書》所載，烏丸與王浚在中原地區的活動如下：
　　（一）《晉書》，卷四，〈惠帝紀·永興元年八月〉：安北將軍王浚遣烏丸騎攻成都王穎於鄴，大敗之。又《晉書》，卷三十九，〈王沈附子浚傳〉：大營器械，召務勿塵，率胡晉合二萬人，進軍討穎。以主簿祁弘爲前鋒，遇穎將石超於平棘，擊敗之。浚乘勝遂克鄴城，士眾暴掠，死者甚多。鮮卑大掠婦女，浚命敢有挾藏者斬，於是沈於易水者八十人。
　　（二）《晉書》，卷三十九，〈王沈附子浚傳〉：東海王越將迎大駕，浚遣祁弘率烏丸突騎爲先驅。
　　（三）《晉書》，卷四，〈惠帝紀·光熙元年五月壬辰〉：祁弘等與刁默戰，默大敗……弘等所部鮮卑大掠長安，殺二萬餘人。
　　（四）《晉書》，卷五，〈孝懷帝紀·永嘉三年九月〉：石勒寇常山，安北將軍王浚使鮮卑騎救之，大破勒於飛龍山。同見《晉書》，卷一○四，〈石勒載記〉上。
　　（五）同上卷，〈永嘉四年四月〉：將軍祁弘破劉元海將劉靈曜于廣宗。
　　（六）同上卷，〈永嘉四年十月〉：石勒陷襄城，太守崔曠遇害，遂至宛。王浚遣鮮卑文鴦帥騎救之，勒退。浚又遣別將王申始討勒於汶石津，大破之。又《晉書》，卷三十九，〈王沈附子浚傳〉：永嘉中，石勒寇冀州，浚遣鮮卑文鴦討勒，勒走南陽。
　　（七）《晉書》，卷三十九，〈王沈附子浚傳〉：洛京傾覆，浚大樹威令，專征伐，遣督護王昌、中山太守阮豹等，率諸軍及務勿塵世子疾陸眷、并弟文鴦、從弟末柸，攻石勒於襄國。
　　（八）同卷載：浚布告天下，稱受中詔承制……又遣祁弘討勒，及於廣宗。
　　（九）同卷又載：（劉）琨使宗人劉希還中山合眾，代郡、上谷、廣寧之郡人皆歸於琨。浚患之……浚遣燕相胡矩督護諸軍，與疾陸眷并力攻破希。
　　（十）同卷載：浚還，欲討勒，使棗嵩督諸軍屯易水，召疾陸眷，將與之俱攻襄國……勒亦遣使厚賂，疾陸眷等由是不應召。
〔註152〕《晉書》，卷一○四，〈石勒載記〉上：烏丸薄盛執渤海太守劉既，率戶五千降于勒。徙平原烏丸展廣、劉哆等部落之三萬餘戶于襄國。

　　段氏部族是烏桓在黃泛區東面活動的主要份子，他們的南徙定居肇始於晉太興元年（318 年），烏桓內訌、段匹磾避禍、南依厭次（今山東惠民附近）邵續起，史載：

> 段末柸殺鮮卑單于截附眞，立忽跋鄰爲單于。段匹磾自幽州攻末
> 柸，末柸逆擊敗之，匹磾奔還幽州，因害太尉劉琨，琨將佐相繼降
> 勒。末柸遣弟騎督擊匹磾于幽州，匹磾率其部眾數千，將奔邵續，
> 勒將石越要之于鹽山，大敗之，匹磾退保幽州。時段匹磾部眾飢
> 散，棄其妻子，匹磾奔邵續。〔註153〕

段匹磾南依邵續以後，與弟文鴦等率領所部迅速的在厭次附近建立起一個堅強對抗石氏的地方勢力〔註154〕，從文鴦所云：「我以勇聞，故百姓仗我。見人被略而不救，非丈夫也。令眾失望，誰復爲我致死乎！」〔註155〕來看，由於段氏能憑恃胡人勇武的特質，屏障當地漢人住民，有效抵禦石氏政權的抄掠，二者因段氏能屏棄胡漢種族歧異，密切合作；烏桓甚至以忠孝自許，幾與河南晉末遺臣無異〔註156〕。不過這種現象並未維持長久，兩年後（太興三年）石勒在黃泛區勢力穩固後，趁文鴦等北討薊城末柸時，出兵擊殺邵續於厭次，烏桓勢孤，一年後即爲所攻滅〔註157〕。厭次城破，石勒遷段匹磾、文鴦等至襄國，黃泛區東面的反石勢力於是瓦解。

〔註153〕《晉書》，卷一○四，〈石勒載記〉上，頁 2727～2729。

〔註154〕《晉書》，卷一○五，〈石勒載記〉下，頁 2736～2738 載：孔萇攻邵續別營十一，皆下之續尋爲石季龍所獲，送于襄國。……孔萇攻陷文鴦十餘營，萇不設備，鴦夜擊之，大敗而歸。……石季龍攻段匹磾於厭次。孔萇討匹磾部內諸城，陷之。匹磾勢窮，乃率其臣下輿櫬出降。季龍送之襄國，勒署匹磾爲冠軍將軍，以其弟文鴦、亞將衛麟爲左右中郎將，皆金章紫綬。散諸流人三萬餘户，復其本業，置守宰以撫之，於是冀、并、幽州、遼西巴西諸屯結皆陷於勒。

〔註155〕《晉書》，卷六十三，〈段匹磾傳〉，頁 1711。

〔註156〕《晉書》，卷六十三，〈段匹磾傳〉，頁 1711～1712 載：季龍復抄城下……呼曰：「大兄與我俱是戎狄，……今日相見，何故復戰？請釋杖。」文鴦罵曰：「汝爲寇虐，……吾寧死，不爲汝擒。」遂下馬苦戰，……季龍軍四面解馬羅披自郭，前捉文鴦。……匹磾欲單騎歸朝，續弟樂安內史洎勒兵不許。邵洎復欲執臺使王英送於季龍，匹磾正色責之曰：「卿不能遵兄之志，逼吾不得歸朝，亦以甚矣，復欲執天子使者，我雖胡夷，所未聞也。」因謂英曰：「匹磾世受重恩，……若得假息，……心不忘本。」……匹磾到襄國，又不爲勒禮，常著朝服，持晉節。

〔註157〕詳見前註及《晉書》，卷六，〈元帝紀・太興三年二月辛未〉條及〈四年夏四月辛亥〉條。

　　烏丸內訌，段匹磾南下，末杯大敵既去，遂害涉復辰，自立為單于，二傳後之段遼為石季龍所滅。季龍承襲石趙向來策略，將遼西烏丸數萬家遷至帝國中心地帶——司雍之地，以便就近監視〔註158〕，於是烏丸在段匹磾之後，又出現在黃泛區的舞台上。這次徙進的烏丸人口眾多，部落型態亦似未打破，勢力強大、擁有武力，就如同黃泛區內苻氏、姚羌一樣的情形。主要成員包括段蘭（段遼之子）、段勤（末杯之子）及段龕、段羆、段欽（段蘭之子）等〔註159〕，活動於氐、羌的南面、黃河南岸黎陽（今河南濬縣東北）、陳留（今河南陳留附近）等附近地方〔註160〕，積極介入石趙政治，在參與討平梁犢之叛及擁立石遵即帝位時都扮演了重要的角色〔註161〕，勢力強固由此可證，因此能在冉閔亂起時，「（冉閔）與羌胡相攻，無月不戰。青、雍、幽、荊州徙戶及諸氐、羌、胡、蠻數百餘萬，各還本土，道路交錯、互相殺掠」〔註162〕的情況下迅速固守據點〔註163〕。這一時期的段部和早期段匹磾一樣，與當地的結合都是以政治利益為考慮重點，從對石季龍的支持到段龕遷廣固向南方政權稱臣〔註164〕，其代表意義完全相同，都是外族勢力在地方發

〔註158〕《晉書》，卷六十三，〈段匹磾傳〉，頁1712。

〔註159〕參見《晉書》，卷六十三，〈段匹磾傳〉；卷一一○，〈慕容儁載記〉及卷六，〈元帝紀〉等。

〔註160〕《晉書》，卷一○七，〈石季龍載記〉下云：（冉閔之亂）太宰趙鹿、太尉張舉、中軍張春、光祿石岳、撫軍石寧、武衛張季及諸公侯、卿、校、龍騰等萬餘人出奔襄國。石琨奔據冀州，撫軍張沈屯滏口，張賀度據石瀆，建義段勤據黎陽（河北濬縣東北），寧南楊群屯桑壁，劉國據陽城，段龕據陳留（今河南陳留附近），姚弋仲據混橋（臨沂縣鄴城東），苻洪據枋頭，眾各數萬。

〔註161〕《晉書》，卷一○七，〈石季龍載記〉下：石遵聞季龍之死，屯于河內。姚弋仲、苻洪、石閔、劉寧及武衛王鸞、寧西王午、石榮、王鐵、立義將軍段勤等既平秦洛，班師而歸，遇遵于李城，說遵曰：「殿下長而且賢，先帝亦有意于殿下矣……。」

〔註162〕《晉書》，卷一○七，〈石季龍載記下附冉閔傳〉，頁2795。

〔註163〕同註140。

〔註164〕參見《晉書》，卷七，〈成帝紀〉，卷八，〈穆帝紀〉，頁169～202載：
永和七年正月辛丑，鮮卑段龕以青州來降。
永和七年二月戊寅，以段龕為鎮北將軍，封齊公。
永和十一年正月，齊公段龕襲慕容儁將榮國於邙山（今河南確山縣），敗之。
永和十二年正月，鎮北將軍段龕及慕容恪戰于廣固（今山東益都縣東北），大敗之，恪退據安平。
永和十二年十月，慕容恪攻段龕於廣固，使北中郎將荀羨帥師次于琅琊以救之。
升平元年正月，鎮北將軍齊公段龕為慕容恪所陷，遇害。

展所必須遭到的境遇。

　　冉閔亂後他們雖然與其他胡族一樣，都有由雍、司地區回歸本土的現象，但仍不離黃泛區的範圍（黎陽、枉人山、繹幕及廣固等地）〔註165〕，原因一方面是塞外氣候惡化，另方面則是段氏烏丸為石季龍所滅、入徙中原後，遼西之地迅速為強大的慕容鮮卑所占，失卻了生存根本，返回故居發展的機會不大，故不能與苻氏、姚羌般回到關中原地再創造另一新政權。而黃泛區因胡部君長未脫游牧習性，性好行獵〔註166〕，大致還保持著自然狀態，未曾開發；石季龍的獵場自靈昌津（今河南濬縣、白馬津西）南至滎陽（今河南滎陽北），東極陽都（山東沂水縣南），包括了「海岱、河濟之間」的地區〔註167〕，正適合胡人的居住，可見石趙發源於此，又大量徙諸胡於此，都有因地制宜的意思在內。

四、小　結

　　自然環境的改變與政治勢力的消長影響歷史甚鉅，而「人」於其間運

〔註165〕《晉書》，卷六十三，〈段匹磾傳〉載：及石氏之亡，末波之子勤鳩集胡羯得萬餘人，保枉人山（今河南濬縣西北），自稱趙王，附于慕容儁。俄為冉閔所敗，徙於繹幕（即繹幕城，今山東濟南府德州平原縣西北二十里），僭即尊號。儁遣慕容恪擊之，勤懼而降。
　　　　又同書卷一一○〈慕容儁載記〉：時鮮卑段勤初附於儁，其後復叛。儁遣慕容恪及相國封弈討冉閔于安喜，慕容垂討段勤於繹幕（今河北平原西北），儁如中山，為二軍聲勢。……初段蘭之子龕因冉閔之戰，擁眾東屯廣固，自號齊王，稱藩于建鄴，遣書抗中表之儀，非儁正位。儁遣慕容恪、慕容塵討之。恪即濟河，龕弟羆驍勇有智計。……龕弗從。羆固請行，龕怒斬之，率眾三萬來距恪。恪遇龕於濟水之南，與戰，大敗之，遂斬其弟欽，盡俘其眾。恪進圍廣固……龕所署徐州刺史王騰、索頭單于薛雲降于恪。段龕之被圍也，遣使詣建鄴請救。穆帝遣北中郎將荀羨赴之，憚虜強遷延不敢進。攻破陽都，斬王騰以歸。恪遂克廣固，以龕為伏順將軍，徙鮮卑胡羯三千餘戶于薊，留慕容塵鎮廣固，恪振旅而歸。
〔註166〕《晉書》，卷一○六，〈石季龍載記〉上：季龍性既好獵，其後體重，不能跨鞍，乃造獵車千乘，轅長三丈，高一丈八尺，置高一丈七尺，格獸車四十乘，立三級行樓二層于其上，剋期將校獵。
　　　　又同書卷一○七，〈石季龍載記〉下：命石宣祈于山川，因而游獵，……宣既馳逐無厭，所在陳列行宮，四面各以百里為度，驅圍禽獸，皆暮集其所。文武跪立，圍守重行，烽炬星羅，光燭如晝，命勁騎百餘馳射其中。
〔註167〕《晉書》，卷一○六，〈石季龍載記〉上：季龍性既好獵……自靈昌津南至滎陽，東極陽都，使御史監察，其中禽獸有犯者罪至大辟。御史因之擅作威福，百姓有美女好牛馬者，求之不得，便誣以犯獸論，死者百餘家，海岱、河濟間人無寧志矣。

作、配合、聯繫更成爲歷史演變中的主控力。黃泛區勢力的形成恰爲一明確之史例，其中石趙政權因緣際會昇起舞台之上，雖說山西上黨爲「帝鄉」，然而太行山脈的阻隔，顯然造成控制、發展上的大障礙，因此石趙政權雖說在極盛時期擁有淮河以北的廣大地區，事實上無論其初起時或以後的發展，均以太行山以東的平原地帶爲主，而太行山東麓的交通線及黃泛區所構成的 L 型地帶，爲石趙政權眞正的核心。交通線在歷史上的影響，無庸置疑，黃泛區勢力的形成，卻是本時期特殊的狀況，由於黃泛區地理狀況的改變，以及政治勢力的轉移，境內已明顯的胡質化，胡質化的結果，造成漢民族的南撤，因此北方胡人的勢力得以在此穩固的發展，縱觀整個石趙時代二十次的移民，多以襄國及司州地區爲目的地，大量充塡漢人所留下的空隙（參見表十二），而在這種「胡以徙胡」的過程中，羌、氐等外族進駐黃泛區，在石趙勢力強大時，成爲屛障石趙政權的主力份子〔註168〕，然而當強有力的領導中心──石勒死亡後，黃泛區胡族勢力的動向，便成爲北方政局變化的最大變化因數，黃泛區之重要，亦可自石勒建國（晉太興二年，319 年）到冉閔滅趙（晉永和五年，349 年）約三十一年間，石趙雖歷經西晉遺臣的反抗、東晉的北伐、與前趙的對峙及梁犢之亂等，皆能平安渡過、漸至茁壯；而冉閔之亂一起即不日亡國，是前者皆爲患在四肢，而冉閔之患在心腹，故盡族誅滅，無可挽救之事看出。氐人苻堅當時被遷居在黃泛區內，目擊整個的事件始末，印象深刻，遂有以後分封諸子於各處的措施〔註169〕，可見黃泛區胡人勢力聚結的重要。

第三節　分離化之發展──胡人政權的分立與衰微

　　黃泛區的胡人政治勢力在石趙的經營下雖曾達於極盛，不過經過冉閔屠胡以後，原由石氏整合的胡人集團解體，西來諸胡紛紛回流，黃泛區內一時之間缺乏強固的胡人領導力量，而呈現勢力空白。當此之時，北下諸胡由於塞外自然環境的惡化，謀生困難，而未有回流本土的狀況，仍然留居於黃泛區內，並與趁中原內亂機會南下的新北族──慕容氏合流，而成爲這勢力空

〔註168〕詳見前文所論氐羌在黃泛區內的活動。

〔註169〕《晉書》，卷一一三，〈苻堅載記〉上：洛即平，堅以關東地廣人殷，思所以鎭靜之，引其群臣於東堂議曰：「凡我族類，支胤彌繁，今欲分三原、九嵕、武都、汧、雍十五萬戶於諸方要鎭，不忘舊德，爲磐石之宗，於諸君之意如何？」皆曰：「此有周所以祚隆八百，社稷之利也。」於是分四帥子弟三千戶，以配苻丕鎭鄴，如世封諸侯，爲新券主。

檔期中人數最眾、影響力最大之外族；河北地區也從此進入以北族活動爲主的時代，自此以後，諸胡集團除非在黃泛區內擁有勢力基礎，並可藉之以向河北其他地區開展者，否則政權終將如曇花一現，無法立足生根。苻秦以西歸氏族重返河北，卻因黃泛區之經營無法穩固，而有「起自關中、滅在河北」的結果。不過，在石趙大量徙入各胡族、黃泛區族群複雜化之後，區內北族呈多樣化之發展，即使是北下的鮮卑族也不再有統合諸部的能力，從前燕、翟魏到後燕政權，或曾企圖經營本區，或由本區建義立國，卻都有無法統合諸胡的問題存在，而致立國無法久遠。

一、黃泛區整合失敗（一）──前燕與苻秦

慕容氏是乘冉閔敗亡，中原動盪之際，第一個南下建國的北族。前燕雖號稱轄有「南至汝、潁，東盡青、齊，西抵崤、黽，北守雲中」〔註170〕的河北、河南、山東及山西廣大地區，但實際上，前燕的政軍勢力只限於和龍到鄴間，太行山東麓交通線上的狹長地帶上〔註171〕，對於線外廣大的黃河南北地帶並沒有穩固的經營，這點我們可由以下三項事實得知：

第一：前燕叛臣呂護由魯口（今饒陽縣）南徙，據野王（沁陽縣）、河陰之地（今孟津縣附近），反覆於燕、晉之間，而慕容暐仍不得不「待之如初」〔註172〕，無力征討的情形來看，可證其一。

第二：前燕雖置重兵於河南，卻始終拿不下洛陽，以致在東晉桓溫兵至枋頭之時，慕容暐就倉皇謀奔和龍〔註173〕。可見前燕在本區的政治勢力既不像石趙一般具有「本地化」的特質，心理上又恃幽州爲敗逃安命之所，因此無力亦無心對黃河南北做穩固的經營。

第三：慕容垂可以說是前燕政權中與黃泛區地緣關係最爲深切的一人；升平四年（360年）慕容暐即位之初，慕容垂即以河南大都督、征南將軍、兗州牧、荊州刺史，領護南蠻校尉的身份，進鎮梁國〔註174〕。興寧初（363年）

〔註170〕顧祖禹，前引書，頁142。
〔註171〕詳見第五章二、三節所論。
〔註172〕《晉書》，卷一一一，〈慕容暐載記〉云：初，僭所署寧南將軍呂護據野王，陰通京師，穆帝以護爲前將軍、冀州刺史。僭死，謀引王師襲鄴，事覺，暐使慕容恪等率眾五萬討之。……自三月至八月而野王潰，護南奔于晉，悉降其眾。尋復叛歸于暐，暐待之如初。
〔註173〕詳見《晉書》，卷一一一，〈慕容暐載記〉，頁2849～2853。
〔註174〕註見《晉書》，卷一一一，〈慕容暐載記〉，頁2847。

再以垂爲都督荊揚洛徐兗豫雍益梁秦等十州諸軍事、征南大將軍、荊州牧，配兵一萬，鎮守魯陽（今河南魯山縣），是前燕在南方的武力基礎。太和四年（369 年），東晉桓溫北伐連戰皆捷，直趨黃河北岸之際，前燕眾軍敗亡，而垂獨能獲勝，當與其在河南長久的經營有關。枋頭之捷是慕容垂軍事力量與地方勢力穩固的展示，這當然見忌於無法有效掌握黃泛區的前燕執政者，慕容評遂起意殺垂，垂懼而奔秦；不過，慕容垂在被迫奔苻堅後，前燕在河南地區的經營成果也隨之入秦。苻秦併燕的主要障礙既去，第二年（370 年）就輕易的拿下黃河南岸〔註175〕，再入潞川，長趨至鄴，前燕隨即滅亡，由此可以看出其在河南欠缺經營的情形。

　　承繼前燕政權的苻氏，本是關中地區的氐人豪族〔註176〕，在關隴地區擁有很大的社會勢力。石季龍徙關中豪傑及氐羌於鄴城，苻洪之族亦被遷至枋頭（今汲縣西，中古前期黃泛區內），從此介入黃泛區，成爲石趙政權的主力部隊之一〔註177〕；到了石趙末年已發展爲十餘萬人的集團，而與冉閔、慕容雋等形勢並重，具備了爭霸中原的條件〔註178〕。冉閔之亂後，由於苻洪爲麻秋所鴆，子苻健率眾盡行西歸〔註179〕，脫離了黃泛區，因此未參與趙末大河南北的政權爭奪戰，轉而積極經營關中，「修廢職，繼絕世，課農桑，立學校」，開山澤之利〔註180〕，國用以富，重又插足河北。太和五年以慕容暐悔割武牢

〔註175〕《晉書》，卷一二三，〈慕容垂載記〉云：「自恪卒後，堅密有圖暐之謀，憚垂威名而未發。及聞其至，堅大悅，郊迎執手，禮之甚重。堅相王猛惡垂雄略，勸堅殺之。……」由載記所載來看，慕容垂先爲苻堅所憚，而後重用，及王猛設計必殺之而後已的根本原因，恐與其在河南有鞏固勢力有關。
又《晉書》，卷一一三，〈苻堅載記〉載：（堅）遣王猛與建威梁成、鄧羌率步騎三萬，署慕容垂爲冠軍將軍，以爲嚮導，攻暐洛州刺史慕容筑於洛陽。暐遣其將慕容臧率精卒十萬，將解筑圍。猛使梁成等以精銳萬人卷甲赴之，大破臧於滎陽。筑懼而請降，猛陳師以受之，留鄧羌鎮金墉，猛振旅而歸。

〔註176〕《晉書》，卷一一二，〈苻洪載記〉，頁2867。

〔註177〕詳見本章前節所論。

〔註178〕《晉書》，卷一一二，〈苻洪載記〉云：永和六年……（苻）洪謂博士胡文曰：「孤率眾十萬，居形勝之地，冉閔、慕容雋可指辰而殄，姚襄父子克之在吾數中，孤取天下，有易於漢祖。」

〔註179〕《晉書》，卷一一二，〈苻洪載記〉載：即而（麻）秋因宴鴆洪，將并其眾，世子健收而斬之。洪將死，謂健曰：「所以未入關者，言中州可指時而定。今見困豎子，中原非汝兄弟所能辦。關中形勝，吾亡後便可鼓行而西。」
同卷〈苻健載記〉又云：既而自稱晉征西大將軍、都督關中諸軍事、雍州刺史，盡眾西行，起浮橋於盟津以濟。

〔註180〕《晉書》，卷一一三，〈苻堅載記〉上，頁2885。

以西之地為由，苻堅揮兵東出〔註181〕，在「世雄東夏，寬仁惠下，恩結士庶，
燕趙之間咸有奉戴之意」〔註182〕的慕容垂被迫出亡於秦的情況下，苻氏在黃
泛區即使已無勢力基礎，仍可藉慕容垂之力重返舊地，建立秦政權。苻氏建
都長安，關中為根本所在，為了分散關東的豪強勢力，在滅燕的同時，也同
樣採取了強制徙民的手段，《晉書》，卷一一三，〈苻堅載記〉上載：

> 徙關東豪傑及諸雜夷十萬戶於關中，處烏丸雜夷類於馮翊、北地，
> 丁零翟斌于新安，徙陳留、東阿萬戶以實青州。諸因亂流移，避仇
> 遠徙，欲還舊業者，悉聽之。

不過，除了強制徙民以外，苻堅似未採取其他鞏固關東的措施；根據秦征北
將軍、幽州刺史苻洛謀反時，治中平顏（《通鑑》「顏」作「規」）所云來看，
其在河北的兵力佈署，只限太行山東麓至薊的幾個大城市上。《通鑑》載：

> 平規曰：「今事形已露，何可中止，宜聲言受詔，盡幽州之兵，南出
> 常山，陽平公必郊迎，因而執之，進據冀州；總關東之眾以圖西
> 土，天下可指麾而定也。」〔註183〕

《通鑑》胡三省注曰：

> 陽平公以冀州牧鎮鄴，平規使洛出中山，以臨鄴。〔註184〕

可見自薊以下，苻秦於關東的置兵唯有鄴地是苻洛引以為懼的；自此後的事
實發展來看，苻洛之亂的平靖，仍以關中軍為主、而以鄴城軍城隊為輔，絲
毫不見還有其他的河北秦兵參與其事，苻氏在關東力量的薄弱由是可知。這
次的教訓，讓苻堅深深感受到關東地廣兵薄的危險，於是立即採行「分封諸
宗室子弟於要地」的舉動。據《晉書》，卷一一三，〈苻堅載記〉上云：

> 洛既平，堅以關東地廣人殷，思所以鎮靜之，引其群臣於東堂議
> 曰：「凡我族類支，胤彌繁，今欲分三原、九嵕、武都、汧、雍十五
> 萬戶於諸方要鎮，不忘舊德，為磐石之宗，於諸君之意如何……於
> 是分四帥子弟三千戶，以配苻丕鎮鄴，如世封諸侯，為新券主。」

這次的分封，史籍特別指出鄴地的重要，除此之外，其他關東之地僅有洛陽
見諸記載〔註185〕，黃泛區及其他諸地顯然不是苻氏分封的主要所在。石趙父

〔註181〕《晉書》，卷一一三，〈苻堅載記〉上，頁2891。
〔註182〕同註181。
〔註183〕《資治通鑑》，卷一○四，〈晉紀二十六‧孝武帝太元五年〉，頁3292～3293。
〔註184〕同註183。
〔註185〕《晉書》，卷一一三，〈苻堅載記〉上，頁2903。

子辛苦營建及結合的河北二大胡人活動地帶──黃泛區與太行山走廊，苻堅似乎因力所未及，只能在點──鄴、洛陽上做經營，既無雙邊（太行山走廊、黃泛區）之夾峙，即使在黃泛區內也欠缺平面的經營，為後來慕容垂復國創造了良好的環境。

二、黃泛區整合失敗（二）──後燕與丁零的分合

未充分與地方勢力結合是前燕與苻秦速亡的主因；而慕容垂充份利用其殘存勢力，及與河南的地方武力──丁零結合，卻是後燕立國的張本。丁零原是匈奴的北國之一，約在西元前三世紀末時為匈奴冒頓單于所征服，成為匈奴的奴隸。〔註186〕

王莽時匈奴反叛，部分丁零部眾投效漢人，移居代郡〔註187〕。東漢光武建武二十四年（48年）匈奴內訌，分裂為南、北二部，遂有更多的丁零人遷徙到甘州、肅州附近，散居在中國的沿邊地帶；西晉以後諸胡內擾，丁零似隨著諸胡入居中原，而活動於太行山區的北部〔註188〕，此後丁零在酋豪翟氏的率領下，積極的加入十六國時期的政治活動。他們與中國政治直接發生關係始於咸和五年（330年），歸順石趙受句町王封號〔註189〕。在石趙之後又歸于燕，永和七年（351年）並受慕容氏封為歸義王〔註190〕；不過，截至此時為止，丁零的活動範圍仍侷限在太行山北部的中山附近。

晉廢帝太和五年（370年）苻秦平慕容氏，第二年（371年）也仿照石趙政權「徙民以自固」的作法，徙關東豪傑及雜夷于關中，丁零翟斌雖在遷徙之列，但苻秦卻未將其移到政治中心的關中地區，而是處之於關中外圍的新安（今河南澠池，在今河南寧洛西）的河南之地〔註191〕。這塊地區原屬於晉朝的弘農郡，位於黃泛區西面，正與慕容垂的舊勢力比鄰，這點固然是促成二者合作抗秦的主因，但一山不容二虎，也是此後二者不能相容、因而分裂、爭霸的原因所在。苻堅建國關中，位於河北枋頭的舊居地在石趙滅亡、盡族西遷後，似乎並未留下任何重要勢力，即使在轄有關東、分鎮諸子弟於全

〔註186〕 參見《史記》卷一一〇，〈匈奴傳〉，《漢書》，卷九十四上，〈匈奴傳〉，及《三國志》，卷三十，裴松之註引《魏略·西戎傳》。
〔註187〕 參見《漢書》，卷九十四下，〈匈奴列傳〉下，頁3824。
〔註188〕 詳見《晉書》石勒、苻堅及慕容垂〈載記〉等所載。
〔註189〕 《資治通鑑》，卷九十四，〈晉紀十六·成帝咸和五年〉，頁2976。
〔註190〕 《晉書》，卷一一〇，〈慕容儁載記〉，頁2833。
〔註191〕 《晉書》，卷一一三，〈載記十三·苻堅上〉，頁2893。

國要地時，也只著重在中古幾條交通線上的重要大城〔註192〕，並未特別著意於這塊地區，而留給丁零、慕容鮮卑等外族一個良好的發展空間，任其在這裡繁榮滋長。

孝武帝太元八年（383 年），晉敗秦師於淝水，丁零翟斌兄弟乘機起兵叛秦，東謀洛陽，並與前燕留在黃泛區內的各宗族、遺族如慕容鳳、王騰、段延等聯合〔註193〕。這是繼石趙之後，黃泛區外族的第一次聯合行動，這次聯合，使得秦兵大敗〔註194〕。顯然此時黃泛區內以丁零及鮮卑為主的北族勢力，要比苻秦的植基來得深厚，較易得到當地的支持。因此在翟斌反叛之初，苻堅不得不冒著縱虎歸山的危險，重用在河南仍有舊勢力的慕容垂討伐丁零，這是在兩難局面下，不得不爾的選擇。故苻堅不僅以羸兵弊鎧予垂，復以苻飛龍隨軍監視〔註195〕，這點卻成為慕容垂叛秦，連兵丁零的最好藉

〔註192〕《晉書》，卷一一三，〈載記第十三·苻堅上〉載：洛即平，堅以關東地廣人殷，思所以鎮靜之，引其群臣於東堂議曰：「凡我族類……帥子弟三千戶，以配苻丕鎮鄴，如世封諸侯，為新券主。……分幽州置平州，以石越為平州刺史，領護鮮卑中郎將，鎮龍城，大鴻臚韓胤領護赤沙中郎將，移烏丸府于代郡之平城；中書令梁讜為安遠將軍、幽州刺史，鎮薊城；毛興為鎮西將軍、河州刺史，鎮枹罕；王騰為鷹揚將軍、并州刺史，領護匈奴中郎將，鎮晉陽；二州各配支戶三千；苻暉為鎮東大將軍、豫州牧，鎮洛陽；苻叡為安東將軍、雍州刺史，鎮蒲阪。

〔註193〕前燕滅亡時，慕容桓死難，子慕容鳳時年十一，陰有復仇之志，鮮卑、丁零有氣幹者傾身與之交結。詳見《十六國春秋輯補》，卷四十二，〈後燕〉及《資治通鑑》，〈海西公太和五年〉、〈孝武帝太元八年〉紀事。
又根據《通鑑》，卷一〇二，〈海西公太和五年十一月〉，在前燕將亡時，慕容鳳之父宜都王桓帥眾萬餘屯沙亭（在陽平元城縣），為太傅評後繼，及聞評敗，再引兵屯內黃（魏郡內黃）。後來慕容桓雖然帥鮮卑五千奔和龍，但顯然慕容氏在本區仍留有殘餘勢力，後來為慕容鳳等利用。

〔註194〕詳見《資治通鑑》，卷一〇五，〈晉紀二十七·孝武帝太元八年十二月〉紀事。

〔註195〕《資治通鑑》，卷一〇五，〈孝武帝太元八年十二月〉云：會丁零翟斌起兵叛秦，謀攻豫州牧平原公暉於洛陽，秦王監驛書使垂將兵討斌。石越言於丕曰：「王師新敗，民心未安，負罪亡匿之徒，思亂者眾，故丁零一唱，旬日之中，眾已數千，此其驗也。慕容垂，燕之宿望，有興復舊業之心。今復資之以兵，此為虎傅翼也。」丕曰：「垂在鄴如藉虎寢蛟，常恐為肘腋之變，今遠之於外，不猶愈乎！且翟斌凶悖，必不肯為垂下，使兩虎相斃，吾從而制之，此卞莊之術也。」乃以羸兵二千及鎧仗之弊者給垂，又遣廣武將軍苻飛龍帥氐騎一千為垂之副。密戒飛龍曰：「垂為三軍之帥，卿為謀垂之將，行矣，勉之！」
《十六國春秋輯補》，卷四十二，〈後燕〉又載：會堅將苻暉，告丁零翟斌聚眾四千，謀逼洛陽。丕謂垂曰：「翟斌兄弟，因王師小失，敢肆凶悖，子母之

口〔註196〕。對於慕容垂的重回河南，苻丕雖做了防範措施，但慕容垂一進入河南、脫離了苻秦在河北南部的軍事勢力區——以鄴為核心的勢力範圍後，立即殺掉苻飛龍及所有氐兵〔註197〕，濟河焚橋，做據守河南的打算。第二年（孝武帝太元九年，384年）翟斌奉慕容垂為盟主，在黃河左近活動的扶餘及昌黎鮮卑也率眾降垂〔註198〕，河南之地在表面上看來已定於一〔註199〕，反秦的勢力遽增，垂遂改制稱王，建立政權，史籍稱：

> 垂至滎陽，群下固請上尊號，垂乃依晉中宗故事，稱大將軍、大都督、燕王，承制行事，謂之統府。尋下稱臣，文表奏疏，封拜官稱爵，皆如王者。以弟德為車騎大將軍，封范陽王；兄子楷為征西大將軍，封太原王；翟斌為建義大將軍，封河南王；翟檀為柱國大將軍、弘農王〔註200〕；餘蔚為征東將軍、統府左司馬，扶餘王；衛駒為鷹揚將軍，慕容鳳為建策將軍。帥眾二十餘萬，長趨向鄴。〔註201〕

事實上，這時候的後燕集團中，真正擁有實力的只有慕容鮮卑及丁零，扶餘與昌黎鮮卑都是名過其實，實力甚微〔註202〕。因此，若論擁立功勞，丁零翟氏應列為第一。無怪乎翟斌「恃功驕縱，邀求無厭」〔註203〕慕容寶勸垂殺

軍，恐難為敵，非冠軍英略，莫可以滅也，欲相煩一行可乎。」垂曰：「下官，殿下之鷹犬，敢不惟命是聽。」於是大賜金帛，一無所受，惟請舊田園，丕許之。

〔註196〕垂上表於苻堅曰：「……丁零逆豎寇逼豫州，丕迫臣單赴，限以師程，惟給弊卒二千，盡無兵杖，復令飛龍潛為刺客。及至洛陽，平原公暉復不信納……」詳見《晉書》，卷一二三，〈慕容垂載記〉，頁3083～3084。

〔註197〕《晉書》，〈慕容垂載記〉云：垂至河內，殺飛龍，悉誅氐兵，召募遠近，眾至三萬，濟河焚橋，令曰：「吾本外假秦聲，內規興復……」。

〔註198〕《資治通鑑》，卷一〇五，〈孝武帝太元九年正月〉：故扶餘王餘蔚為滎陽太守，及昌黎鮮卑衛駒各帥其眾降垂。

〔註199〕《晉書》，卷一二三，〈慕容垂載記〉，頁3081～3082。

〔註200〕有關翟檀為柱國大將軍、弘農王的記載《資治通鑑》闕，本條據《晉書》，卷一二三，〈慕容垂載記〉補。

〔註201〕《資治通鑑》，卷一〇五，〈孝武帝太元九年正月〉紀事。

〔註202〕《資治通鑑》，卷一〇二，〈海西公太和五年十一月〉紀事：「丁丑，桓帥鮮卑五千奔龍城。戊寅，燕散騎侍郎餘蔚帥扶餘、高句麗及上黨質子五百餘人，夜開鄴北門納秦兵……」胡三省注云：「燕蓋遣兵戍上黨，取其子弟留於鄴以為質。餘蔚，扶餘王子，故陰帥諸質子開門以納秦兵。」可見前燕滅亡時，留在鄴附近的扶餘、高句麗等人數目不多，而且這些人在此後的政權中也不見任何記載，顯然影響甚微，亦是人數少的另一證明。

〔註203〕《十六國春秋輯補》，卷四十三，〈後燕〉，頁338。

之，垂以：

> 河南之盟，不可負也，若其爲難，罪由於斌。今事未有形而殺之，
> 人必謂我忌其功。吾方收攬豪傑，以隆大業，不可示人以挾，失天
> 下之望。藉彼有謀，吾以智防之，無能爲也。〔註204〕

的原因而不允。翟斌反更進一步「潛諷丁零及西人，請斌爲尚書」〔註205〕。顯而易見，翟斌不僅對丁零在後燕政權中的勢力，及丁零對後燕政權的功勞都頗有自信，故在所求不獲後，就連結苻丕，潛使丁零決防潰水。〔註206〕

　　從歷史記載來看，後燕的建立，丁零雖有翊戴之功，但隨著政權的建立，加入者也日漸增多，後燕政權的陣容日益堅強，丁零已不具備初建國時兩大支持力量的重要角色。根據《通鑑》所載：

> 慕容農之奔列人。止於烏桓魯利家……農謂利曰：「吾欲集兵列人以
> 圖興復，卿能從我乎？」利曰「死生唯郎是從。」農乃詣烏桓張
> 驤，說之曰：「家王已舉大事，翟斌等咸相推奉，遠近響應，故來相
> 告耳。」驤再拜曰：「得舊主而奉之，敢不盡死！」於是農驅列人居
> 民爲士卒，斬桑榆爲兵，裂襜裳爲旗，使趙秋說屠各畢聰。聰與屠
> 各十勝、張延李白、郭超及東夷餘和、敕勒、易陽烏桓劉大，各帥
> 部眾數千赴之。農假張驤輔國將軍、劉大安遠將軍、魯利建威將
> 軍。農自將攻破館陶，收其軍資器械，遣蘭汗、段讚、趙秋、慕輿
> 悕略取康台牧馬數千匹。汗，燕王垂之從舅；讚，聰之子也。於是
> 步騎雲集，眾至數萬，驤等共推農爲使持節、都督河北諸軍事、驃
> 騎大將，監統諸將，隨方部署，上下肅然……於是赴者相繼；垂聞
> 而善之。農間招庫傉官偉於上黨，柬引乞特歸於東阿，北召光烈將
> 軍平叡及叡兄汝陽太守動於燕國，偉等皆應之。又遣蘭汗攻頓丘，
> 克之。農號令整肅，軍無私掠，士女喜悅。〔註207〕

〔註204〕同註203。

〔註205〕《晉書》，卷一二三，〈慕容垂載記〉，頁3085。

〔註206〕同註205，載：翟斌潛諷丁零及西人請斌爲尚書令。垂訪之群僚，其安東將軍封衡屬色曰：「馬能千里，不免羈絆，明畜生不可以人御也，斌戎狄小人，遭時際會，兄弟封王，自騶兜以來，未有此福。忽履盈忘止，復有斯求，魂爽錯亂，必死不出年也。」垂猶隱忍容之，令曰：「翟王之功，宜居上輔，但台既未建此官，不可便置，待六合廓清，更當議之。」斌怒，密應苻丕，潛使丁零決防潰水。

〔註207〕《資治通鑑》，卷一〇五，〈孝武帝太元九年正月〉紀事，頁3322。

同卷二月條下又載：

> 東胡王晏據館陶，爲鄴中聲援，鮮卑、烏桓及郡縣民據塢堡不從燕者尚眾；燕王垂遣太原王楷與鎮南將軍陳留王紹討之。楷謂紹：「鮮卑、烏桓及冀州之民，本皆燕臣，今大業始爾，人心未洽，所以小異；唯宜綏之以德，不可震之以威。吾當止一處，爲軍聲之本，汝巡撫民夷，示以大義，彼必當聽從。」楷乃屯于辟陽。紹帥騎數百往說王晏，爲陳禍福，晏隨紹詣楷降，於是鮮卑、烏桓及塢民降者數十萬口。楷留其老弱，置守宰以輔之，發其丁壯十餘萬，與王晏詣鄴。
>
> （三月）秦北地長史慕容泓聞燕王垂攻鄴，亡奔關東，收集鮮卑，眾至數千，還屯華陰，敗秦將軍強永，其眾遂盛；自稱都督陝西諸軍事、大將軍、雍州牧、濟北王，推垂丞相、都督陝東諸軍事、領大司馬、冀州牧、吳王。〔註208〕

由以上所載來看，在慕容垂太元八年（383年）滎陽稱制後，加入後燕集團的外族至少包含了烏桓、屠各、東夷、段氏鮮卑及東胡等。這些外族活動於黃河中、下游地區如：列人（屬晉廣平郡，在鄴城東北）、昆陽（屬晉陽平郡，在今河北永平縣西）、館陶（屬晉陽平郡，即今館陶縣）、康台（即康台澤，今曲周縣東）、東阿（屬晉濟北郡，今東阿縣西南）、頓丘（晉頓丘郡，今濮陽縣北）、華陰（屬晉弘農郡，今華陰縣東）等地，幾乎已經把石趙以後，黃泛區內北來的胡人勢力再度整合起來，勢力之大，迫使苻堅不得不做放棄「關東之地」的打算〔註209〕。在這種情勢發展下，丁零雖仍是昔日據河南之地的丁零，慕容氏卻已非往日僅有河南之地、需仰仗翟氏支持的慕容氏，尤其在慕容垂進軍圍鄴、完全脫離丁零勢力範圍、進入河北後，強弱之勢立見分曉，慕容垂事實上已完全掌握了局勢。反之，丁零的聚居地除了河南以外，大多集中在中山（今河北定縣）附近的太行山區〔註210〕，遙分二處，勢力本就不集中；翟斌等人從慕容氏渡河圍鄴，已脫離了其在黃河南岸的勢力範

〔註208〕《資治通鑑》，卷一○五，〈孝武帝太元九年二月、三月〉紀事，頁3326。

〔註209〕《資治通鑑》，卷一○五，〈孝武帝太元九年三月〉紀事載：秦王堅謂權翼曰：「不用卿言，使鮮卑至此。關東之地，吾不復與之爭……」。
秦寶衝擊慕容沖于河東，大破之；沖帥鮮卑騎八千奔慕容泓。泓眾至十餘萬。遣使謂秦王堅曰：「吳王已定關東，可速資備大駕，奉送家兄皇帝，泓當帥關中燕人翼衛乘輿，還返鄴都，與秦以虎牢爲界，永爲鄰好。」

〔註210〕詳見本論文第六章第三節。

圍，進入擁慕容氏的勢力圈內，故在「決堤潰水」事發，翟斌、翟檀、翟敏三兄弟被殺，隨行的丁零也毫無反擊能力，唯有北走邯鄲、再趨中山〔註211〕，回到舊居地，會合族人，另圖再起。一時之間，黃河南北盡爲慕容氏所有，而與南方的東晉、關中的苻秦成爲鼎足而三的局勢。

丁零重回黃泛區、建立政軍勢力，是在太元十年四月中山丁零陣營發生內訌，翟遼南奔黎陽以後〔註212〕。此時中山的丁零經過鮮于氏及慕容氏的屠殺〔註213〕，勢力大爲削弱，而黃泛區的丁零在太元九年翟斌兄弟滅亡後，似乎仍有殘部，活動在晉黎陽太守滕恬之的轄地內；這也是翟遼南奔黎陽，又能「潛施奸惠、以收眾心」，在短短的十月之中取代滕恬之，據有黎陽的原因〔註214〕。如前所言，慕容鮮卑自石趙後期由遼東循太行山交通線南下，建立前燕政權以來，發展的重心一直維持在和龍至鄴的交通線上，對於其他廣大的河北中、南部地區控制能力較差。這種情形在後燕時代依然一樣，太元十年慕容垂甫滅丁零、稱號中山，清河繹幕人蔡匡就據城叛燕，南結東晉〔註215〕，這一反抗行動雖然因爲勢單力孤，很快的就被消滅，但隨著翟遼勢力的復甦，黃河南北兩岸的抗燕聯翟活動也風起雲湧。史載：

> （孝武帝太元十一年十月）燕寺人吳深據清河反，燕王垂攻之，不

〔註211〕詳見《晉書》，卷一二五，〈慕容垂載記〉，及《通鑑》卷一○五〈孝武帝太元九年〉紀事。

〔註212〕《資治通鑑》，卷一○六，〈孝武帝太元十一年正月〉及《晉書》，卷一二三，〈慕容垂載記〉：鮮于乞之殺翟眞也，翟遼奔黎陽，黎陽太守滕恬之甚愛信之。恬之喜畋獵，不愛士卒，遼潛施姦惠，以收眾心。恬之南攻鹿鳴城，遼於後閉門拒之，恬之東奔鄄城，遼追執之，遂據黎陽。
　　按《元和郡縣志》載，鹿鳴故城在今白馬縣北三十里，城西南即白馬津。鄄城位於黃河南岸，今鄄城縣北。《元和志》又載：黎陽縣東南一里有黎陽故城，古翟遼城也，翟遼於此僭號。唐所稱黎陽在今浚縣東北。此三處地點都位於黃河南北岸的附近。

〔註213〕《晉書》，卷一二三，〈慕容垂載記〉與《通鑑》，卷一○六，〈孝武帝太元十年〉載：翟眞自承營徙屯行唐，眞司馬鮮于乞殺眞及諸翟，自立爲趙王。營人共殺乞，立眞從弟成爲主，其眾多降於燕。……癸酉，翟成長史鮮于得斬成出降，垂屠行唐，盡阬成眾。

〔註214〕同註213。

〔註215〕《資治通鑑》，卷一○六，〈孝武帝太元十年十月〉，頁2356載：繹幕人蔡匡據城以叛燕，燕慕容麟、慕容隆共攻之。泰山太守任泰潛師救匡，至匡壘南八里，燕人乃覺之。諸將以匡未下而外敵奄至，甚患之。隆曰：「匡恃外救，故不時下。今計泰之兵不過數千人，及其未合，擊之，泰敗，匡自降矣。」乃釋匡擊泰，大破之，斬首千餘級。匡遂降，燕王垂殺之，且屠其壘。

克。……（十二月）乙酉，燕王垂攻吳深壘，拔之，深單馬走。垂進屯聊城之逢關陂。初，燕太子洗馬溫詳來奔，以爲濟北太守，屯東阿。燕王垂遣范陽王德，高陽王隆攻之，詳遣從弟攀守河南岸，子楷守碻磝以拒之。〔註216〕

（太元十二年）初，安次人齊涉聚眾八千餘家據新柵，降燕，燕主垂拜涉魏郡太守。既復叛，連張願，願自帥萬餘人進屯祝阿之瓮口，招翟遼，共應涉。高陽王隆言於垂曰：「新柵堅固，攻之未易猝拔。若久頓兵於其城下，張願擁帥流民，西引丁零，爲患方深。願眾雖多，然皆新附，未能力鬥，因其自至。宜先擊之。願父子恃其驍勇，必不肯避去，可一戰擒也。願破，則涉不能自存矣。」垂從之。二月，遣范陽王德、陳留王紹、龍驤將軍張崇，帥步騎二萬會隆擊願。軍至斗城，去瓮口二十餘里，解鞍頓息。願引兵奄至，燕人驚遽，德兵退走，隆勒兵不動……（隆與德）遂進，戰於瓮口，大破之，斬首七千八百級；願脫身保三布口。燕人進軍歷城。青、兗、徐州郡縣壁壘多降。垂以陳留王紹爲青州刺史，鎮歷城。德等還師，新柵人冬鷟執涉送之。垂誅涉父子，餘悉原之。〔註217〕

同年四月：高平人翟暢執太守徐含遠，以郡降翟遼。燕王垂謂諸將曰：「遼以一城之眾，反覆三國之間，不可不討。」（三國，謂晉、燕與西燕）〔註218〕
同月又載：

吳深殺燕清河太守丁國，章武人王祖殺太守白欽，勃海人張申據高城以叛；燕主垂命樂浪王溫討之。〔註219〕

至同年十月，

翟遼復叛燕，遣兵與王祖、張申寇抄清河、平原。〔註220〕

隔年（太元十三年）八月，

燕護軍將軍平幼會章武王宙討吳深，破之，深走保繹幕。〔註221〕

同年九月，

〔註216〕《資治通鑑》，卷一○六，〈晉紀二十八・孝武帝太元十一年〉紀事，頁3370～3372。
〔註217〕《資治通鑑》，卷一○七，〈孝武帝太元十二年〉紀事，頁3375～3376。
〔註218〕同註217，頁3377～3378。
〔註219〕同註217，頁3378。
〔註220〕同註217，頁3380。
〔註221〕《資治通鑑》，卷一○七，〈孝武帝太元十三年八月〉紀事，頁3385。

張申攻廣平，王祖攻樂陵；壬午，燕高陽王隆將兵討之。〔註222〕

孝武帝太元十四年：

清河太守賀耕聚眾定陵以叛，南應翟遼，慕容農討斬之，毀定陵城。〔註223〕

這些見於記載的反燕軍活動在：聊城、東阿、碻磝、新柵、祝阿、瓮口、斗城、歷城、高平、清河、平原、廣平、樂陵、渤海、高城、繹幕及定陵等地區，除了章武深處河北中部以外，餘都分布在黃泛區東面的緣邊及外圍地帶〔註224〕（參見圖十六），而且都無一例外的與翟遼集團連一聲氣，共同對抗黃泛區西面的胡人集團。根據近人考證，丁零所建的翟魏政權，轄有「北迫陽平、魏郡，南接陳、穎，東界廩丘、高平，西據滎陽」〔註225〕，包括滎陽、頓丘、貴鄉、黎陽、陳留、濟陰及東燕等七郡之地〔註226〕，這些正是河、濟

〔註222〕同註221。

〔註223〕《晉書》，卷一二三，〈慕容垂載記〉與《通鑑》，卷一○七，〈孝武帝太元十四年〉紀事相同，唯《通鑑》將其事繫於太元十四年下，《晉書》則闕，今從《通鑑》。

〔註224〕根據《元和郡縣志》、《通鑑》胡三省注及《讀史方輿紀要》所載：聊城縣、晉屬平原郡，在今山東聊城縣西北。東阿縣，晉屬濟北郡，約在今山東東阿縣西南。碻磝即碻磝津，在今東阿西北的黃河南岸。新柵在魏郡界內，詳細所在不知。祝阿即祝阿城，在今山東禹城縣西南十七里。瓮口即瓮口戍，在今禹城縣南。斗城，在今禹城縣西南。歷城在濟水南岸，即今濟南城所在。高平即高平郡，治高平縣，在今山東濟寧縣南。清河郡治清河，在今河北臨清縣東北。平原郡在今山東平原縣西南五十里處。廣平城在今河北永年縣北。樂陵郡治樂陵縣。在今馬頰河南、惠民縣北。渤海郡、治南皮，在今南皮縣北。高城屬渤海郡，在今鹽山縣南。繹幕屬清河郡，在今平原縣西二十里。定陵在今河北威縣附近。

〔註225〕顧祖禹，前引書，卷三，〈歷代州郡形勢〉，頁141。

〔註226〕參見王治平，前引書，頁245，註3所載：釗所統七郡無可確考。大抵其地北迫陽平（治館陶）、魏郡（至鄴），南接陳、穎，東界廩丘、高平，西據滎陽。于西晉爲司州之滎陽郡、冀州之頓丘郡及陽平、魏郡之南境、袞州之陳留、濟陰二郡及濮陽之西半。然則滎陽一也；頓丘二也；陽平之南境，前燕分置貴鄉郡，三也；（太平寰宇記：慕容暐置，尋省。北史列女傳有慕容垂貴鄉太守常山房湛，知前、後燕之間，此郡不廢。）魏郡之南境後趙分立黎陽郡，四也；（方輿紀要：石趙立。徐文范，東晉南北朝輿地表列在石虎建武二年，所據待查。）陳留五也；濟陰六也；濮陽之西半，后趙分立東燕郡，七也（沈志：晉江左分濮陽立。晉志：石虎立洛州，屬郡有東燕。紀要：石勒立。徐表：作勒建平三年，所據待查）。惟晉惠帝分陳留爲濟陽（沈志：石虎又立建興郡于濟陽之句陽，徐表：作建武七年，所據待查），則不止七郡，蓋中間曾經并省也（建興即濟陽故地）。初建國時，東有高平、泰山，自劉宇之

之間的黃泛區、石趙崛起地，及東晉以來胡人大量入居地點。

由於史料的缺乏，此處雖然沒有辦法證明「活動在黃泛區外圍的反燕軍首領全都是漢人」，但依據他們的姓氏、活動地點及方式來判斷，多半應屬於漢人才是。也由此可見：黃泛區內的胡人政治活動在冉閔之後，雖曾一度衰微，但隨著丁零翟氏與鮮卑慕容氏的建國，又再趨於興盛，在這由衰而盛的過程中，聚居黃泛區以外的漢人似乎並沒有因為區內胡人的政治與人口變動而有所移動。比較石勒時代黃泛區的漢人界限與反燕軍活動的聯結線，兩者並沒有太大的變動（參見圖十四、圖十六）。丁零翟氏與反燕勢力的結合，是一種在「反燕」共同軍事目的之下，為了政治利益所做的結合，事實上，丁零從未給這些反燕軍任何實際或軍事上的援助〔註227〕，丁零的政治勢力也從未到達這些地區〔註228〕。根據以上所論，我們可以得到一個結論：在石勒以後，黃河中下游的南北兩岸，胡人與漢人的居住區大致上仍然維持在石趙時代的情形，只是區內的胡人集團，在石趙苦心經營的「共同體」被打散後〔註229〕，已經走向多元的局面，慕容氏與翟氏各自結合其他較小部族，對峙於黃泛區內，就是這種情勢發展的結果。

*　　　　　　*　　　　　　*

洛陽是黃泛區南面、黃河沿岸的重要都會，位居「天下之中」〔註230〕，

繫走翟韓，當復為晉土。釗亡后二年，燕慕容農略青、兗、廩丘（故濮陽之東半）、高平、泰山諸郡始自晉入燕（通鑑）。又汲郡、河內介於黎、滑、滎、洛之間，翟氏數寇滎、洛，其地實所經行，故得陳兵于石門、洛口、懷縣，則二郡殆亦曾為魏有。

〔註227〕詳見《資治通鑑》，卷一○四至一○七，太元五年至太元十七年紀事。

〔註228〕同註227。

〔註229〕參見本章第二節所論。

〔註230〕洛陽位於黃河三角洲外本身只是一個小小的平原。他的價值只是一個東西的衝要。也就是所謂的「天下之中」。本來在中國的古代，不論就民族上來看，或者就文化上來看，都是一個東西對峙的局面。這一種東西對峙的局面，就形成了戰國時期的秦與六國，以及到了漢代的「關東」與「關西」。東方和西方的界線是桃林之塞，就是春秋時的崤，戰國秦漢以來的函谷；在函谷附近的都邑，便是洛陽。所以洛陽的地位，實可稱為陸上的伊士坦堡，伊士坦堡在海上聯絡了歐亞非三洲，而洛陽則在陸地上聯絡了中國傳統上的關東與關西。所以洛陽的意義，不是取得軍事與經濟資源地區，而是需要利用別處已得的軍事與經濟資源來控制這個地區。

詳見勞榦，〈北魏後期重要都邑與北魏政治關係〉，《史語所集刊外編》，第四種，上冊頁231～233。

也因爲地居衝要的關係，自周以後，就成爲文化的中樞及中國文化的代表〔註231〕。不過，這長久以來的地位，在胡人入居以後情勢就完全改觀。仔細探討的話，可以發現：如果單由洛陽本身的條件來看，它是位在黃河三角洲外的小平原上，附近資源貧乏，並不能維持一個中型都市的需要；因此洛陽的經濟位置和洛陽對岸的彰衛懷（即彰德、衛輝、懷慶）三屬有不可分的關係。也就是說，古代的河南區域在經濟上必須依存著河內區域〔註232〕。永嘉亂後，洛陽殘破，不同種族、文化又較爲落後的胡人先後進入，有破壞而無建設，洛陽不但喪失了代表漢文化的主導地位，也失掉了聯絡關東、關西的價值，重以資源貧乏，更難在動亂時代維持一個獨立、而又舉足輕重、可與鄴相提並論的地位，洛陽在中古前期的重要性遂大爲減低。

位在洛陽北面，西起河南、東至平原的黃河南北兩岸地帶，在胡人入居、洛陽衰微後，卻被賦予新的意義，活躍在歷史舞台上。隨著晉室南遷、洛陽殘破，代表強勢漢文化的黃河南岸影響力也隨之式微。反之，黃河兩岸地帶卻因胡人大量入居，土地拋荒及生產畜牧化的催化下，使得人口結構與生產方式愈爲胡化；在胡人政權有計劃的推波助瀾下，黃泛區內不斷的徙入胡人，以做爲胡人政權軍隊的主要來源。因此，在西晉以後的黃泛區雖然喪失了經濟及文化上的影響力，卻反在軍事上增加了重要性。胡人進入中原，在人口數目上立即處於劣勢，他們如何在爲數眾多的漢民基礎上，建築一個穩固的政權？拉攏位於衝要的黃泛區內胡族，就成爲每個外族政權必須的手段。

從東漢到西晉末年的二百餘年，胡人陸續進入中原，這些進入黃河流域的外族雖然與漢人混居，但除了少數胡人貴族之外，大多數的胡人卻未與漢族發生內在的社會聯繫，仍然維持著民族共同體的形式〔註233〕。不僅部落組

〔註231〕同註230。

〔註232〕勞榦，〈北魏後期重要都邑與北魏政治關係〉，頁232載：洛陽附近的資源是貧乏的，絕不能維持一個中型都市的需要。因之洛陽經濟位置和洛陽對岸的彰衛懷（彰德、衛輝、懷慶）三屬，有不可分的關係。也就是說，古代的河南區域要依存著河內區域。……洛陽這個地區，被周人號稱爲天下之中，實際的意義是它東方與西方之間，被西方的征服者找到了，來做控制東方的一個據點。後來周人的文化進步很快，於是洛陽成爲文化的中樞，以至於成爲中國文化的代表。……洛陽表面上有關河爲限，實際上關河全不可守。建都洛陽的目的只是爲著觀瞻所係的一個目的罷了。

〔註233〕參見黃烈，〈五胡漢化與五胡政權的關係〉，《歷史研究》1963年第三期，頁

織存在，貴族的統治地位也仍然延續〔註234〕。各族聚集而居的狀態，起了保護本族語言、風俗和社會組織的作用，對於本族與漢族發生內在的社會聯繫，形成莫大阻礙。重以漢政權爲補充兵源、增加生產力所採取的擄胡、販胡行爲，更加深了胡漢的敵我意識，促使各胡人共同體的內在結合更爲緊密〔註235〕。石勒與汲桑的起兵，初期並未有貴族色彩，但在赤橋兵敗，投效劉淵以後，就恢復了軍事貴族的行徑〔註236〕，並以胡族慣有的組織形式號召諸胡〔註237〕，遷徙大批胡人進入黃泛區居住，企圖把各個胡族的共同體揉合成一共同的胡族共同體，並以戎神——佛爲夷君統治華夏的理論根據〔註238〕。在西晉末年黃泛區的胡人居住狀況還不算複雜情況下，石趙以強制手段徙入大量外族、推行共同體觀念，在強大的政軍力量配合下，暫時達到了目的，使得石趙政權能充份利用胡族武質的特點，拱衛政權，稱霸黃河中下游的兩岸地帶。但是，隨著胡人政權的建立及占領地區的擴大，族人分散的情形在所難免，以往聚族而居的狀況難再保持，爲了適應統治上的需要，分封族人鎮守各地，也難免導致統治部族勢力的分散〔註239〕。在石趙強制徙民以後，

131～142。及孫毓棠，〈漢末魏晉時代社會經濟的大動盪〉，《人文科學學報》一卷二期，頁36。

〔註234〕《晉書》，卷九十七，〈北狄傳〉，載：其入居塞者有屠各種、鮮支種、寇頭種、烏譚種、赤勒種……凡十九種，皆有部落，不相錯雜，屠各最豪貴，故得爲單于，統領諸種。可見這些胡人不僅部落組織存在，屠各貴族的統治地位也一直沿襲下來。

〔註235〕《晉書》，卷一〇一記云：（劉元海）命右於陸王劉景、右獨鹿王劉延年等率步騎二萬，將討鮮卑。劉宣等固諫曰：「晉爲無道，奴隸御我，是以右賢王猛不勝其忿。屬晉綱未弛，大事不遂，右賢塗地，單于之恥也。今司馬氏父子兄弟自相魚肉，此天厭晉德，授之於我。單于積德在躬，爲晉人所服，方當興我邦族，復呼韓邪之業，鮮卑、烏丸可以爲援，奈何距之而拯仇敵！今天假手於我，不可違也。違天不祥。逆眾不濟；天與不取，反受其咎。願單于勿疑。」元海曰：「善。」

〔註236〕《晉書》，卷一〇四，〈石勒載記〉上，頁 2709～2731。及黃烈，〈五胡漢化與五胡政權的關係〉，頁 134～135。

〔註237〕《晉書》，卷一〇五，〈石勒載記〉下云：大興二年，勒僭稱趙王……依春秋列國、漢初侯王每世稱元，改稱趙王元年……中壘支雄、遊擊王陽並領門臣祭酒，專明胡人辭訟，以張離、張良、劉群、劉謨等爲門生主書，司典胡人出內，重其禁法，不得侮易衣寇華族。號胡爲國人……署石季龍爲單于元輔、都督禁衛諸軍事……命記事佐明楷、程機撰上黨國記，中大夫傅彪、賈蒲、江軌撰大將軍起居注，參軍石泰、石同、石謙、孔隆撰大單于志。

〔註238〕《晉書》，卷九十五，〈佛圖澄傳〉，頁 2487～2488。

〔註239〕《晉書》，卷一一三，〈苻堅載記〉，頁 2903。

黃泛區各胡族雜居情況嚴重，在胡人共同體結合不成功〔註240〕，統治民族的政軍勢力又告衰微後，本區立即成為群龍無首的混亂狀況。

中古時期氣候轉為寒冷，進入小冰河時期，漢朝的農牧分野線也由碣石、龍門線，南移到今天津、定縣、汾河南岸線的附近〔註241〕。寒冷的氣候導致植物生長期縮短，北方生存環境轉劣，南下的胡族即使在冉閔屠胡〔註242〕天下大亂之際，也難似東來的氐、羌一樣回歸舊地，大部份仍留在河北地區發展，因此我們可以看到，石趙滅亡以後，繼續留在黃泛區內的胡族，不論是鮮卑、東胡、烏桓或丁零都是北方南下的外族。他們乘著石趙政權崩潰、胡人共同體瓦解，區內足以號召胡人的新政權又尚未成立時，各自發展，形成自己的勢力圈，丁零、慕容鮮卑政權就是這種情況下的產物。任何政權的成立與穩固，政治、軍事與經濟三方面條件的配合都缺一不可；石趙政權的屹立，所倚仗的是以鄴地區（政治、經濟中心）與黃泛區（軍事中心）所組成之 L 型地帶的相輔相成。這個共同體隨著石趙滅亡瓦解後，分屬於鮮卑、丁零兩個團體，慕容氏擁有鄴，卻無法統領整個黃泛區胡部勢力，軍事力量薄弱，坐視丁零猖狂於腹心之地，積九年不能盡除之，皆為此故〔註243〕。丁零情況則恰好相反，他們掌握了黃泛區內社會勢力，又與區外的漢人反燕勢力聯結，聲勢浩大；但一方面缺乏強大的經濟後盾，無法向外擴張，也無力對其他反燕勢力做實質上有力的支持；另方面，建國重心在「四戰之地」的

〔註240〕石趙父子基於政治上的考慮，雖想揉合諸胡成就趙帝國共同體，但事實上五胡之分的界限仍然存在，並沒有成功，如《晉書》，卷一一四，〈苻堅載記〉下載：（姚）萇求傳國璽於堅曰：「萇次膺符曆，可以為惠。」堅瞋目比之曰：「小羌乃敢干逼天子，豈以傳國璽授汝羌也。圖緯符命，何所依據？五胡次序，無汝羌名。……」

〔註241〕詳見本論文第二章第一節所論。

〔註242〕《晉書》，卷一〇七，〈石季龍載記〉下：（石）鑒懼冉閔之誅己也，馳招閔、（李）農，開門內之……宣令內外六夷敢稱兵杖者斬之。胡人或斬關，或踰城而出者，不可勝數。使尚書王簡、少府王鬱帥眾數千，守鑒于御龍觀，懸食給之。令城內曰：「與官同心者住，不同心者各任所之。」故城門不復相禁。於是趙人百里內悉入城，胡羯去者填門。閔知胡之不為己用也，班令內外趙人，斬一胡首送鳳陽門者，文官進位三等，武職悉拜牙門。一日之中，斬首數萬。閔躬率趙人誅諸胡羯，無貴賤男女少長皆斬之，死者二十餘萬，尸諸城外，悉為野犬豺狼所食。屯據四方者，所在承閔書誅之，于時高鼻多鬚至有濫死者半。

〔註243〕詳見《晉書》，卷一二三，〈慕容垂載記〉及《資治通鑑》，卷一〇五、一〇六、一〇七所載。

河南，東晉政權又如芒刺在背，隨時可造成相當的威脅〔註244〕；在後燕聯合黃泛區外圍其他胡人勢力成功後，終於走上被滅亡的命運。

自石勒父子大舉徙胡後，河北的胡部大多集中於鄴附近及黃泛區左近地帶，由於種族複雜，任何一族都很難取得絕對的優勢。彼此以利害結合，基礎並不牢靠，很難再出現石趙時代黃泛區及鄴胡人聯合集團的形勢。因此，曾在河南建號的後燕與丁零，對黃河兩岸的影響範圍都不及全面，影響力也遠不及石趙，都需要靠黃河以北的其他力量支持，如後燕引屠各、烏桓、東胡等為助；丁零則與張願、張申、王祖等聯合一氣。慕容氏的實力與河南翟氏相比，雖然略勝一籌，但仍不足以重新整合整個黃泛區；前燕之殷鑑未遠，這也是後燕不顧中山自然條件惡化，及經濟自限性的束縛，而必須遷都於北的主要原因。〔註245〕

表六：東漢以前黃河決溢表

次數	西元紀年	中國紀年	決壞地點	泛　濫　情　形	治　水　策
1	前168	漢文帝前十二年	酸棗	潰金堤。	發東郡卒塞之。
2	前138	漢武帝建元三年		溢平原，大飢，人相食。	
3	前132	武帝元光三年春	決頓丘河水徙	泛鉅野，入渤海。	
4	前132	武帝元光三年五月	瓠子濮陽	泛郡十六。	發卒十萬救之，旋壞，不復治，二十餘歲，後始塞瓠子，築宣防宮於其上。
5	前109～前68	武帝元封二年至宣帝地節中	瓠子館陶	河分為屯氏河，東北經魏郡、清河、信都、渤海入海，館陶東北四、五郡皆被水害。	光祿大夫郭昌於黃河北曲三處鑿渠直東，經東郡界中。
6	前39	元帝永光五年	清河鳴犢口		

〔註244〕《讀史方輿紀要》，卷四十六，〈河南〉序載：河南古所稱四戰之地也，當取天下之日，河南在所必爭，及天下既定，而守在河南，則岌岌焉有必亡之勢矣。……肩背之慮，實在河北。……守關中守河北乃所以守河南也，自古及今，河南之禍中于關中者什之七，中于河北者十之九。……夫河北之足以治河南也，自昔為然矣。

以河南之全勢較之，則宛不如洛，洛不如鄴也。……夫自古用兵，以鄴而制洛也常易，以洛而制鄴也常難。

〔註245〕詳見本論文第六章所論。

7	前29	成帝建始四年	館陶 東郡金堤	泛溢兗、豫，入平原、千乘、濟南，凡灌四郡三十二縣，水居地十五萬頃。	遣王延世築堤，三十六日而成。
8	前25	成帝河平四年	平　原	泛濟南、千乘，所壞半建始時。	遣楊焉治之，六月始成。
9	前17	成帝鴻嘉四年	渤　海 信　都	泛渤海、信都、清河縣邑三十一。	不塞。
10	1～5	平帝時	河、汴決壞		
11	11	新莽始建國四年	魏　郡	泛清河、平原，於千乘入海，北瀆遂空。	

表七：東漢治水情況表

次數	西元紀年	中國紀年	地點	治水情形
1	29	光武帝建武五年	穀　水	河南尹王梁穿渠引穀水。
2	34	建武十年	黃　河 汴　水	陽武令受氾以平帝以來河、汴決壞，議改修堤防，浚儀令樂俊以兵革之後，民不堪命，反對，事不行。
3	47	建武二十三年	陽渠（洛陽城南）	大司空張純穿陽渠，引洛水漕。
4	69	明帝永平十二年	汴　渠	遣王景與王吳修渠築堤，自滎陽東至千乘海口千餘里。
5	113	安帝永初七年	汴　渠	令謁者太山于岑於石門東積石八所，皆如小山，以捍衝波，謂之八激堤。
6	132～135	順帝永嘉中	汴　渠	自汴口以東，緣河積石，爲堰通渠，咸曰金堤。
7	168～171	靈帝建寧中	汴　渠	增修石門，以遏渠口，水盛則通注，津耗則輟流。
8	171	建寧四年	汴　渠	于敖城西北壘爲石門，以遏渠口，謂之石門，故世謂之石門水，門廣十餘丈，西去河三里。

（資料出處：《漢書・溝洫志》、《後漢書》、《水經注》）

表八：晉永嘉亂後黃河中下游諸郡縣遷徙南方統計表

郡名統縣	僑地	備考
長樂縣、陽樂縣	江蘇武進	初置郡，後併省爲縣。
南清河郡清河縣、東武縣、繹幕縣、貝丘縣、新樂縣、廩丘縣、廣平縣、濟陽郡、鄄城縣	疑在武進	（廩丘縣）宋初又領鄄城。宋初又有廣平郡（河北），寄治鎮江，領廣平、易陽、曲關（河北），元嘉中併省來屬。
頓丘縣	江蘇睢寧	

館陶縣、陽平縣、柏人縣	江蘇江都、高郵、泰縣一帶	
陽平郡、濮陽縣、館陶縣、陽平縣	安徽靈壁	（陽平郡）宋初又領廩丘。濮陽本流寓郡，併省來配。
樂平縣	安徽臨淮	
濟陽縣	安徽懷遠	
頓丘縣	安徽滁縣	東晉立頓丘郡（河北），領沛縣（江蘇），併省來配。
信都縣	安徽盱眙	
陰安縣	安徽桐城	
長垣縣	安徽亳縣	
廣平郡廣平縣	河南鄧縣	宋初又領易陽、曲周、邯鄲。
陽平縣	山東曲阜	
陽平郡頓丘縣、樂平縣	山東汶山	
平原縣	山東寧陽	
元城縣、館陶縣	山東東平	
冀州	山東歷城	
廣川郡廣川縣	山東長山	宋初又領棗強，大明中省。
武強縣、中水縣	山東長山	
平原郡平原縣、鬲縣、安德縣、般縣、平昌縣、茌平縣、高唐縣、廣宗縣	山東鄒平	
清河郡清河縣、武城縣、繹幕縣、貝丘縣、零縣、鄃縣、安次縣	山東淄川	
樂陵郡樂陵縣、陽信縣、厭次縣、溼沃縣、新樂縣	山東博興	
魏郡安陽、魏縣、肥鄉縣、蠡吾縣、頓丘縣、聊城縣、博平縣	山東歷城	
河間郡樂城縣、城平縣、武垣縣、章武縣、南皮縣、阜城縣	山東壽光	
頓丘郡頓丘縣、衛國縣、陰安縣、陽平縣	山東章邱	
高陽郡安平縣、饒陽縣、高陽縣、新城縣、鄚縣	山東臨淄	
渤海郡脩縣、東長樂縣、重合縣	山東高苑	（脩縣）宋初又領浮陽、高城，大明中省。長樂本為郡，疑是晉僑立，省為縣。

（資料出處：《晉書·地理志》、《宋書·州郡志》、《南齊書·州郡志》）

表九：黃河沿岸丁零活動詳表

太和五年	秦徙丁零翟斌等於新安、澠池。
太元八年	十二月，翟斌兄弟叛秦，謀逼洛陽。慕容鳳與丁零眾大敗秦兵，斬秦將毛富，克陵雲台戌。
九年	翟斌奉慕容垂為盟主。慕容垂稱王、承制於滎陽，以翟斌為建義大將軍、封河南王，斌弟檀為柱國大將軍、封河南王，斌弟檀為柱國大將軍、封弘農王。慕容垂圍鄴，丁零、烏桓之眾為垂效力者二十餘萬。七月，翟斌諷丁零及西人請斌為尚書令，慕容國，光祚走歸，公孫希自唐城奔于真。慕容農自信都西破翟嵩于黃泥。十一月，慕容農破真從兄翟遼于魯口，遼退屯無極，實屯蒿城以逼之。十二月，慕容實與中山慕容麟合兵擊遼，大破之，遼單騎奔真。
十年	二月，慕容農、慕容麟共攻承營，真走，拔承營外郭。三月，麟移屯信都、實還鄴，承營之圍解。慕容溫屯中山，兵力甚弱，丁零四布，分據諸城。溫撫舊招新，郡縣壁壘爭相歸附。真夜襲中山，溫擊破之，自是不敢復至。四月，鄴飢，垂將北趣中山，真畏逼去承營，徙屯行唐。翟真司馬鮮于乞殺真及諸翟，自立為趙王，營人共殺乞，立真從弟翟成為王，其眾多降於燕。鮮于乞殺翟真，翟遼南奔黎陽，晉黎陽太守滕恬之甚愛信之，遼潛施奸惠，以收眾心。五月，慕容垂至常山，圍翟成於行唐，經八十餘日，成長史鮮于得斬成出降。垂屠行唐，盡坑成眾，遂引軍北都中山，僭稱尊號。
十一年	正月，滕恬之南攻鹿鳴城（《元和志》：鹿鳴故城在今白馬縣北三十里，城西南即白馬津），翟遼于後閉門拒之，恬之東奔鄧城（黃河南岸，今鄆城北），遼追執之，遂據黎陽（《六和志》：黎陽縣東南一里黎陽鎮故城，古翟遼城也，翟遼於此僭號）（按：唐黎陽在今浚縣東北）。三月，晉泰山太守張願以郡叛降于遼。八月，遼寇晉譙城，朱序擊走之。十二年正月，遼遣其子釗寇晉之陳、穎，朱序遣秦膺擊走之。燕魏郡太守齊涉叛連張願，願帥萬餘人進屯祝阿（《方輿紀要》載在禹城縣西南十七公里黃河與漯水之間）之瓮口，招翟遼共應之。二月，燕師大破張願兵于瓮口（瓮口戌，今禹城縣南），願脫身保三布口（今肥城縣東）。四月，晉高平人翟暢執太守徐含遠以郡降遼。五月，慕容垂、慕容楷南攻遼，遼眾皆燕趙之人，相率歸燕，遼懼，遣使請降。垂以為徐州牧、河南王，前至黎陽，受降而還。十月，遼復叛燕，遣兵與叛賊章武王祖、勃海張申其寇抄清河、平原。十一月，晉松滋太守王遇之討遼于洛口，敗之。
十三年	二月，遼遣司馬眭瓊詣燕謝罪，燕主垂以其數反復，斬瓊絕之。遼怒，乃自稱魏天王，改元建光，置百官，以清河崔蔭為中書令。五日，徙屯滑台，欲阻河以自固。遼自黎陽徙屯清台，既與燕絕，欲阻河為固也。滑台城在白馬縣西。七月，遣將翟發寇晉洛陽，河南太守郭給拒破之。
十四年	四月，寇晉滎陽，執太守張卓。五月，清河民孔金斬吳深，送首中山。十月，遣丁零故堤詐降於燕冀州刺史溫帳，刺溫殺之，并其長史司馬驅，帥守兵二百戶奔西燕。燕遼西王實邀擊于襄國，俘獲之，惟堤走免。是年，燕清河太守賀耕聚眾定陵以叛，南應翟遼，實討斬之。
十五年	正月，晉朱序北擊西燕于上黨，遼乘虛謀向洛陽。序引兵還擊遼子釗于石門，遣參軍趙蕃破遼于懷，遼宵遁。張願寇晉金鄉，陷之，圍太山太守羊邁，晉龍驤將軍劉牢之遣參軍何欽之走之。會翟釗救願，牢之戰敗引還。已而釗，還牢之進平太山。八月，追擊釗于鄧城，釗走河北，又敗遼于滑台，張願來降。

十六年	十月，翟遼卒，子釗代立，改元寶鼎。攻燕鄴城，慕容寶擊走之。
十七年	二月，釗遣其將翟都侵燕館陶，屯蘇康壘，三月，燕主垂引兵南擊，進逼蘇康壘。四月，翟都南走滑台，釗求救于燕，西燕主永謀於群臣，中書侍郎太原張騰請速救之，以成鼎足之勢，永不徙。六月，垂處於黎陽津，釗列兵南岸拒守。垂遣慕容鎮自黎陽津夜濟，營於河南，別遣慕容寶自西津濟，與鎮等夾擊，大破之。釗走滑台，妻子率數百騎北濟河，登白鹿山。未久，釗以無糧下山，寶還兵掩襲，盡擒其眾。釗單騎奔長子，所統七郡、戶三萬八千皆入于燕。釗於西燕，慕容永以為車騎大將軍、袞州牧，封東郡王。
十八年	三月，為慕容永寇晉河南。未幾謀反，永殺之。

（資料出處：《晉書》、《資治通鑑》）

第四章　鄴經濟區之變動

　　鄴具有極優越的地理條件。西面，由北迤邐而南的太行山形成一道自然的屏障，降低了自西北而下冬季蒙古冷氣團的威力，氣候較為暖和；夏季潮溼的東南季風至此，恰對太行山東造成一帶迎雨坡，使得鄴區的雨量遠較河北的其他地方為多。東面，由遠而近，白溝、淇水、漳水、洹水皆由西部山區過鄴南，東北流向平原；漳水由鄴西南繞城北而東；鄴西北又有虎濫水迤東而去；諸水環繞（參見圖十八），形成良好的水文網。重以鄴附近的太行山麓坡勢平緩，排水良好，夏雨季節不虞內澇，又非當禹故河泛濫區內，土質良好，沒有鹽鹼化的困擾。這些優越的地理條件，使得鄴具備了良好農業與水利發展的優勢，成為河北極重要的穀倉，自然也影響到歷史上各朝各代間的人文變化，茲將鄴地經濟區的建立與崩潰分節縷述於後，以明地理與人文間的相倚關係。

第一節　鄴經濟區的建立

　　鄴在戰國時代未經西門豹築渠、引河水灌溉民田之前，地瘠民貧，苦於水患，經「發民鑿十二渠」〔註1〕以後，又有史起「引漳水溉鄴，以富魏之河內」〔註2〕，使得鄴地「咸成沃壤，百姓歌之」〔註3〕，直至西漢武帝時，在原有的水利基礎上分漳水為陂留，以溉民田止，鄴附近一直承續著良好的水利傳統，是各政權之富饒所在。漢末，天下大亂，百業俱廢，「自初平之元

〔註1〕參見《史記》，卷二十九，〈河渠書第七〉所記。
〔註2〕參見《漢書》，卷二十九，〈溝洫志第九〉。
〔註3〕《水經注》，卷十，〈濁漳水注〉。

（190年），迄建安之末（220年），三十年中，百姓流散，死亡略盡，斯亂之極」〔註4〕。事實上，漢末的擾亂不自初平始，遠在桓靈之世，四方即遭盜匪的蹂躪，至黃巾亂起，原來人口繁密、農業發達的幽、冀、青、徐、兗、豫一帶，已成為戰事頻繁的地區。未幾，董卓攜兵入洛陽，黃河南北更形殘破，成為諸雄往來爭戰之地，河北經長期的戰亂後，生產幾至停頓，居民生計困難，除了少數可據險保聚自衛者外，大多數不得不捨棄家園，轉徙流離，尋找另一個安身立命的所在，故而造成人口大量的流失。

　　根據漢桓帝永壽三年的戶口統計，當時全國 10,677,960 戶，56,486,856 口〔註5〕，到了晉武帝太康元年（280年）只剩下 2,459,840 戶，16,163,863 口〔註6〕。在八十年之間，幾乎減少了四分之三的人口，尤其太康元年的統計數目，已是經過晉朝數十年的經營與恢復後的結果。如果據此推測建安末年以前，其人口的削減將更為驚人。當然，太康元年的戶口紀錄只是戶籍資料，與當時實際人口數目有些距離，不過漢末在經過五十年（桓靈之世至建安年間）的戰亂，人民的死亡率的確很高；盜賊軍閥們的屠殺、劫掠，與戰爭的激烈頻繁，都使得農業生產瀕於停頓；重以飢荒、水旱及疾疫等種種原因，致萬姓流散，死亡略盡，北方之殘破恰如裴松之所論：

　　　　自中原酷亂，至於建安，數十年間，生民殆盡，比至小康，皆百死
　　　　之餘耳。〔註7〕

人口經過這樣大規模的遷徙與削減，使得北方農業生產的勞動力受到很大的打擊。質帝本初元年（146年）時，漢的墾田面積是六百九十三萬餘頃，經過五十年的大亂後，墾田頃數至多不過以前的五分之一〔註8〕，大片的農地淪為荒蕪無主的野地，而致「名都空而不居，百里絕而無民者，不可勝數」〔註9〕，造成了「千里無人煙」與「白骨蔽平原」的悲慘景像〔註10〕，農業當然無法開展。

〔註4〕《晉書》，卷四十三，〈山簡傳〉，頁 1229。
〔註5〕梁方仲，《中國歷代戶口、田地、田賦統計》（上海：人民出版社，1980 年出版），頁 20。
〔註6〕同註5，頁 38。
〔註7〕《三國志・魏志》，卷一，〈武帝紀一〉，裴松之注。
〔註8〕孫毓棠，〈漢末魏晉時代社會經濟的大動盪〉，《昆明人文科學學報》，一卷二期，頁 28。
〔註9〕參見仲長統，《昌言》所載。
〔註10〕詳見《晉書》，卷一，〈武帝紀〉。

在華北呈現一片破敗中，冀州算是情形較好的一個，即使在軍閥爭戰時期，也有帶甲百萬，穀支十年的能力。《通鑑》，卷六十，〈漢紀五十二・獻帝初平二年〉：

> 袁紹在河內，（張）楊往歸之，與南單于於扶羅屯漳水。韓馥以豪傑多歸心袁紹，忌之；陰貶節其軍糧，欲使其眾離散……紹客逢紀謂紹曰：「將軍舉大事而仰人資給，不據一州，無以自全。」紹曰：「冀州兵強、吾士飢乏，設不能辦，無所容立。」紀曰：「韓馥庸才，可密要公孫瓚，使取冀州，馥必駭懼，因遣辯士爲陳禍福，馥迫於倉卒，必肯遜讓。」紹然之，即以書與瓚，瓚遂引兵而至，外託討董卓而陰謀襲馥，馥與戰不利，會董卓入關，紹還軍延津，使外甥陳留高幹及馥所親營潁川辛評、荀諶……等說馥……馥性恇怯，因然其計。馥長史耿武……聞而諫曰：「冀州帶甲百萬，穀支十年。袁紹孤客窮軍，仰我鼻息，譬如嬰兒在股掌之上，絕其哺乳，立可餓殺，奈何以州與之？」……馥又不聽、乃避位，……紹遂領冀州牧。

顯見冀州此時甚爲富足，爲他處所不及。

後漢時冀州領郡國九〔註 11〕，西晉以後析出平原、樂陵、章武、高陽、博陵五郡國，所轄雖增到十三個〔註 12〕，但所領範圍並未改變，主要的農業地帶仍然集中在太行山東南麓至黃河之間的山麓平原上，因此袁紹在自爲冀州牧後，即鎮守在鄴。在長安、洛陽迭經戰亂、宮室燒盡，黃河沿岸皆處於破敗之時，冀州政權的和平轉讓，更富有特殊意義，也是此後袁紹地廣兵多，號稱「天下最強」的主要原因。〔註 13〕

建安五年（200 年）官渡之戰，袁紹以戰略失當，大敗而返，黃河南岸落入曹操手中〔註 14〕，二年後（建安七年，202 年）曹操又乘袁紹死後，袁尚、袁譚兄弟鬩牆的機會，進圍鄴城；繼而逐袁尚、殺袁譚，盡有袁氏故地〔註 15〕，代袁紹爲冀州牧。袁、曹在河北爭霸的兩年中（200～202 年），雖然陸續發生了幾次重要的戰爭，但除了鄴城包圍戰以外，其餘的戰事皆在黃河

〔註11〕《後漢書》，〈志第二十・郡國二〉，頁 3431～3446。
〔註12〕參見《晉書》，卷十四，〈地理志〉上。
〔註13〕《資治通鑑》，卷六十二，〈漢紀五十四・獻帝建安元年十月〉，頁 1989。
〔註14〕詳見《資治通鑑》，卷六十四、六十五，獻帝建安七年至十三年間記事。
〔註15〕參見《資治通鑑》，卷六十四〈漢紀五十六〉建安七、八年紀事，頁 2048、2053 及 2055。

南岸，及河北東部沿海等地進行〔註 16〕，鄴周圍遭受破壞的情況並不嚴重。在河北一片殘破的情況下，破壞不嚴重、自然條件又良好的鄴，自是彌足珍貴，無怪乎曹操倚爲國家資仗之所託。

建安二十一年（216 年），曹操在舊有的水利基礎上，築堨漳水，再修天井堰，《水經注》，卷十，〈濁漳水〉載：

> 魏武王又堨漳水，迴流東注，號天井堰，二十里中做十二墱，墱相去三百步，令互相灌注，一源分爲十二流，皆懸水門。

自天井堰修築之後，鄴附近的農業，因有新堰的灌溉之利，大爲興盛，據《昭明文選》，卷六，左太沖〈魏都賦〉云：

> 脈脈洄野，奕奕菑畝，甘茶伊蠢，芒種斯阜，西門漑其前，史起灌其後，墱流十二，同源異口，蓄爲民雲，泄爲行雨，水澍粳稌，陸蒔稷黍，黝黝桑柘，油油麻紵。

這種欣欣向榮的農業景像，隨著鄴地農業的推廣，已非僅限於鄴縣一地而已。若從曹魏的典農屯田分布狀況來看（參見表十），太行山南麓、鄴附近地區就有列人、魏郡及鄴三個典農區。顯然，自古以來就擁有「穀倉」之稱的鄴，在曹魏有計劃的拓展下，範圍又向外大爲開展，使得太行山東麓漳、洺水間的山前緩坡地帶，形成一個大範圍的農業生產地帶，對於霸府所在的鄴城，提供無虞的物資後援〔註 17〕，對中古時期的歷史，亦有明顯的影響。茲將曹魏以降，如何自交通、工業、徙民等方面，重建一個鄴的經濟優勢區臚列如下。

表十：曹魏屯田分布表

編號	典農部屯田所在地	前代以來的水利設施
1	列人（典農）	建安十八年，因白渠故瀆開利漕渠
2	鄴（典農中郎將）	建安二十一年，因西門豹十二渠開鑿天井堰

〔註 16〕同註 14。

〔註 17〕黃彭年，《畿輔通志》（台北：華文書局，宣統二年刊本），卷六十四〈輿地略・山川八・沙河縣〉：大倉門山在縣西一百二十里，亦名倉口，唐時嘗置倉於此，故名。唐太宗爲秦王時擊劉黑闥於河北，置倉於此，以通餽餉，故有倉門之名。或曰建中時，李抱眞與河北叛帥田悅等相持，因置倉以供軍處。

按：沙河縣即晉魏襄國之所在；唐初及中葉於此置倉，固與其地居交通要道有關，不過根本原因係其近於農業地帶也。

3	魏郡（典農中郎將）	建安二十一年，因西門豹十二渠開鑿天井堰
4	汲即（典農中郎將）	汲渠
5	原武（典農校尉）	十字溝
6	河內（典農）	河內渠、枝渠
7	野王（典農中郎將）	沁口木門枋
8	滎陽（典農都尉）	滎陽澤、郟城陂
9	洛陽（典農中郎將）	鴻池陂
10	宜陽（典農）	傅山大陂
11	許昌（典農中郎將）	濩陂、狼陂
12	潁川（典農中郎將）	濩陂、狼陂
13	襄城（典農中郎將）	摩陂、百尺溝
14	睢陽（典農校尉）	逢洪陂、孟諸澤
15	沛（南部都尉）	沛澤
16	河東（典農中郎將）	河東渠、董澤陂、鹽池、水鹽澤
17	弘農（典農校尉）	（不詳）
18	長安（典農）	漕渠、樊陵之渠、竭水陂
19	蘄春（典農）	（不詳）

一、鄴區交通路線的建立

　　由於鄴城位處太行山東麓北至幽州、南達黃河的南北大道上，自古即是中原溝通塞外的主要孔道〔註 18〕；向西，又有翻越太行山的穴陘道、壺關滏口道、及井陘道黃澤嶺線，可聯絡澤潞、太原等地〔註 19〕，所以鄴之交通僅缺東行一路，以與河北東部、中部聯結。因此曹操在平定袁氏、領有河北之後的二年間，開始有系統的，逐漸串連起河北平原諸水系，使之與鄴結合成一個能與太行山南麓聯結的完整河北水路交通網（參見圖十七）。《三國志》，卷一，〈魏書·武帝紀〉載：

　　　　（建安）九年春正月，濟河遏淇水入白溝以通糧區。

《水經注·淇水注》詳細的指出；

　　　　淇水又南歷枋堰，舊淇水口，東流逕黎陽縣界，東入河。漢建安九

<hr>

〔註18〕參見嚴耕望，《唐代交通圖考（五）》，篇肆拾、肆壹。
〔註19〕嚴耕望，《唐代交通圖考（五）》，篇肆拾、肆壹、肆貳，頁 1417～1458。

年，魏武王於水口下大坊木以成堰，過淇水東入白溝以通漕運，故
時人號其處曰枋頭。魏武開白溝，因宿胥故瀆而加功。淇水又東北
流，謂之白溝。

曹操在攻打鄴城的袁尚時，已打通淇水、白溝間的通路，利用淇水把黃河南
岸的軍需輸入鄴地區[註20]。至建安十一年，曹氏又進一步的將河北中、北
部水系聯結起來，《三國志》，卷一，〈魏書·武帝紀·建安十一年〉條云：

遼西單于蹋頓尤彊……公將征之，鑿渠，自呼沱入泒水，名平虜渠；
又從泃河口鑿入潞河，又名泉州渠，以通海。

《水經注》，卷十，〈濁漳水注〉亦載：

漳水又東北逕武邑郡南……又東逕武強縣北，又東北逕武隧縣故城
南……衡漳又逕東昌縣故城北，經所謂昌亭也，……衡漳又東北，
左會滹沱故瀆，謂之合口，……又南逕南皮縣之北皮亭而東北……
清漳逕章武縣故城西……枝瀆出焉，謂之濊水，東北逕參戶亭……
應劭曰：平舒縣西南五十里有參戶亭，故縣也，世謂之平虜城。枝
水……又東北分爲二……一水北注滹沱，謂之濊口，清漳亂流而東
注于海。

平虜渠的開鑿，聯結了滹沱河與泒水間的交通。由於泒水（今沙河）經定州
（今定縣）之南，滹沱經恆州（今正定）之南，皆東流入清、漳（清、漳中
游以下合爲一水），平虜渠的開鑿恰在定州東南至饒陽地區兩河最接近處[註
21]，使得同發源於五台山區之泰戲山（泒山）的滹沱與泒水在東南流入河北
境後，得以和清、漳合流，完成鄴對河北中部、北部，甚至東北部的水系交
通網，充分發揮鄴對北方各處的指顧之效，大大擴張了以鄴爲中心的曹魏政
治圈的影響力。繼建安九年，成功的將淇水，白溝附近的農業區結合在一起，
揉合了河北南部，成就其勢力區建立的第一步後，曹操在建安十八年，河北
底定之時，更徹底的打通鄴與黃河間的水路交通線，把漳水、白溝與黃河串
連在一起，《三國志》，卷一，〈魏書·武帝紀〉載：

建安十八年九月，作金虎臺，鑿渠引漳水入白溝以通河。

《水經注》，卷九，〈淇水注〉云：

[註20] 《資治通鑑》，卷六十四，〈漢紀五十六·獻帝建安九年正月〉紀事，頁2052。
[註21] 嚴耕望，〈曹操所開平虜泉州新河三渠考略〉，《大陸雜誌》，第六十五卷第一
期，頁2。

　　白溝又東北逕羅勒城東，又東北，漳水注之，謂之利漕江。

又同書〈濁漳水注〉：

　　魏太祖鑿渠引漳水東入清洹以通河漕。

曹操成功串連河北南部的水系，使得原本分處兩地的兩大政治中心——太行
山南麓的鄴城附近與黃河南岸的許、洛、譙等地，有了更直捷、便利的交通
孔道，並使兩者間之結合，愈形緊密（參見圖十七）。

　　在建安九年至十八年間，曹操除了積極的建設鄴城本身以外，同時成功
的把河北南、中、北部的水系串連起來，發展成一水路交通網。影響所及，
更使得鄴區加強了對黃河以北地區政治、軍事上的控制，並能對經濟物質上
作源源不絕的供應，不但使鄴成為北方重要的中心，也奠定了曹魏屹立不搖
的勢力基礎。之後，曹操首先將天下原來的十四州併為九州，以擴展冀州之
地〔註22〕。不久，又以冀州之河東、河內、魏都、趙國、中山、常山、巨
鹿、安平、甘陵、平原等十郡劃與自己，並自封為魏公〔註23〕；三年後再為
魏王〔註24〕，至是，獻帝雖都許，而天下重心已在冀，冀州腹心已為鄴；而
掌握此政經中心（鄴）於股掌之上者即曹魏矣。此後，以太行山東麓與黃河
南岸結合而成的 L 型政治核心區，開始在歷史舞台上，扮演起積極的角色。

二、鄴區工業之發展

　　太行山東南麓在中古以前，本就是一個工業發達的地區。戰國時代的邯
鄲（今河北邯鄲縣），即以冶鐵煉鋼著名當時〔註25〕，幾（今河北大名縣東
南）、安陽（今河南安陽縣）、邯鄲、武安（今河北武安縣西南）、柏人（今河
北隆堯縣）則為當時鑄幣中心〔註26〕。到西漢時，《史記‧貨殖列傳》仍謂趙

〔註22〕　《資治通鑑》，卷六十六，〈漢紀五十八‧獻帝建安十八年正月〉記事：庚寅，
　　　　　詔并十四州，復為九州。
　　　　　胡三省注云：十四州，司、豫、冀、兗、徐、青、荊、揚、益、梁、雍、并、
　　　　　幽、交也。復為九州者，割司州之河東、河內、馮翊、扶風及幽、并二州皆
　　　　　入冀州；涼州所統，悉入雍州，又以司州之京兆入焉；又以司州之弘農、河
　　　　　南入豫州，交州并入荊州，則省司、涼、幽、并而復禹貢之九州矣。此曹操
　　　　　自領冀州牧，欲廣其所統以制天下耳。
〔註23〕　《三國志‧魏書》，卷一，〈武帝紀〉，頁38～39。
〔註24〕　《三國志‧魏書》，卷一，〈武帝紀〉，頁47。
〔註25〕　史念海，《河山集（一）》，〈春秋戰國時代農工業的發展及其地區的分布〉，頁
　　　　　89～90。
〔註26〕　同註25，頁94。

人善巧冶，多美物〔註27〕，並設鐵官於魏郡的武安（今河北武安縣）及常山郡都鄉（今地無考），可見此地的礦產蘊藏豐富。《元和郡縣志》，卷十五，〈河東道四·沙河縣〉條：

> 黑山在沙河縣西四十里，出鐵。磐口山在縣西南九十八里。漢魏時舊鐵官也。

又《畿輔通志》，卷六十四，〈輿地略·山川八·沙河縣〉條載：

> 磐口山在縣西南九十八里，本名磐山……漢魏時舊鐵官也。盧毓冀州論云其湯磐石冶鑄利器。今縣有綦陽縣，置鐵冶於此，即漢魏之故址。

上文所稱之沙河，即漢魏之襄國縣，曹操即以此爲河北首先冶鑄的地點。此地除了豐富的鐵礦產而外，太行山水利資源的不虞匱乏當然也是重要的原因。東漢時，由於杜詩的「造作水排，鑄爲農器」〔註28〕，成功的將水力鼓風爐運用在冶鑄上面，使得冶鑄的技術益見精良。到了曹魏時，一度因戰亂減產的鐵冶，經曹操在「河北始開冶」〔註29〕，又以王修爲司金中郎將、韓暨爲監冶謁者，改良舊時的冶煉技術，大量引用水力，而提高了鐵的生產量。《三國志》，卷二十四，〈魏書·韓暨傳〉曰：

> 舊時冶作馬排，每一熟石，用馬百匹；更作人排，又費功力；暨乃因長流爲水排，計其利益，三倍於前。

除了水力資源外，這時也開始對煤有了更進一步的應用，《水經注》，卷十，〈濁漳水注〉云：

> 魏武封於鄴……城之西北有三台，……北曰冰井台，……上有冰室，室有數井，井深十五丈，藏冰及石墨焉。石墨可書，又燃之難盡，亦謂之石炭。

另《太平御覽》，卷六〇五，引〈陸雲與兄機書〉曰：

> 一日上三臺，曹公藏石墨數十萬斤，云燒此消復可用，然不知兄頗見之不？今送二螺。

由於煤開始應用於冶鐵方面，加上水力鼓風爐的廣泛引用，又能不斷進行熔煉；一方面可增大鐵的冶鑄量，另方面又可減輕冶鐵的成本。鐵的冶鑄量增大與生產成本降低，當然又會擴大鐵器的使用範圍，這樣不但造就了繁盛的

〔註27〕 《史記》，卷一二九，〈貨殖列傳〉，頁3263。

〔註28〕 《後漢書》，卷三十一，〈杜詩傳〉，頁1094。

〔註29〕 詳見《太平御覽》，卷二四一，引《魏略》所云。

冶煉工業，鐵製農具也得以大量使用，農業生產的恢復更行快速。

前述那些礦產地，除了柏人位置略爲偏北以外，其他如邯鄲、幾、安陽、武安等，都在鄴附近地區的太行山東麓平原上，在曹操完成河北水系網後，彼此間有著四通八達的水、陸路交通銜接，往來十分便利，互通有無，連接成一個經濟共同體，是件十分自然的事。

三、鄴區的徙民狀況

經營屯田﹝註30﹞，拓展工業，往往需要大量的勞動人口，因此在開發地方時，需要徙民以達到所需要的生產力，爲了這個目的，統治者往往會採取強迫的手段。當然，當一個地方已成爲繁榮的政經及農業中心，不但謀生較爲容易，生活條件也較好，常常會吸引眾多的人口流入，成爲一個更繁盛的經濟地帶。曹魏在建立鄴經濟區的初期，也採取強力手段，徙民入鄴；其後隨著鄴區政治、經濟重要性的增加，主動入居鄴的人口也逐漸增加。《三國志》，卷十五，〈梁習傳〉載：

> 并土新附，習以別部司馬領并州刺史。時承高幹荒亂之餘，胡狄在界，張雄跋扈，吏民亡叛，入其部落，兵家擁眾，作爲寇害，更相扇動，往往薹時。習到官，誘諭招納，皆禮召其豪右，稍稍薦舉，使詣幕府；豪右已盡，乃次發諸丁彊以爲義從；又因大軍出征，分請以爲勇力。吏兵已去之後，稍移其家，前後送鄴，凡數萬口。

同書卷十八，〈李典傳〉又云：

> 從圍鄴，鄴定，與樂進圍高幹於壺關，擊管承於長廣，皆破之，遷補虜將軍，封都亭侯。典宗族部曲三千餘家，居乘氏，自請願徙詣魏郡。太祖笑曰：「卿欲慕耿純邪？」典謝曰：「典駑怯功微，而爵寵過厚，誠宜舉宗陳力；加以征伐未息，宜實郊遂之內，以制四方，非慕純也。」遂徙部曲宗族萬三千餘口居鄴。太祖嘉之，遷破虜將軍。

同書卷二十三，〈杜襲傳〉：

> ……後（杜）襲領丞相長史，隨太祖到漢大討張魯。太祖還，拜襲駙馬都尉，留督漢中軍事。綏懷開導，百姓自樂出徙洛、鄴者，八萬餘口。

﹝註30﹞參見本節前文〈屯田表〉，可見曹魏時屯田之大要。

《資治通鑑》，卷六十五，〈漢紀五十七·獻帝建安十三年六月〉：

> 曹操將征荊州，使張既說騰，令釋部曲還朝，騰許之。已而更猶豫，既恐其為變，乃移諸縣促儲偫，二千石郊迎，騰不得已，發東。操表騰為衛尉，以其子超為偏將軍，統其眾，悉徙其家屬詣鄴。

以上諸則記載是見之於史傳者，相信實際上遷入的人口遠比這些還多，以至於一鄉之中有萬數千戶的情形出現〔註31〕，文帝以後又「令聽天下內徙」，鄴地繁盛的狀況，可想而知。

由以上所述農業狀況、交通、工業發展及徙民等現象看來，我們可以推測在曹操修築北方漕運水路、開拓鄴之屯田及提振河北冶鐵工業的同時，也在完成一個以鄴為中心的太行山東麓大經濟區的計劃。而這個經濟區涵蓋的範圍，應該就是以北都鄴為中心，整合附近農、工、商地帶，所形成的一個功能完整的大都會區。其範圍，根據《三國志》，卷二，〈文帝紀〉註三引《魏略》記載：

> 改長安、譙、許昌、鄴、洛陽為五都，立石表，西界宜陽，北循太行；東北界陽平；南循魯陽；東界郯，為中都之地。令天下聽內徙，復五年，後又增其復。

《資治通鑑》，卷六十七，〈漢紀五十九·獻帝建安二十一年五月〉，胡三省注亦云：

> 操既居鄴，建安十七年，割河內之蕩陰、朝歌、林慮，東郡之衛國、頓丘、東武陽、發干，鉅鹿之廮陶、曲陽、南和、廣平、任、趙國之襄國、邯鄲、易陽，以益魏郡。十八年，分置東、西都尉。此自相府掾屬補郡為出。

由上述資料看來，這個經濟區的最大範圍，應該是北至大陸澤北的廮陶（今河北柏鄉縣東），東及漳水西岸諸縣，南抵淇水之朝歌（今河南淇縣）；東經一一四至一一五度，北緯三十五度六十分至三十七度五十分的地區內（參見圖十八）。

獻帝延康元年（220年）曹丕代漢，仍然繼承曹操以來的政治發展模式，把鄴、許、洛、譙、長安並稱為「五都」，其中長安在遭受漢末兵燹之後，早已殘敗，列入五都是名重於實，其餘四都恰分布在太行山南麓及黃河以南的

〔註31〕 嚴可均，《全上古三代秦漢三國六朝文》（台北：中文出版社，民國63年8月初版）第二冊，〈全三國文〉，卷二〈武帝令〉載：今鄴縣甚大，一鄉萬數千戶，兼人之吏，未易得也。

倒 T 字型地帶上。此外，又將魏郡分出陽平、廣平，將三郡劃歸京畿〔註32〕，號爲「三魏」。而三魏分布於太行山南麓及黃河北岸一帶，顯見鄴經濟區建立完成的同時，也正是曹魏政治核心區發展成熟的時候。經過曹氏父子的努力經營，東漢末年崩潰的黃河流域政治中心，又展現在歷史舞台上。不過因爲兩京殘破、胡人入居及「帝鄉」許、譙等郡重要性增加的關係，黃河沿岸的重心更往南移。這樣一來，雖然擴大了帝國核心區的範圍，卻也同樣的加深了帝國兩大核心——鄴、許間聯絡的困難，尤其在晉以後，胡人入居黃泛區情形嚴重，已在兩都間形成障礙帶，到了汲桑起兵之後，兩地更分途發展，成爲完全不同的二個文化、政治地區。

第二節　鄴經濟區內胡漢勢力的消長

　　隨著河北局勢的底定，及曹魏用兵對象的轉而向南，鄴都原有的政治、軍事、經濟三足鼎立的優勢，因軍政意義的減弱而有所改變，但因地處扼要，又爲資儲所出，即使在建都洛陽，重心南移之後，鄴區地位仍然重要，並具有政治上的積極作用。正始十年（249 年）司馬懿簒魏，鄴成爲拘禁曹氏宗室之所在〔註33〕，此後也一直以諸王重兵鎮守。八王亂後，成都王司馬穎鎮鄴，「詔加九錫殊禮，進位大將軍，都督中外諸軍事、假節、加黃鉞，錄尚書事，入朝不趨，劍履上殿」〔註34〕，已是權傾天下，天子之下第一人。司馬穎野心更熾，在立爲皇太弟以後，仿魏武故事，乘輿服御皆遷於鄴〔註35〕，永興初，惠帝親討不成，被其挾持至鄴〔註36〕，洛陽都城名存實亡，鄴再度成爲北方的政治、軍事中心。然而晉末以後，胡人已大量內徙，汾水流域的山西（今省）〔註37〕及黃河兩岸的黃泛區內，都有大量的胡人定住，鄴雖因司馬穎的關係，重又成爲王政所出的軍政中心，不過客觀局勢卻與西晉以前大不相同；黃泛區的胡人不但切斷了太行山南麓與黃河南岸許、譙、洛等地

〔註32〕《三國志·魏志》，卷二，〈文帝紀〉，註3引《魏略》所載。
〔註33〕《三國志·魏志》，卷二，〈文帝紀〉，頁 77 及牟潤珍，〈魏晉南北朝鄴城初探〉，《魏晉南北朝史研究》（成都：四川社會科學院出版社，1986 年出版），頁 115。
〔註34〕《晉書》，卷五十九，〈成都王穎傳〉，頁 1616。
〔註35〕同註 34。
〔註36〕同註 34，頁 1618。
〔註37〕參見嚴耕望，〈佛藏所見之稽胡地理分佈區〉，《大陸雜誌》，七十二卷四期，頁 153～155 及本論文第五章第二節所論。

的緊密關係，整個河北省中、北部在歷經八王內鬨之後分崩離析，曹魏以來
建立以鄴爲中心的河北聯絡網系也隨之敗壞。山西淪入匈奴劉氏手中；河北
中、北部盡成王浚的勢力範圍；黃泛區則諸胡雜處，無一共認之領導中心；
司馬穎名義上雖然擁有洛陽、鄴都的統領權，實際上魏晉政權的核心區——L
型地帶，僅餘鄴附近而已，連廣義的鄴區（上起柏人下至安陽）都稱不上，
不但失掉了控扼河北的戰略位置，連自保都有問題。《晉書》，卷五十九，〈成
都王穎傳〉載：

> 安北將軍王浚、寧北將軍東嬴公騰殺穎所置幽州刺史和演。穎徵
> 浚，浚屯冀州不進，與騰及烏丸、羯朱襲穎。侯騎至鄴，穎遣幽州
> 刺史王斌及石超、李毅等距浚，爲羯朱等所敗，鄴中大震，百僚奔
> 走，士卒分散。穎懼，將帳下數十騎，擁天子與中書監盧志單車而
> 走，五月至洛。羯朱追至朝歌，不及而還。

穎雖號稱有河北眾望，卻不敵王浚與司馬騰之聯手攻擊，而浚與騰的軍團，
顯然是一支混合胡、漢的武力，致使鄴城在「士眾暴掠，死者甚多」〔註38〕
下，遭受嚴重的傷害。

自王浚北返後，晉以重臣司馬虓〔註39〕、司馬騰〔註40〕相繼爲都督鄴城
守軍事〔註41〕，但根本已經動搖，黃泛區的胡人又正方興未艾，與山西胡成
夾峙之勢，鄴區之漢人政權勢更微弱。晉永興二年（305年）五月，公師藩首
先攻入鄴城，司馬騰父子五人及諸名家流移依鄴者，死亡並盡〔註42〕。次年
（306年）五月，汲桑又再破鄴，「燒鄴宮，火旬日不滅，殺士民萬餘人，大
掠而去」〔註43〕。袁紹以來，漢人積極經營的河北政軍重鎮，至此破壞殆
盡。此後，漢人政權雖偶可進入鄴城，時間都很短暫，影響所至，西晉在黃
河以北、太行山東麓的據點幾全喪失，這也是後來漢人防線全面退縮至河南
的原因之一。

石勒是興起於黃泛區的胡族，因地緣關係，最初轉戰的地點，多限於黃
河南北二岸，受平陽劉氏的封號，並沒有固定的政治中心。懷帝永嘉六年
（312年），中原在經過十餘年戰爭之後，情勢較爲明朗，以王浚、劉琨、石

〔註38〕《晉書》，卷三十九，〈王浚傳〉，頁1147。
〔註39〕《資治通鑑》，卷八十六，〈晉紀八·惠帝光熙元年〉，頁2721。
〔註40〕同註39，頁2723。
〔註41〕《晉書》，卷三十七，〈新蔡武哀王騰傳〉，頁1096。
〔註42〕同註41。
〔註43〕《資治通鑑》，卷八十六，〈晉紀八·永嘉元年〉，頁2728。

勒及苟晞等西晉遺臣為主的幾個主要武力，分布在河北、河南諸地，與石氏進行持久、消耗的拉鋸戰〔註44〕，因此一個具備形勢險要、可提供資儲後援的政軍中心，是各個勢力的爭取目標。石勒自起兵以來，處於諸勢力之中央，四面受敵，一直無法建立一個固定的基地，所處之黃泛區又不是一個良好的農業地帶，可以說是晉末諸集團中，條件較差的一個。永嘉六年（312年）二月，石勒企圖壘於葛陂，課農屯食，卻遭到「大雨三月不止，軍中飢疫，死者大半」〔註45〕的惡運。尋找一個可做為長遠發展的根據地，已成石勒政權的當務之急。《晉書》，卷一○四，〈石勒載記〉云：

> 勒於葛陂繕室宇，課農造舟，將寇建鄴。會霖雨三月不止，元帝使諸將率江南之眾，大集壽春，勒軍中飢疫死者大半。……勒會諸將計之，……顧問張賓：「於君計如何？」賓曰：「……去年誅王彌之後，不宜於此營建，天降霖雨方數百里中，示將軍不應留也。鄴有三台之固，西接平陽，四塞山河，有喉衿之勢，宜北徙據之。伐叛懷服，河朔既定，莫有處將軍之右者……」勒攘袂鼓髯曰：「賓之計是也。」

從石勒君臣的對話中，可以明白看出遷鄴有三個基本原因：（一）河南淫雨、缺食，不宜北人居住。（二）鄴城形勢險要，伐叛懷服，進可攻，退可守。（三）接近平陽劉氏，可以壯聲援。這在石趙君臣到達鄴以後的另一次談話內容上，完全顯露出來。《晉書》，卷一○四，〈石勒載記〉云：

> 時諸將佐議欲攻取三台以據之，張賓進曰：「劉演眾猶數千，三台險固，攻守未可卒下，舍之則能自潰。王彭祖、劉越石大敵也，宜及其未有備，密規進據牢城，廣運糧儲，西稟平陽，掃定并薊，桓文之業可以濟也。……夫得地者昌，失地者亡。邯鄲、襄國，趙之舊都，依山憑險，形勝之國，可擇此二邑而都之，然後命將四出，授以奇略，推亡固存，兼弱攻昧，則群凶可除，王業可圖矣。」勒曰：「右侯之計是也。」於是進據襄國。……於是上於劉聰，分命諸將攻冀州郡縣壘壁，率多降附，運糧以輸勒。

包含襄國與鄴城在內的大經濟區，在曹操時代已經建設完成。晉朝以來，鄴城本身雖因政治變動，重要性雖略為降低，卻仍具備交通、農業及工商業上

〔註44〕 參見《晉書》，卷五，〈孝懷帝紀〉及卷六十一，〈苟晞傳〉、卷六十二，〈劉演傳〉、卷六十三，〈邵續傳〉等。

〔註45〕 《資治通鑑》，卷八十八，〈晉紀十·永嘉六年〉紀事，頁2776。

的優勢，故就整個大經濟區而言，功能還算完整，對於占有者，當能提供相當程度的後援（參見圖十八）。因此石勒在圖鄴不成，退而謀取經濟區內較北的襄國，是在當時情況下，最佳的選擇。地志形容襄國的形勢為：

> 依山憑險，形勝之國。當四方之衝，邢邑畿內名邑，當南北之衝要，太行、漳水形勢環繞。西倚太行，東跨漳水，洛河經其南，層岡鎮於北。廣衍平曠為百戰之場。太行蜿蜒，適居斷麓，可據可守。西山一帶，與山右接壤，林谷深阻。〔註46〕

可見襄國也是利於防守之地。在農業方面，雖然不似鄴城一般，有長遠的農業基礎，但東南地區地近湡水，地勢較低平，農業亦頗可觀〔註47〕。若能進一步就近控制大陸澤南岸廣平、列人諸農業區，資儲來源無虞，不但對鄴城造成極大的壓迫，也有能力抵抗王浚、劉琨南下的壓力。

石勒進駐富實的鄴經濟區，自然成為各方勢力疾視的對象。從南面來說，石勒發跡於黃泛區，基礎牢固〔註48〕，黃河南北的晉人塢堡雖多，卻各自為政，不相統屬，自衛有餘，進擊無力〔註49〕，不會對襄國造成重大壓力。真正能威脅石勒者，只有來自西面的匈奴劉氏及北面的王浚、劉琨兩大勢力；因此，在進駐襄國之前，張賓即已籌畫出完善的攻守策略：對西邊採取順服的態度，接受前趙劉氏的封號，以換取其在對北積極用兵時，可無腹背夾擊之憂，而有餉、兵之助。

劉元海是西晉末年起兵諸胡中，最早建立穩固地盤、最具號召力之胡人政權。其挾恃強大武力，很快的從山西太原延伸到黃河沿岸。由於從太原進入河北，並不需要繞行黃河沿岸，只需穿越太行山穴陘道〔註50〕、滏口壺關

〔註46〕戚朝卿等纂修，《邢台縣志》（台北：成文出版社據光緒三十一年刊本影印），卷一，〈疆域〉，頁51。

〔註47〕戚朝卿等，前引書，卷一，〈輿地・風俗〉，頁159～160：邑東南有水利，俗近奢逸，西北多山少平壤，崎嶇險阻，甚或鳥道不通。其俗儉樸，終歲勤動，食雜糠秕，有力之家，亦皆短褐不完，有終生不知肉味者。南郭闤闠列廛，四民雜處，方以類聚，好尚不一矣……其農頗勤，畎畝多井，不時灌溉，百泉河上下數十村，隄埂櫛比，秔稻青蔥，得水利焉。西北高田，待澤播殖，近川兩岸間有水田，近山則石多土少，穿泉鑿井，恆病無水，燥乾土坼，束手無策，山居之民多畜驢羸，往來嶺峽為人營運，或以芻牧為生，餘則惟恃果實涓注而已。

〔註48〕詳見本文第五章第二節。

〔註49〕同註44。

〔註50〕嚴耕望，《唐代交通圖考（五）》，篇肆拾，〈太行白陘道與穴陘道〉，頁1418：

道〔註51〕及井陘道〔註52〕就可到達河北安陽、襄國與贊皇。因此，除非石勒有足夠的實力，能有效的阻止劉氏東出，否則匈奴以大軍出滏口，直搗襄國腹心，再分兵穴陘、井陘，南北夾擊，石趙立有滅亡之憂。這是除同爲胡人的同類意識外，石勒與張賓君臣必須「西接平陽」、或「西稟平陽」的根本原因，完全是一種基本策略上的考量。從下表我們可以看出兩者間關係的緊密度：（見表十一）

表十一：石勒與劉漢關係表

編號	時　間	事　蹟　緣　由	封　　　　　　　號
1	永嘉元年（307）	石勒說上黨胡部大張背督，憑莫突等擁眾歸劉元海	以勒爲輔漢將軍，平晉王以統之
2	永嘉元年（307）	率樂平烏丸張伏利度部眾歸劉元海	加勒督山東征討諸軍事，以伏利度眾配之
3	永嘉二年（308）	劉元海即皇帝位	授勒持節，平東大將軍，校尉、都督、王如故

又潞州東行經壺關縣（今縣）出穴陘嶺（約今玉峽關 E113°40', N36°地區）至林慮縣（今林縣）達相州（今安陽），共凡三百五十里。壺關縣東南一百六十里有羊腸阪，蓋在道上。

〔註51〕嚴耕望，《唐代交通圖考（五）》，篇肆壹，〈太行滏口壺關道〉，頁 1430～1432 分載：黃澤嶺，北朝已見史，在儀州治所遼山縣（今遼縣）東南一百二十里，磁州武安縣（今縣）西不逾八九十里之太行山脈中，當太原東南行經儀州（即遼州）越太行山脈通邢、洺、磁、相諸州之大道。
黃澤西北行一百二十里至儀州治所遼山縣。儀州西北至太原府有南北兩道。曹魏經營鄴郡，歷晉南北朝，屢爲偏霸國都，滏口、壺關當鄴都西山路口，故此道尤顯重要。冀州圖云，長子縣西鹿谷山「有大道入壺口，東出襄國，西登奚斯巨嶺以達河東，徑阻千里。」襄國即邢州，河東即蒲州，「壺口東出」即此大道，「西登奚斯巨嶺」，即烏道嶺西通晉、絳、解、蒲者，東西聯貫，實黃河以北之主要東西幹線也……東晉十六國及北朝時代，鄴城（今臨漳西二十餘里，磁縣東南十餘里）爲重地，往往爲偏霸國都。其西北不遠處有滏口（今磁縣西北四十八里），爲此道東出之一要陘。由鄴城西北行六十餘里入滏口，西越太行山，出壺關，西至上黨（今長治）達河東（蒲州），又出壺關西北經襄垣（今縣）達太原；又經滏口西北越太行黃澤關（今武安西八九十里）至遼州（今縣），亦達太原。諸道皆以滏口爲樞紐，故稱滏口道，爲中古太行八陘之一。

〔註52〕嚴耕望，《唐代交通圖考（五）》，篇肆貳，〈太行井陘承天軍道〉，頁 1455 載：此陘道雖艱險難行，然此一帶太行山脈南北數百里地段中，仍僅此處斷陘爲唯一可行之大孔道，故見史二千年來，山西河北之中部交通一直以此道爲主線：唯西段出口在井陘關或稍北之承天軍、娘子關耳。井陘關之南百里又有黃沙嶺口，爲樂平縣東通贊皇縣至邢洺之一道。

4	永嘉二年（308）	寇鄴、攻趙郡，攻乞活於中丘	安東大將軍、開府，置左右長史、司馬、從事中郎
5	永嘉三年（309）	王浚敗勒於飛龍山，寇信都，與晉王憲作戰	鎮東大將軍，封汲郡公，持節、都督，王如故，
6	永嘉四年（310）	劉元海死	劉聰授勒征東大將軍，并州刺史、汲郡公，持節、開府、都督、校尉、王如故、勒辭將軍
7	永嘉五年（311）	殺王彌，并其眾	鎮東大將軍，督并幽二州諸軍事，領并州刺史，持節、征討都督、校尉、開府、幽州牧、公如故
8	永嘉六年（312）	進據襄國	使持節，散騎常侍，都督冀幽并營四州雜夷，征討諸軍事、冀州牧，進封本國上黨郡公，邑五萬戶，開府、幽州牧、東夷校尉如故
9	建興元年（313）	襲苑鄉、攻上白、寇定陵，降渤海	侍中、征東大將軍，餘如故
10	建興二年（314）	殺王浚，下幽州	大都督陝東諸軍事，驃騎大將軍，東單于，侍中、使持節、開府、校尉、二州牧，公如故。加金正黃金，前後鼓吹二部，增封十二部，勒固辭，受二部而已
11	建興三年（315）	攻廩丘、常山，降茌平、酸棗、濮陽。幽冀漸平，下州郡閱實人口	加崇為陝東伯，得專征伐，拜封刺史，將軍守宰，列侯，歲盡集上。署其長子興為上黨國世子加翼軍將軍，為驃騎副貳
12	太興元年（318）	石勒征廣州，平原，渤海，討遼西，幽州，與郭默戰于海內、汲郡，遣兵與邵續戰於鹽山。劉聰病重	驛召勒為大將軍，錄尚書事，受遺詔輔政，勒固辭乃止。聰又遣其使人持署勒大將軍，持封節，都督，侍中，校尉，二州牧、公如故，增十郡，勒不受
13	太興元年（318）	劉聰死，子粲襲位，斬準殺粲，石勒起兵討之，劉曜襲位	劉曜署勒大司馬、大將軍，加九錫，增封十郡，並進十三郡，進爵趙公
14	太興二年（319）	勒焚平陽宮室，徙渾儀、樂器于襄國	署石勒太宰，領大將軍，進爵趙王，增封七郡，並前二十郡，出入警蹕，冕十有二旒，乘金根車，駕六馬，如曹公輔漢故事，夫人為王后世子為王太子

從永嘉元年（307 年）石勒率上黨胡部投效劉元海起，到太興二年（319年）焚平陽宮室為止的十二年間，石勒與前趙大體保持著良好的關係。故在石勒積極經營河北，制服殘餘漢人勢力的戰爭中，劉氏雖然沒有給予明顯的武力或物質支援，但也未曾穿越太行山諸隘道，乘機予以打擊。這是石勒能傾全力對付王浚、劉琨，統一河北的主要原因。待河北完全平靖，後趙已喪失對石勒腹背夾擊的優勢，反成石趙統一北方的唯一障礙，終於遭到傾覆的命運。

　　晉末風習矯飾浮誇，漢人質性更趨文弱。具有勇悍特質的胡人，逐漸在
黃河流域取得優勢。在這雲擾的局勢裡漢人若想一爭長短，除非兼具胡人特
質，或能引胡部爲己用的漢人，否則很難成功。王浚以「都督幽州諸軍事」
職任之便，結好鮮卑，又以女妻務勿塵、蘇恕延〔註53〕，引鮮卑爲己用，不
但在河北北部發展出一穩固的力量，並藉著這支晉胡雜揉的強大武力，揮兵
南下，加入晉室諸王內爭的戰爭〔註54〕。《晉書》，卷三十九，〈王浚傳〉載：

　　　　（浚）大營器械，召務勿塵，率胡晉合二萬人，進軍討（司馬）
　　　　穎。以主簿祁弘爲前鋒，遇穎將石超於平棘，擊敗之，浚乘勝遂克
　　　　鄴城，士眾暴掠，死者甚多。

這是王浚藉鮮卑之力，介入黃河流域事務的第一次。不過，從此後的事件發
展來看，這支以鮮卑爲主的勇悍善戰部隊，不但是王浚藉力使力，以輕易進
入鄴城的主要原因，也是得到晉室重視，南向爭天下的主要依恃。《晉書》，
卷三十九，〈王浚傳〉又載：

　　　　浚還薊，聲實益盛。東海王越將迎大駕，浚遣祁弘率烏丸突騎爲先
　　　　驅，惠帝旋洛陽，轉浚驃騎大將軍、都督東夷河北諸軍事，領幽州
　　　　刺史，以燕國增博陵之封。懷帝即位，以浚爲司空，領烏丸校尉；
　　　　務勿塵爲大單于。浚又表封務勿塵遼西郡公，其別部大飄滑及其弟
　　　　渴末別部大屠瓮等皆爲親晉王。

其挾鮮卑以自重，由是可得明證。

　　王浚這支受晉室封號，而有胡部強悍特色的武力，不但有號召河北漢人
的精神意義，亦具有足以抗衡前趙、石勒等胡人勢力的實質基礎，是對當時胡
人政權最大之威脅，故張賓稱其「公（石勒）之大敵也」〔註55〕。懷帝永嘉
六年以後，石勒採取北向經營的策略，與王浚的南下計劃形成衝突。此時石
勒因卜遷至襄國，城隍未修，部眾薄弱，勢力尚未結集〔註56〕，附近地區住
民又因心存晉室，對同爲晉人的王浚較爲支持，在大族的集結下，擁眾據地，
受王浚假署，對石勒形成極大的壓力。《晉書・王浚傳》云：

　　　　永嘉中，石勒寇冀州，浚遣鮮卑文鴦討勒，勒走南陽。明年，勒復
　　　　寇冀州，刺史王斌爲勒所害，浚又領冀州。詔進浚爲大司馬，加侍

〔註53〕《晉書》，卷三十九，〈王浚傳〉，頁1146。
〔註54〕同註53，頁1147。
〔註55〕《資治通鑑》，卷八十八，〈晉紀十・懷帝永嘉八年〉紀事，頁2781。
〔註56〕《晉書》，卷一〇四，〈石勒載記〉上，頁2718。

中、大都督、督幽冀諸軍事。

《通鑑》，卷八十八，〈晉紀十・懷帝永嘉六年〉又載：

> （十二月）廣平遊綸、張豺擁眾數萬，據苑鄉，受王浚假署；石勒
> 遣夔安、支雄等七將攻之，破其外壘，浚遣督護王昌帥諸軍及遼西
> 公段疾陸眷、疾陸眷弟匹磾、文鴦、從弟末柸，部眾五萬攻勒於襄
> 國。疾陸眷屯於渚陽，勒遣諸將出戰，皆為疾陸眷所敗。

苑鄉在今河北省任縣北〔註57〕，渚陽則約在今日任縣東北〔註58〕，都在襄國
東北與大陸澤之間。石勒在進據襄國以後，雖然「命諸將攻冀州郡縣壘壁，
率多降附，運糧以輸勒」〔註59〕，諸壘壁恐怕只是暫時性的兵屈納糧，僅解
決了物質上的缺乏，並沒有實質統治的基礎。因此永嘉六年十二月王浚揮兵
南來，即可直抵襄國城下，對石勒造成生死存亡的威脅。這個「彼重我寡，
恐攻圍不解，外救不至，內糧罄絕，縱孫吳重生，亦不能固」〔註60〕的窘迫
情形，經過石勒君臣的討論後，採取「攻堅」的策略，先瓦解鮮卑最精勇的
末柸主力部隊，而扭轉了整個戰局。史載：

> （石勒問策於張賓、孔萇）賓、萇俱曰：「聞就六眷剋來月上旬送死
> 北城，恥大眾遠來，戰守連日，以我軍勢寡弱，謂不敢出戰，意必
> 懈息。今段氏種眾之悍，末柸尤最，其卒之精勇，悉在末柸所，可
> 勿復出戰，示之以弱。速鑿北壘為突門二十餘道，候賊列守未定，
> 出其不意，直衝末柸帳，敵必震惶，計不及設，所謂迅雷不及掩耳。
> 末柸之眾既奔，餘自摧散，擒末柸之後，彭祖可指辰而定。」〔註61〕

結果果如所料，在生擒末柸之後，就六眷（即疾陸眷）部眾轉即奔散，石勒
深知末柸、鮮卑與王浚間可能會有矛盾存在，故對疾陸眷以末柸三弟為質之
請和行為，予以接納〔註62〕。由於末柸在鮮卑部眾中，有著舉足輕重的地位，

〔註57〕《元和郡縣圖志》，卷十五，〈河東道四・任縣〉條云：任縣，本漢張縣地也，
在今縣西南渚陽城是也，後漢省。趙於此置苑縣，石氏滅廢。

〔註58〕同註57，載：張城，一名渚陽城，在縣西南二十七里。按：譚其驤《歷史地
圖集》及顧祖禹《讀史方輿紀要》所刊二地皆在今任縣東北。

〔註59〕同註56。

〔註60〕同註56。

〔註61〕同註56。

〔註62〕《晉書》，卷一〇四，〈石勒載記〉上載：就六眷收其遺眾，屯于渚陽，遣使求
和，送鎧馬金銀，並以末柸三弟為質而請末柸。諸將並勸勒殺末柸以挫之，
勒曰：「遼西鮮卑，健國也，與我素無怨讎，為王浚所使耳。今殺一人，結怨

迫使疾陸眷不顧文鴦的勸諫，堅持將其贖回〔註 63〕，而末柸爲圖報石勒，也經由自己的影響力，左右了大部分段氏鮮卑的向心力，從此以後，王浚的威勢漸寢〔註 64〕，逐漸退出趙地，徘徊在中山與幽州之間〔註 65〕，再也無法突入河北中部。

石勒在削減北方的心腹之患後，隔年（建興元年，313 年）不費力就拿下了南面的鄴城〔註 66〕，再襲苑鄉、攻占上白（乞活勢力所在）〔註 67〕，徹底肅清了襄國附近的晉人勢力。根基既奠，次年（314 年）遂攻入幽州，收擒王浚，遷烏丸審廣、漸裳、郝襲、靳市等部眾於襄國〔註 68〕，完全瓦解了北方的威脅。此後，河北的沿海地區及黃河沿岸，雖然還有零星的反抗勢力，但已不似王浚般擁有強悍善戰的胡人力量可爲奧援，多勢單力孤〔註 69〕，難有大成，已無與石勒一較長短之能力。

石勒在河北的經營，隨著對王浚戰事的推展而進行。在襄國之戰後，逼退段氏鮮卑，即「司冀漸寧，人始租賦；立太學，簡明經善書吏署爲文學掾，選將佐子弟三百人教之。」〔註 70〕至建安二年，平幽州之後，又「下州郡閱實人戶，戶賷二匹，租二斛」〔註 71〕，落實地方行政制度。不過此時晉末遺臣仍在東部沿海地區及黃河沿岸做最後的掙扎，石勒尙無法對之做有效的控制，而中部零星的反抗勢力，也時與沿海地區結合，紛紛擾擾〔註 72〕，並不

一國，非計也。放之必悅，不復爲王浚用矣。」於是納其質，遣石季龍、就六眷於渚陽，結爲兄弟，就六眷等引還……末柸感勒厚恩，在途日南而拜者三，段氏遂專心歸附，自是王浚威勢漸衰。

〔註 63〕《晉書》，卷六十三，〈段匹磾列傳〉，頁 1710 載：勒質末柸（案同書卷一〇四「杯」均作「柸」，實同一人），遣使求和於疾陸眷。疾陸眷將許之，文鴦諫曰：「受命討勒，寧以末柸一人，故縱成擒之寇？既失浚意，且有後憂，必不可許。」疾陸眷不聽，以鎧馬二百五十匹、金銀各一簏贖末柸。勒歸之，又厚以金寶綵絹報疾陸眷。疾陸眷令文鴦與石季龍同盟，約爲兄弟，遂引騎還。

〔註 64〕參見《晉書》，卷一〇四，〈石勒載記〉上及卷六十三，〈段匹磾傳〉。

〔註 65〕《晉書》，卷一〇四，〈石勒載記〉上，頁 2719。

〔註 66〕同註 65。

〔註 67〕同註 65。

〔註 68〕《晉書》，卷一〇四，〈石勒載記〉上，頁 2723。

〔註 69〕詳見《晉書》，卷一〇四，〈石勒載記〉上，頁 2721～2745。

〔註 70〕《晉書》，卷一〇四，〈石勒載記〉上，頁 2720。

〔註 71〕同註 70，頁 2724。

〔註 72〕同註 70，頁 2724～2726。

平靖；因此石勒所推行的租稅制度及地方建設，當限於襄國區域內的太行山東麓地區，而重建襄國的政治、軍事、經濟三合一的勢力區，又成爲必要且急迫的事。迨襄國的建設臻於完善，石勒的勢力已然穩固，才開始經營鄴地。

　　石勒在北遷之初，迫於情勢，不得不避居襄國。但鄴自曹魏以來，即是河北的政經中心，雖經晉末大亂，形勢仍然優異。襄國雖在鄴的大經濟區內，就農業條件上說略遜鄴都，不過石勒主要的外敵來自北面的王浚；名義上的宗主國——前趙也位在太行山西麓，在這兩股勢力的威脅未解除之前，襄國在軍事上的地位，顯然比鄴來的重要。但是當石勒北擒王浚、西滅前趙，帝國的勢力已然鞏固後，鄴地長久的農耕基礎與優良的農耕狀況所形成的經濟優勢，又爲石勒建國的重要依恃。因此結合兩都的大區劃設計，最可確保石趙帝國在政、軍、經三方面的平衡發展。在這樣的結合下，石趙帝國既可充分掌握黃泛區的武力，再輔以鄴經濟區的豐沛資源，無形中建立了一個 L 型的勢力帶，可藉此控制整個河北地區（參見圖十四、圖十八，見附表十二）。

表十二：石趙徙民表

徙　出　地	徙　入　地	民族性質	徙　民　詳　細　內　容
幽　　州	襄　國	胡	遷（幽州）烏丸審廣、漸裳、郝襲、靳市等于襄國。
酸　　棗	襄　國	漢	逯明攻甯黑於茌平，降之，因破東燕、酸棗而還，徙降人二萬餘戶于襄國。
平　　原	襄　國	胡	徙平原烏丸展廣，劉哆等部落三萬餘戶於襄國。
陽曲、樂平	襄　國	胡	遷陽曲、樂平戶于襄國，置守宰而退。
蓬　　關	廣　宗	胡、漢	徙陳川部眾五千餘戶於廣宗。
洛　　陽	襄　國	漢	徙朝臣掾屬已上士族者三百餘戶于襄國崇仁里，置公族大夫以領之。
上　　邽	司、冀州	胡	石季龍克上邽，徙氐羌十五萬落于司、冀州。
平　　陽	司　州	胡	靳準殺劉粲於平陽，石勒攻準於平陽小城，平陽大尹周置等率雜戶六千降於勒，巴帥及諸羌、羯降者十餘萬落，徙之司州諸縣。
雍、秦	關　東	胡、漢	石季龍敗石生，徙雍、秦縣戎十餘萬戶于關東。
秦　　州	青、并州	胡、漢	徙秦州三萬餘戶于青、并二州諸縣。
遼　　西	冀、青州	胡	索頭郁鞠率眾三萬降于石季龍，散其部眾於冀、青等六州。
遼　　西	兗、豫、雍、司	胡	石季龍伐遼西鮮卑段遼，遷其戶二萬餘於雍、司、兗、豫四州之地。

遼　西	兗、豫、雍、洛	胡、漢	徙遼西、北平、瀋陽萬戶于兗、豫、雍、洛四州之地。
關　中	襄　國	胡	石季龍伐關中，執劉岳及其將王騰等八十餘人，並氐羌三千餘人，送于襄國，坑士卒一萬六千。
上　邽	襄　國	胡、漢	上邽潰，石季龍執漢偽太子劉熙、南陽王劉胤等，徙其台省文武、關東流人、秦雍大族九千餘人於襄國。
陽　翟	司　州	漢	石勒司州刺史石生攻晉陽武將軍郭誦于陽翟，不克，進寇襄城，俘獲千餘而還。
新　安	疑襄國附近	胡、漢	石生攻劉曜河南太守尹平於新安，斬之，克壁壘十餘，降掠五千餘戶而歸。
荊　揚	疑襄國附近	漢	寇東晉荊揚北鄙，掠七萬戶而還。
壽　春	疑襄國附近	漢	石聰虜壽春二萬餘戶而歸。

（資料出處：《晉書》）

第三節　胡人勢力聚散與經濟區之崩潰

由於鄴地的重要性，石勒不得不以重臣鎮守，《晉書》，卷一○四，〈石勒載記〉上載：

> 勒謂張賓曰：「鄴，魏之舊都，吾將營建。既風俗殷雜，須賢望以綏之，誰可任也？」賓曰：「晉故東萊太守南陽趙彭，忠亮篤敏，有佐時良幹，將軍若任之，必能允副神規。」勒於是徵彭，署為魏郡太守。彭至，入泣而辭……勒以石季龍為魏郡太守，鎮鄴三台，季龍篡奪之萌兆于此矣。

隨著石季龍權勢的加重〔註73〕，鄴的政治性與軍事性也逐漸加強。尤其自平定幽州以後，石趙對外戰爭的重心，已轉到黃河流域的河南及關中地區，相對的，對襄國而言，位置就略嫌偏遠；鄴則因地利之便，其政、軍的重要性，再度被凸顯了出來，逐漸打破了原來雙都中心無所偏廢的均衡局勢。這對於勇武權智、仗鄴為基的石季龍而言〔註74〕，不啻如虎添翼。因此，到了咸和二年（326 年），石勒便接受程遐的建議，以世子石弘代替石季龍鎮鄴。當石弘移鄴時：

> 配禁兵萬人，車騎所統五十四營悉配之，以驍騎領門臣祭酒王陽專

〔註73〕《晉書》，卷一○五，〈石勒載記〉下，頁 2754、2762。

〔註74〕《晉書》，卷一○五，〈石勒載記〉下，頁 2743。

統六夷以輔之。〔註75〕

顯然是挾帶著雄厚的軍力而來，這顯示的意義，一為鄴之地位重要，非世子之貴及雄厚之兵力，不足以經營之；二則表示石季龍在鄴勢力已甚鞏固，若非如此，則不足以鎮鄴。果然，到了咸和八年（334 年）石勒崩卒之後，石季龍挾其在趙國擁有的絕對優勢而篡位。次年（咸康元年，335 年），趙即遷都於鄴，更可見石季龍與鄴間密切的關係。

此後石趙雖仍保持著雙都的型態，但已不復初立時的均衡局面。我們從下表中石趙對二都經營的情況，可看出此一發展趨勢：

表十三：石趙對兩都的經營情況表

1	石勒增置宣文、宣教、崇儒、崇訓十餘小學于襄國四門，簡將佐豪右子弟百餘人以教之，且備擊柝之衛。置挈壺屬，鑄豐貨錢。〔註76〕
2	徙朝臣掾屬已上士族者三百戶于襄國崇仁里，置公族大夫以領之。〔註77〕
3	欲擬洛陽之太極起建德殿。遣從事中郎任汪帥使工匠採木以供之。〔註78〕
4	徙洛陽銅馬、翁仲二于襄國，列之永豐門。〔註79〕
5	命徙洛陽晷影于襄國，列之于單于庭。銘佐命功臣三十九人于石函，置于建德殿。立桑梓苑于襄國。〔註80〕
6	石勒既將營鄴宮，又欲以其世子弘為鎮，密與程遐謀之。石季龍自以勳效之重，仗鄴為基，雅無去意。及修構三台，遷其家室，季龍深恨遐，遣左右數十人夜入遐宅，姦其妻女，掠之物而去。勒以弘鎮鄴，配禁兵萬人，車騎所統五十四營配之，以驍騎領門臣祭酒王陽專統六夷以輔之。〔註81〕
7	石勒營鄴宮，廷尉續咸上書切諫。勒大怒，曰：「不斬此老臣，朕宮不得成也！」……起明堂、辟雍、靈台于襄國城西。時大雨霖，中山西北暴水，流漂巨木百餘萬根，集于堂陽。勒大悅，謂公卿知不？此非為災也，天意欲吾營鄴都耳。」於是令少府任汪、都水使者張漸等監營鄴宮，勒親授規模。〔註82〕

〔註75〕 同註74。

〔註76〕 《晉書》，卷一〇四，〈石勒載記〉上，頁 2729。

〔註77〕 同註 76，頁 2737。

〔註78〕 同註 76。

〔註79〕 同註 76，頁 2738。

〔註80〕 同註 76，頁 2742。

〔註81〕 《晉書》，卷一〇五，〈石勒載記〉下，頁 2743；《通鑑》，卷九十三，〈晉紀十五·成帝咸和元年十月〉紀事。

〔註82〕 《晉書》，卷一〇五，〈石勒載記〉下，頁 2748。

8	石勒如鄴，臨石季龍第，謂之曰：「功力不可並興，伺宮殿成後，當爲王起第，勿以卑小悒悒也。」季龍免冠拜謝，勒曰：「與王共有天下，何所謝也。」……黑龍見鄴井中，勒觀龍有喜色。朝其群臣于鄴。〔註83〕
9	石季龍廢石弘，遷于鄴。
10	使牙門車將張彌徙洛陽鍾虡、九龍、翁仲、銅駝、飛廉于鄴。
11	納解飛之說，於鄴正南投石于河，以起飛橋，功費數千億萬，橋竟不成，役夫飢甚，乃止。〔註84〕
12	於襄國起太武殿，於鄴造東西宮，至是皆就。太武殿基高二丈八尺，以文石綷之，下穿伏室，置衛士五百人於其中。東西七十五步，南北六十五步。皆漆瓦、金鐺、銀楹、金柱、珠簾、玉壁，窮極伎巧。又起靈風台九殿于顯陽殿後，選士庶之女以充之。〔註85〕
13	盛興宮室於鄴，起台觀四十餘所，營長安、洛陽二宮，作者四十餘萬人。〔註86〕
14	發諸州二十六萬人修洛陽宮。〔註87〕
15	沙門吳進言於季龍曰：「胡運將衰，晉當復興，宜苦役晉人以厭其氣」季龍於是使尙書張群發近郡男女十六萬，車十萬乘，運土築華林苑及長牆于鄴北，廣長數十里。趙攬、申鐘、石璞等上疏陳天文錯亂，蒼生凋弊，及因引見，又面諫，辭旨甚切。季龍大怒曰：「牆朝成夕沒，吾無恨矣。」乃促張群以燭夜作。起三觀、四門，三門通漳水，皆爲鐵扉。暴風大雨，死者數萬人，揚州送黃鵠雛五，頸長一丈，聲聞十餘里，泛之于玄武池。郡國前後送蒼麟十六，白鹿七，季龍命司虞張曷柱調之，以駕芝蓋，列于充庭之乘。鑿北城，引水于華林園。城崩，壓死者百餘人。〔註88〕

　　以鄴爲重心的策略，經過石季龍確立以後，經石斌、石世〔註89〕及石遵〔註90〕等宗室內鬨與帝位之爭，石趙帝國雖已漸露疲敗之象，但以鄴爲中心的統治力量仍然很強，上述的內鬨與鬥爭，只不過是統治圈內的權力爭奪罷了〔註91〕，外力尙不足以摧毀其內固性。這點在冉閔起兵於鄴，殺石遵、滅趙後的種種變化中，可以清楚的反映出來。

　　永和五年（349年），冉閔殺石遵於鄴並屠胡的行爲，引起石氏子弟及黃泛區胡人部族的強烈反彈，各方反對勢力集結在襄國石祇的領導下，對冉閔

〔註83〕同註82，頁2750。
〔註84〕《晉書》，卷一〇六，〈石季龍載記〉上，頁2764。
〔註85〕同註84，頁2765。
〔註86〕同註84，頁2772。
〔註87〕同註84，頁2777。
〔註88〕《晉書》，卷一〇七，〈石季龍載記〉下，頁2782。
〔註89〕同註88，頁2787。
〔註90〕同註88，頁2788。
〔註91〕《晉書》，卷一〇七，〈石季龍載記〉下，頁2787～2788。

在鄴的勢力展開包圍戰。《晉書》，卷一○七，〈石季龍載記〉下：

> 太宰趙鹿、太尉張舉、中軍張春、光祿石岳、撫軍石寧、武衛張季
> 及諸公、侯、卿、校、龍騰等萬餘人出奔襄國。石琨奔據冀州，撫
> 軍張沈屯滏口，張賀度據石瀆，建義段勤據黎陽，寧南楊群屯桑
> 壁，劉國據陽城、段龕據陳留，姚弋仲據混橋，苻洪據枋頭，眾各
> 數萬。王朗、麻秋自長安奔于洛陽，秋承閔書，誅朗部胡千餘。朗
> 奔于襄國。麻秋率眾奔于苻洪。

這些分布在 L 型兩端（襄國一帶與黃泛區）的抗鄴集團（參見圖十四、圖十
八），原本都是石趙政權中的胡人核心份子，如今分據兩端、對中央的鄴地造成
極大的壓迫。然而冉閔以「驍猛多力，攻戰無前」的胡化特質〔註92〕，以鄴
地良好的環境做基礎，號召趙人〔註93〕抗拒來自兩邊來的胡人壓力。

第一波的攻勢來自冀州的石琨，史載：

> 石琨及張舉、王郎率眾七萬伐鄴，石閔率騎千餘，距之城北。……
> 琨等大敗，遂歸于冀州。〔註94〕

而石祇聞石鑒為冉閔廢殺，乃稱尊號于襄國，再遣石琨率眾十萬伐鄴：

> （琨）進據邯鄲。祇鎮南劉國自繁陽會琨。閔大敗琨于邯鄲，死者
> 萬餘。劉國還屯繁陽。苻健自枋頭入關。張賀度、段勤與劉國、靳
> 豚會于昌城，將攻鄴。閔遣尚書左僕射劉群為行臺都督，使其將王
> 泰、崔通、周成等帥步騎十二萬次于黃城，閔躬統精卒八萬繼之，
> 戰于蒼亭。賀度等大敗，死者二萬八千，追斬靳豚于陰安鄉，盡俘
> 其眾，振旅而歸。〔註95〕

冉閔在鄴的支持下，諸胡之聯合勢力對之亦無可奈何，然當冉閔離開鄴、轉
戰襄國以後，即顯得力有未逮了，史載：

> 閔率步騎十萬攻石祇于襄國，……閔攻襄國百餘日，為土山地道，
> 築室反耕。祇大懼，去皇帝之號，稱趙王，遣使詣慕容儁、姚弋仲
> 以乞師。會石琨自冀州援祇，弋仲復遣其子襄率騎三萬八千至自滆
> 頭，儁遣將軍悅綰率甲卒三萬自龍城，三方勁卒合十餘萬。閔遣車
> 騎胡睦距襄于長蘆，將軍孫威候琨于黃丘，皆為敵所敗，士卒略

〔註92〕 同註91，頁2793。
〔註93〕 同註91，頁2791。
〔註94〕 同註91，頁2792。
〔註95〕 同註91，頁2794。

盡，……琨等軍且至，閔將出擊之，……於是盡眾出戰。姚襄、悅

綰、石琨等三面攻之，祗衝其後，閔師大敗。閔潛于襄國行宮，與

十餘騎奔鄴。

這次戰役不但造成「諸將士死者十餘萬人，鄴中人物盡殲」，而且「盜賊蜂
起，司冀大饑，人相食」〔註96〕，「青、雍、幽、荊州徙戶及諸氐、羌、胡、
蠻數百餘萬，各還本土，道路交錯，互相殺掠，且饑疫死亡，其能達者十有
二、三。諸夏紛亂，無復農者」〔註97〕。鄴既失去經濟優勢，當然也就不再
具備號召諸方的吸引力，因此形成漢末以來，胡人第一次由中原地區向外逆
流的現象。因果相循，造成鄴地整個地崩潰，冉閔亦一蹶不振，後雖鼓其餘
勇，大敗劉顯於襄國〔註98〕，然已無力對抗新銳之慕容燕，終被慕容恪所擒
殺。然我們觀其克襄國、殺劉顯，誅其「公卿已下百餘人，焚襄國宮室，遷
其百姓于鄴」〔註99〕的行為，可知閔之勢力，以仍鄴為重心；位處鄴經濟區
北面的襄國，已不受其宰制，故克襄之後，焚宮室、誅公卿，並將百姓遷徙
于鄴，根本採取廢棄的手段。但是鄴京已殘破，襄國再受此摧殘，鄴經濟區
的崩壞程度，可想而知。

　　襄國位於鄴經濟區北緣，在石勒積極經營下，與鄴並列二都，成為石趙
前期的政治、軍事中心。至石季龍藉鄴之勢力發展，並以此奪得後趙的政權
後，政、軍中心南移至鄴，原先兩都並重之勢，已不復存在，襄國幾乎已成
鄴之副都。襄國的地位雖然下降，卻仍是控制太行山東麓及黃泛區重要的樞
紐。另方面，鄴經濟區的形成已有一段時間，能以經濟區穩定的物質，支援
黃泛區內的胡部武力。兩地之結合，石趙才得以稱雄當時。石趙帝國在兵、
糧的不虞匱乏，令核心區外的武力很難搖撼帝國的根本；唯有發於內部的爭
鬥，方能使帝國覆亡。石季龍側重鄴郡，造成襄國的沒落；冉閔屠胡，更造
成鄴與襄國的絕對分立。具有農業優勢的鄴，在襄國與黃泛區的胡人夾攻下，
經濟開始崩解，社會亦隨之動盪不安；而襄國由於自然條件之欠缺，本即無
單獨發展的能力，經過石季龍的遷鄴、冉閔的棄毀，經濟區內的整合體系完
全瓦解，L型地區的優勢，亦隨之崩散。

　　隨著石趙的滅亡，黃泛區內原先為石勒徙入的諸胡，亦呈分崩離析的狀

〔註96〕同註91。
〔註97〕同註91。
〔註98〕同註91，頁2796。
〔註99〕同註91。

態〔註100〕。慕容鮮卑乘此紛擾，南下鄴城。由於慕容氏在太行山南麓本無勢力與基礎，無法像石趙一樣統合黃泛區內諸胡勢力，也無力重建鄴的經濟區，因此前燕真正能夠穩固統御的地區，似只限於太行山東麓一帶，而且愈往南其控制力也愈形薄弱，雖擬以「闊達好奇」、有「將相之才」的慕容垂來經營河南，然而離析之勢既成，諸胡侵擾不斷〔註101〕，慕容垂也無法有效的控制黃泛區，戰爭不斷的發生在黃泛區，戰火一路蔓延至鄴城。《晉書》，卷一一一，〈慕容暐載記〉：

> 初，雋所署寧南將軍呂護據野王，……雋死，（護）謀引王師襲鄴，事覺，暐使慕容恪等率眾五萬討之……野王潰，護南奔于晉，悉降其眾。……晉大司馬桓溫，江州刺史桓沖，豫州刺史袁真率眾五萬伐暐，前兗州刺史孫元起兵應之。溫部將檀玄攻胡陸，執暐寧東慕容忠。暐遣其將慕容屬與溫戰于黃墟，屬師大敗，單馬奔還。高平太守徐翻以郡歸順。溫前鋒朱序又破暐將傅顏于林渚，溫軍大振，次于枋頭。暐懼，謀奔和龍。……俄而（苻）堅遣其將王猛率眾伐暐，攻慕容筑于金墉。暐遣慕容臧率眾救之，臧次滎陽，猛部將梁成，洛州刺史鄧羌與臧戰于石門，……筑以救兵不至，以金墉降猛。……

前燕在這些戰爭中，不是幾經困戰，勉強得勝，就是大敗而返，君臣間對這種兵臨城下的困局，除了北逃和龍外，幾乎別無良策：

> 苻堅又使王猛、楊安率眾伐暐，猛攻壺關，安攻晉陽。暐使慕容評等率中外精卒四十餘萬距之。猛、安進師潞川，……猛乃遣其將郭慶率騎五千，夜從間道起火高山，燒評輜重，火見鄴中……、評師大敗，死者五萬餘人，評等單騎遁還。〔註102〕

而原屯沙亭的慕容桓，「聞評敗，引屯內黃，堅遣將鄧羌攻信都，桓率鮮卑五千退保和龍」〔註103〕，鄴城遂如不設防之城市，城中扶餘，高句麗及上黨質子五百餘人，在徐蔚（燕散騎侍郎）的率領下，開城降堅，鄴城遂落入苻堅手中。〔註104〕

〔註100〕詳見本文第三章第二節。
〔註101〕詳見本文第三章第三節。
〔註102〕《晉書》，卷一一一，〈慕容暐載記〉，頁2858。
〔註103〕同註102。
〔註104〕《晉書》，卷一一一，〈慕容暐載記〉云：先是，慕容桓以眾萬餘屯于沙亭，

　　如前所論，鄴區在石趙時代雖一度散發璀璨光芒，成爲吸引四方的磁石，但這些都是經過石勒、季龍長久經營的結果。在石氏努力下，晉末以來極度動盪不安的社會與微妙的種族糾葛，都以均勢方式維持著，鄴經濟區之所以能夠發揮它的功能，胥在於這種微妙狀態的均衡存在。待冉閔屠胡後，石氏的強勢統治力已不復存在，漢、胡間及各胡族間的均勢亦破壞無遺。慕容氏甫自北方南下，沒有足夠的根基統合 L 型的石趙核心區，勉強建都於鄴，反而成爲各族爭奪的焦點，而此時之鄴經冉閔之破壞，已不復昔日之光彩，慕容氏在鄴之政權，終究只維持了十三年（西元 358～370 年）。取代慕容氏前燕政權的氐人苻氏，舊居枋頭，曾爲石趙帝國的主要武力之一〔註105〕，目睹石趙的興盛與衰微，故對於鄴經濟區與 L 型區域的重要性了解甚深。太和五年（370 年）苻堅入鄴後，爲解決無法統合黃泛區諸胡的問題，決定採取遷徙前燕遺臣、關東豪傑及諸雜夷於關中的辦法，以分散胡人在黃泛區的力量〔註106〕；並以股肱重臣王猛鎮鄴，來都督關東六州諸軍事〔註107〕，企圖重新建立鄴的政軍地位，並以之掌握黃泛區。然而苻堅的根本勢力在關中，故其遭遇到的問題與慕容氏的前燕政權是一樣的。「闊達好奇」有「將相之才」的慕容垂無法有效的控制黃泛區，能臣若「夷吾、子產之儔」的王猛，同樣不能統合 L 型地域的複雜情勢，鄴經濟區繁盛的局面，始終未能恢復；對黃泛區的控制，亦無法如手之使臂。苻氏政權對 L 型胡人優勢區的經營失敗，也埋下它日後覆亡的種子。

　　從前燕到前秦的滅亡，都證明了鄴經濟區重建的重要與困難，這兩者的失敗，對於後起的慕容垂，恰是個生動明顯的警戒。他估量著自己的能力，在起事之初，便放棄了經營鄴地的打算，而將政權的重心，北移到慕容鮮卑

為評等後繼。聞評敗，引屯內黃。堅遣將鄧羌攻信都，桓率鮮卑五千退保和龍。散騎侍郎徐蔚等率扶餘、高句麗及上黨質子五百餘人，夜開城門以納堅軍。暐與評等數十騎奔于昌黎。堅遣郭慶追及暐于高陽，堅將巨武執暐……遂送于堅。

〔註105〕參見本文第三章第三節。
〔註106〕《資治通鑑》，卷一○二，〈晉紀二十四・海西公太和五年十二月〉紀事：秦王堅遷慕容暐及燕后妃王公百官并鮮卑四萬餘戶于長安。
　　　　又《通鑑》，卷一○三，〈晉紀二十五・簡文帝咸安元年正月〉記事亦同。
〔註107〕《通鑑》，卷一○三，〈晉紀二十五・簡文帝咸安二年〉記事：六月，癸酉，秦以王猛爲丞相、中書監、尚書令、太子太傅、司隸校尉，侍進、常侍、持節、將軍、侯如故。陽平公融爲使持節、都督六州諸軍事，鎮東大將軍、冀州牧。

的起源地——與和龍相距不遠的中山地區。質是之故，後燕最大的敵人，已非活動在黃河中游的苻氏，當然也不是黃泛區附近的諸胡，更非河南的晉人勢力，而是起源於中山的丁零〔註108〕。故慕容氏可縱苻丕西歸、坐視武邑反叛而不討〔註109〕，卻把注意力放在如何除去心腹大患——丁零〔註110〕。在此我們可以發現一個現象：鄴區的重建，在中古時代的前期，成功的機率已很渺茫，它期待著另一股強大的、足以統合整個L型區域、解決複雜的民族、社會等問題的新政權。當然這也顯示出黃河時代的結束，此後的三百餘年，活躍於中原者，幾乎全部來自北邊；原本並不發達，不甚令人注目的北方大城，如中山、平城等，開始躍居於政治舞台上，扮演著舉足輕重的角色。

〔註108〕《晉書》，卷一二三，〈慕容垂載記〉，頁3085載：翟斌潛諷丁零及西人，請斌爲尚書令……垂猶隱忍容之，令曰：「翟王之功，宜居上輔，但臺既未建，此官不可便置。待六合廓清，更當議之。」斌怒，密應苻丕，潛使丁零決防潰水。事洩，垂誅之。斌兄子眞率其部眾北走邯鄲，引兵向鄴，欲與丕爲內外之勢，垂令其太子寶、冠軍慕容隆擊破之。眞自邯鄲北走，又使慕容楷率騎追之，戰于下邑，爲眞所敗，眞遂屯于承營。垂謂諸將曰：「苻丕窮寇，必守死不降。丁零叛擾，乃我腹心之患。吾欲遷師新城，開其逸路，進以謝秦主疇昔之恩，退以嚴擊眞之備。」於是引師去鄴，北屯新城。
〔註109〕參見《晉書》，卷一二三，〈慕容垂載記〉所載。
〔註110〕同註108。

第五章　農牧線南移前後之中山

第一節　中山地區的自限性與開放性

　　中山地區（今河北定縣附近地帶）位處河北平原西北、太行山東麓的山前緩坡地帶，西以恆山與山西爲鄰，東有低濕帶橫阻，北據易水，南守滹沱，從自然形勢上來看，自成一個完整的閉鎖區域。而通過中山的太行山東麓交通線，又是上古以來黃河流域往來塞外的首要交通路線，因此中山也兼具開放性交通城市的功能〔註1〕。這兩種並存，看似矛盾的特色，即是中山地區（本文所指範圍爲易水以南，滹沱河以北之中山地區）在歷史時期中開放與獨立發展並呈的基本原因。

一、中山地區的自限性

　　地形自成一格，是中山能獨立發展的原因。從北面來看，由於其北邊正是河北斷層的窪陷地帶，諸河匯流，由易水（中易水）、濡水（北易水）及雹水（南易水）所組成的易水水系橫貫河北中部〔註2〕，枝脈寬廣，自古就是一條自然分界線，政治勢力的劃分之處。據《讀史方輿紀要》，卷十二，〈直隸三・保定府・安肅縣〉載：

> 長城，在縣東北，俗以爲秦將蒙恬所築，誤也，蓋戰國時，燕、趙分界處，今有長城口。

〔註1〕嚴耕望，《唐代交通圖考（五）》，篇肆伍，〈太行東麓南北走廊驛道〉，頁1513～1550。

〔註2〕顧祖禹，前引書，卷十，〈直隸一・易水〉，頁450～452。

易水，在縣北，自定興縣流入境，又東入容城縣界，即白溝河也。
水經注，易水東流，屈逕長城西，又東南流過武遂縣南，新城縣
北，俗謂是水為武遂津……津北對長城門，謂之汾門。史記趙世
家，孝成王三十九年，趙以汾門與燕，即此。

同卷，〈易州‧廢易縣〉亦云：

長城，在州西南，水經注，易水東屆關門城，西南即燕之長城門
也，蓋燕趙時故址。

濡水，在州北……或謂之北易水。名勝記，南北二易水會於黑龍
口，在容城、新安二縣間，即古燕趙分界處。

卷十三，〈直隸四‧河間府‧任邱縣〉：

濡水，縣西北二十里，舊志云，在莫州西二十里，東合易水。水經
注，濡水自容城縣北大利亭東流，逕鄭縣，注於易水，左傳昭公七
年，齊侯伐燕，盟於濡上，即此處。

燕趙因易水為界甚明，因此趙孝成王十七年，二國易土〔註3〕，趙以龍兌、汾
門、臨樂與燕；燕以葛、武陽、平舒與趙。龍門在今遂城縣西南，汾門位於
新城縣附近，臨樂則在固安縣南，位置都在易水以北，趙既以易水與燕為界，
這三個地方單獨突入燕境，當然大為不便，而燕所擁有的葛、武陽（皆在高
陽縣西北）、平舒（山西靈邱縣北）又在趙境，兩者互換，各得其利。方志亦
云：「燕之南境，東起滄州，西至唐縣」〔註4〕，其地大抵東起沿海滄州，沿
漥地地帶諸河西行至唐縣。可見易水諸河自來即是兩個地區的自然分界。

中山地區南面有滹沱水。滹沱水發源於山西繁峙縣東北泰戲山，東行穿
越太行山以後，流逕蒲吾縣北，靈壽縣南，東至九門南，南深澤北、饒陽（以
上皆指今縣）以後洍水來會，再東行入海。為河北中部的主要河流，也是地
理上的自然分界線。《讀史方輿紀要》，卷十，〈直隸‧滹沱河〉：

滹沱河……周禮職方并州，川曰虖池。禮記，晉人將有事於河，必
先滹沱，是也。戰國策，趙攻中山，以擅滹沱。……建武十三年，
以匈奴寇邊，遣馬武屯滹沱河以備之。

《讀史方輿紀要》，卷十，〈直隸一‧易水〉：

〔註3〕《史記》，卷四十三，〈趙世家第十三〉，頁 1829。
〔註4〕彭作楨等，《完縣新志》（台北：成文出版社，據民國 23 年鉛印本影印），卷
一，頁 30。

易水源出保定府易州西山谷中，周禮職方并州，浸淶易。戰國策，
蘇秦曰：燕南有滹沱、易水。又云：趙之攻燕也，渡滹沱、涉易
水，不至四五日而國都矣。

《韓非子·初見篇》亦載：

中山，滹沱以北，不戰而畢。

由於《水經注》有關滹沱河的部份早已散佚，使得對中古前期中山地區南部
水文狀況的瞭解較爲困難，不過，中山地區南以滹沱爲障，大致上是不錯的。

在中山之西有太行山脈。太行山脈的北段，即五台山與恆山以東至燕山
的一段山脈，東西橫亙於北緯三十九度至四十度的地區，高峰海拔可達二千
六百餘公尺，不但爲往來交通之阻，亦爲中國早期北塞之東段。《讀史方輿紀
要》，卷十，〈直隸·恆山〉：

……中山志，中山西北二百里有狼山、自狼山而西南連常山，山谷深
險，漢末，黑山張燕五代孫方簡兄弟皆依阻其地，沈括曰：北岳恆山，
一名大茂山，宋以大茂山脊與契丹分界。胡氏曰：自恆山至代，有飛
狐之口，倒馬之關，夏屋、廣昌、五回之險。夫恆山挺峙於冀州之中，
爲東西屏蔽，巖谷高深，道路阻險，出奇者所必由也。蓋太行隔絕東
西，實古今之大防，州軍鎮戍，沿山錯列，憑高控險，難於突犯，亦
謂之燕山，河北所恃以爲固者也。志勝云：今界內諸山，凡強形巨勢，
爭奇競險，拱翼畿甸者，皆太行之支峰別阜耳，又太行凡八陘，其在
河北者有四：曰井陘、曰飛狐、曰蒲陰、曰軍都。

顯見從山西地區進入中山必須穿越太行諸陘，否則只有循汾水至黃河沿岸，
再東行抵淇水附近後再沿太行山走廊北上，路程迂迴遙遠，極爲費時。而太
行諸陘又以奇險著稱，難以突犯，成爲中山西面最好的天然屏障。

這種自然形成的完固形勢，足以庇護政治勢力的開展，尤其是在大統一
帝國尚未建立、強力軍政集權尚未出現時，表現得最爲明顯。首先在春秋時
期，就有肥〔註5〕、鼓〔註6〕、鮮虞及中山〔註7〕幾個非華夏民族的白狄小國
存在。白狄原在陝西北部和山西西北部，公元前八世紀末，乘中原諸國混亂

〔註5〕顧祖禹，前引書，卷一，〈歷代州域情勢〉載：今直隸永平府西北有肥如城，
　　　眞定府城縣西南有肥壘城。
〔註6〕顧祖禹，前引書，卷一，〈歷代州域情勢〉，頁29。
〔註7〕顧祖禹，前引書，卷一，〈歷代州域情勢〉曰：今直隸眞定府西北四十里新市
　　　城，即鮮虞國都……中山即鮮虞也，蓋自是改稱中山。

之機，同其他戎狄族一起，大舉進入內地。白狄進入太行山以東地區之後，便以中山附近爲基礎，逐步向外開展，據《呂氏春秋・簡選》中說：「中山亡邢，狄人滅衛」〔註8〕顯見已有了強大的力量。而其中尤以鮮虞最爲強大，它建都中山新市縣（今正定東北二十里的新城舖，滹沱河北岸）〔註9〕，在太行山東麓易水與滹沱河間的唐縣、曲陽及行唐等地區過著半農半牧的生活〔註10〕。並從此（魯昭公十二年，前530年）與中原國家展開長久的戰爭，其間晉國雖滅了鮮虞及南邊同爲白狄小國的肥、鼓〔註11〕，鮮虞卻曾二敗晉國，軍援齊、魯、衛等，顯非弱者。它的軍力所及最遠可至大陸澤北附近〔註12〕，不過，眞正重心仍在滹沱河北岸（參見圖二十）。

春秋末期鮮虞滅亡，消失在歷史舞台上。到趙獻侯十年（前414年）中山武公初立，鮮虞人所建的中山國才又重現於史載中〔註13〕，以後直到爲趙滅亡前，約一百二十年間，中山處在趙、齊、燕、魏諸強國勢力的交接點上，與諸大國相抗衡；尤其對趙國的抗爭更是一項艱苦而漫長的奮鬥，趙武靈王甚至爲其不顧世議，不和於俗、不謀於眾，改胡服騎射〔註14〕。中山的武功雖較春秋之鮮虞爲盛，兵力所及，東可至薄洛水（即漳水）中游的扶柳（新河縣北）〔註15〕，南及房子（高邑縣西南）〔註16〕、鄗（今寧晉縣西）〔註17〕，但根本之地仍然不離二河之間的中山地區。據《史記》，卷四十三，〈趙世家十三〉所載來看，趙的轄地奄有今山西太原、澤潞、大同等平原及河北大禹故河以西、太行山南麓的地方。因此其由山西進軍中山的主要路線，主要有

〔註8〕 詳見呂不韋，《呂氏春秋》（台北：商務印書館影印），〈仲秋紀第八・簡選第三〉所載。

〔註9〕 同註7，參見譚其驤《歷史地圖集（一）》。

〔註10〕 劉來成、李曉東，〈試談戰國時期中山國歷史上的幾個問題〉，《文物》1979年一期，頁35～36載：白狄初入中原，還是一個騎射善戰的游牧民族，但是到了戰國時期，已經看不出有明顯游牧生活的特徵，其農業和手工業，則有很大的發展。

〔註11〕 陳槃，《春秋大事表列國爵姓及存滅表譔異》（台北：中央研究院歷史語言研究所，民國77年6月3版），冊六，〈壹柒玖・鮮虞〉；冊七，〈佰捌拾・肥〉；〈壹拾壹・鼓〉。

〔註12〕 同註11。

〔註13〕 《史記》，卷四十三，〈趙世家第十三〉，頁1797。

〔註14〕 同註13，頁1806～1811。

〔註15〕 《史記》，卷四十三，〈趙世家第十三〉，頁1809。

〔註16〕 同註15，頁1798、1805～1806。

〔註17〕 同註15，頁1809～1811。

二，井陘道則爲其中之一。趙軍出井陘後，遠者取槐水北岸的鄗（今寧晉縣西），近又下滹沱河南岸的石邑（今石家莊西南）、封龍（石家莊西南，即石邑南）及東垣（石家莊北）等，待滹沱南岸盡入趙國手中，中山遂不得不承認既定事實，以此四邑獻趙請和。北路的進軍則可假道飛狐，進入嘔夷水（滱水）中游的曲陽（今曲陽西），丹丘（今曲陽西北，大沙河附近）、鴟（鴻）之塞（今北緯二十九度、滱水沿岸）〔註18〕。《水經注》，卷十一，〈滱水〉載：

> 滱水又東流爲歷鴻山，世謂是處爲鴻頭，疑即晉書地道記所謂鴻上
> 關者也。

經文下楊守敬注文云：

> 史記趙世家，武靈王二十一年攻中山，取鴟之塞。集解引徐廣曰：
> 鴟一作鴻。正義：鴻上故關今名鴻城，在定州唐縣東北六十里，本
> 晉鴻上關城也。一統志：今有鴻城，社在唐縣西北七十里。〔註19〕

《唐代交通圖考（五）》，篇四十三，〈太行飛狐諸徑道〉載：

> 飛狐道，先秦時代已見史，趙世家，武靈王滅中山（今定縣）、而代
> （今蔚縣）道大通；即爲此道，惟無飛狐之名耳。

顯見中山是依恆山爲險，倚易、滹沱二水爲障，國力強盛時固然南侵趙境，直抵大陸澤北岸，但在趙武靈王胡服騎射，充實戰鬥力後，立即兵迫恆山及滹沱，中山因是被逼獻河南四邑（參見圖二十）。不過中山以地利之便「因山爲塞、以河爲固」是春秋、戰國之初，在強國環繞情形下，仍能立國的主要原因。嚴歸田師指出：

> 先秦時代，此段山脈（太行山脈北段）之南北，分別建立中山國與
> 代國，皆非華夏民族。代國據有北麓之桑乾河谷盆地……中山國據
> 有南麓，今河北西部石家莊以北、易水以南地區，建都中山，在今
> 靈壽或定縣地區。趙國居兩國之南，據有今山西中部與河北西南
> 部。其後，趙國發展，先出雁門，東兼代地。中山雖在趙國勢力包
> 圍之下，但甚強，且北有崇嶺之阻，能與趙抗。〔註20〕

〔註18〕《史記》，卷四十三，〈趙世家第十三‧趙武靈王二十一年〉載：二十一年，攻中山。趙紹爲右軍，許鈞爲左軍，公子章爲中軍，王并將之。牛翦將車騎，趙希并將胡、代。趙與之陘，合軍曲陽，攻取丹丘、華陽、鴟之塞。王軍取鄗、石邑、封龍、東垣。

〔註19〕《水經注》，卷十一，〈滱水〉，頁1526。

〔註20〕嚴耕望，《唐代交通圖考（五）》，篇肆參，〈太行飛狐諸陘道〉，頁1461。

形勢之完固，使其能屹立於諸強國間，至此更形證明。

二、中山地區的開放性

中山地區雖然形勢完固，能自成範圍，具備了相當閉鎖的特質。不過，從另一方面來看，中山卻也是上古時期河北地區往來唯一大道的重要中間站，以及西北、東北塞外進入河北的必經交通樞紐；交通上的重要功能，使它又具備了開放性的特質。根據《唐代交通圖考（五）》，篇四十五，〈太行東麓南北走廊驛道〉所載：

> 按太行山脈東麓，東至於海，皆平原曠野，河流交錯，湖泊亦多，
> 而自天津東南之渤海灣頭西至保定地帶，更見河湖密佈，上推古代
> 當更多水澤。沮洳之地，交通不便……則太行以東之南北主要交通
> 惟賴靠近太行山脈東麓一線，此爲自遠古以來之形勢，故唐道如
> 此，唐以前亦如此，可稱爲太行山以東之南北走廊，古代立國建都
> 亦往往在此走廊上。如夏代胤甲居西河，在今安陽地區；商代盤庚
> 遷殷，即今安陽殷墟，「紂時稍大其邑，南距朝歌，北據邯鄲，及沙
> 丘，皆爲離宮別館。」是南北百餘公里，皆在此道中。戰國時代，
> 趙都邯鄲，魏曾都鄴，後遷大梁，燕都薊，有下都易，周都洛陽，
> 是戰國七強，加周爲八；而四國所都，非此道之兩端，即在中間路
> 線上。中山國實亦列強之一，早期所都，亦近此路線。

這條溝通南北的交通線，渡黃河後，從淮陰（今縣）起北上安陽（今縣）、鄴（今磁縣東南）、滏陽（今磁縣西）、邯鄲（今縣）、臨洺（今永年西）、沙河（今縣），逕龍岡（今邢台西南），內邱（今縣）、高邑（今縣），過平棘（今趙縣）後北行穿越滹沱河，進入中山地區的安喜（今定縣）〔註21〕。安喜可能即戰國時代中山國的國都所在，位於中山地區中心位置的滱水南岸（今日安喜縣北有唐河流逕）的水路要衝上，太行山東麓交通線自本處起分爲東北至北平及西北至大同的兩條出關路線。東北行路線出安喜後北行至望都（今縣）、北平（今縣）後抵易縣（今縣），再東北行可至范陽（今涿縣）、薊（今縣），逾長城，出居庸關〔註22〕、古北口〔註23〕、臨渝關〔註24〕及盧龍等地，

〔註21〕嚴耕望，《唐代交通圖考（五）》，篇肆伍，〈太行東麓南北走廊驛道〉，頁1513
～1550。

〔註22〕嚴耕望，《唐代交通圖考（五）》，篇肆玖，〈居庸關北出塞外兩道〉，頁 1677
～1694。

抵達塞外各處。西北行穿越恆山徑道的交通路線甚多，包括望都陘、平城道、蒲陰陘道及易州道等〔註25〕，四道交會於飛狐（今蔚縣南），再西北行進入大同盆地（參見圖二十）。這條通往西北的路線自古以來就非常的重要。《史記》，卷四十三，〈趙世家第十三·惠文王十六年〉蘇厲爲齊遺趙王書曰：

> 秦之上郡近挺關，至於榆中者千五百里，秦以三郡攻王之上黨，羊
> 腸之西，句注之南，非王有己。踰句注，斬常山而守之，三百里而
> 通於燕，代馬胡犬不東下，昆山之玉不出，此三寶者亦非王有己。

嚴歸田師認爲，常山即是指中山、代國間之恆山山脈，實即指廣義之飛狐道〔註26〕。可見控有飛狐即可掌制山西、燕北，而中山又可控扼飛狐諸陘道。由是可見，中山正處於中國黃河流域通往東北及西北塞外「Y」字型交通路線的交叉口上，其在交通位置上的重要性非比尋常。也由於鄰近塞外，成爲外族進入中原的第一大站，因此還有文化及民族上的意義。從春秋的鮮虞、鼓、肥，到戰國的中山都是活動於本區的夷族，除了形勢完固，利於生存之外，與塞外交通的地利之便，當爲另一主因。郭嵩燾在《鮮虞中山國事表疆域圖說》序文內云：

> 今京師，西引太行，臨御中原。中山故所，謂燕南趙北者有變易，
> 而當戰國紛爭之日，中山倔彊其間，久而不傾，其故有可思者。

特別指出中山爲「四達之衢，車馬輻輳」，然而中山卻「倔彊其間，久而不傾」。作者此處的解釋雖不完整，但離事實應該不遠。

這種兼具閉鎖與開放的特質，也影響到文化的表現。近年來中共在河北平山縣三級公社（位於石家莊西北七十五公里滹沱河北岸）發掘出戰國時代中山國墓葬群〔註27〕，結果發現這個立國諸華夏強國間的白狄國家，在許多方面都兼具了夷、夏雙方面的特質，許多學者認爲這些遺物代表著夷族文化，但受華族的影響，因而有民族融合與文化交流的結果〔註28〕。不過，根

〔註23〕嚴耕望，《唐代交通圖考（五）》，篇伍拾，〈古北口通奚王衙帳道〉，頁 1695
～1704。

〔註24〕嚴耕望，《唐代交通圖考（五）》，篇伍貳，〈渝關通柳城契丹遼東道〉，頁 1491
～1511。

〔註25〕嚴耕望，《唐代交通圖考（五）》，篇肆參，〈太行飛狐諸陘道〉，頁 1459～
1511。

〔註26〕同註25，頁 1492。

〔註27〕河北省文物管理處，〈河北省平山縣戰國時期中山國墓葬發掘簡報〉，《文物》，
1979 年一期，頁 1～31。

〔註28〕朱德熙、裘錫圭，〈平山中山王墓銅器銘文的初步研究〉，《文物》，1979 年一
期，頁 32～41。

據出土文物及史載來看，當時鮮虞人民頭飾、服裝並未華化，同出的十個玉俑，鮮虞形象鮮明；人名姓氏也和中原華族不同，如《國語・晉語》所載「鼓子之臣曰夙沙釐」〔註29〕以及《韓非子》、《呂氏春秋》所記「仇猶之臣赤章蔓枝」等〔註30〕，風俗習慣與語言至少仍保持其固有形態。在墓葬形制、葬法及建築方面，中山皆與中原相同，特別與輝縣固圍村魏墓相近；最富有特徵的鳥柱盆，亦見於魏墓。銅器、玉器也與中原無別，銅器更近三晉東周。文字則為三晉東周體系之一支，和他國皆不和轍。職官與監造制度也和三晉為近，即使銅器銘刻所記工名，也全為華族之名，一個非華族的鮮虞人民之例也找不到〔註31〕。只有極少數器物略帶有地方色彩，如大型山字銅儀仗飾及山字型瓦飾等〔註32〕。大陸歷史學者黃盛璋先生因此認為：以上這些出土遺物對於所謂鮮虞文化華化論或民族融合論，提出了堅強的反證〔註33〕，中山國實際是周王室子孫所建〔註34〕，以統領易、滹沱間的鮮虞外族，文化因此具備如是特色。

在我們姑且不論民族融合與文化濡化的問題，只特別指出，中山的這種現象既不同於當時存在於諸夏周圍的外族，也和中原地區因山川阻隔，自行發展的少數民族完全不似。他這種既擁有高度中原文化形式，又保有傳統風俗習慣與語言方式，與中山的地理特質恰相呼應；在強大統一的霸權未建立前，中山這種形式的自然藩籬並未完全阻隔與外界的往來，退可自保，維持自身獨有的特質；進則交通四國，或向外擴張，與諸國有著眾多的連繫網，在強與弱間表露出截然不同的特質。這種形勢在強大的政府建立後遭受破壞，從秦、漢迄曹魏、西晉止，中山一區都分屬幾個行政單位，地理上的閉鎖性在強力政權的經營下，無法再展現。開放性遠過於閉鎖性的結果，像中山國一般擁有強大、獨立的政權就很難再發生。直到晉末，天下大亂，諸胡內侵，情境一如春秋、戰國時代，中山的地位又再形凸顯。

〔註29〕 韋昭注，《國語》（台北：商務印書館，影印文淵閣四庫全書，史部一六四）卷十五，頁138。

〔註30〕 《呂氏春秋》，〈慎大覽第三・權勳篇〉，卷一一五，頁372，高誘註。

〔註31〕 同註28。

〔註32〕 同註28。

〔註33〕 黃盛璋，〈關于戰國中山國墓葬遺物若干問題辯正〉，《文物》，1979年五期，頁43～45。

〔註34〕 同註33。

三、經濟的自限性

中山既有完固的形勢，又爲南北重要交通大道所經，是其在地理上占有優勢的原因。不過返諸史實，上古時期的鮮虞、中山國雖強，亦曾幾度亡國，最後亦滅於趙國手中。終春秋戰國之世，其介入中原事務，發揮高度影響力的機會也很少，國力仍不能與列強並稱。可見僅具備這二個條件而不兼具其他優勢，是無法突出於眾強國之間的。因此欲國強必先兵強，兵強則先國富，而這點卻是中山地區最爲欠缺的地方。

由於位於太行山脈北段的東南方，夏季季風受山脈阻隔，帶來充沛的雨水，是河北地區降水頗豐的地區；不過地質上的棕壤與灰棕壤地帶約在石家莊分界〔註35〕，整個中山地區盡屬灰棕壤地帶，與河北全境大不相同，土壤較爲貧瘠，尤其歷來受滹沱河泛濫影響，土質惡化。史載中《漢書》稱其「地薄人眾」〔註36〕，方志云其「風土多寒，畜宜五擾」〔註37〕，可見都不是一個利於農耕的地方，因此在歷史中本區是一個水利建築的空白地帶〔註38〕。顯見土質不富，也是空有水利資源。考諸方志，中山區內縣份多有土地磽薄的記載，如：

1. 《定縣新志》，卷七，〈食貨五·農業〉條載：

    定縣西北，地勢高峻，土質磽瘠，東南平坦土質含有鹼性，故全境土地雖可耕種，而農作物之收穫量較諸他縣相去懸遠，且疆域狹小，而人煙稠密，百畝之家已有富戶之稱，所謂巨富，在富庶之鄉不過一中人之產而已。〔註39〕

同書卷八，〈風土六〉又載：

    土地磽薄，且西北多山，以全縣輿地而論，山嶺佔面積十分之四。
    〔註40〕

2. 《靈壽縣志》，卷二，〈地理篇〉：

〔註35〕中國科學院中國自然地理編委會，《中國自然地理》，〈土壤地理〉（北京：科學出版社，1981年），頁51～53。

〔註36〕《漢書》，卷二十八下，〈地理志八〉，頁1655。

〔註37〕張才，《弘治保定郡志》（上海：中華書局，據寧波天一閣藏明弘治刻本影印），卷二，〈風俗〉，頁19。

〔註38〕參見黃耀能，《中國古代農業水利史研究》（台北：六國出版社，民國67年12月）所載。

〔註39〕彭作楨等，前引書，頁520。

〔註40〕同註39。

士民全無逐利，專務力田，供賦養家皆仰於此，且土地磽确，力費
而獲薄，是以不能盡藏。〔註41〕

3. 《新樂縣志》，卷四，〈風俗篇〉：

地處衝要，土瘠民困，邑多枲，豐欠並關歲事，近煩種棉……然其
地多沙風，多則壓損，久旱又不耐烈日……。〔註42〕

4. 《深澤縣志》，卷四，〈風俗〉：

俗尚儉約，衣食惟蔬布，即薦紳家亦無侈靡綺麗之風……地窄而
瘠，又逼沙、濱、滹沱三河，每際淹澇，民貧或以生盜。〔註43〕

5. 《望都縣志》，卷一，〈輿地一·物產〉：

望都全境平原臐臐，以地勢言之，西高而東下，以土質言之，少肥
而多瘠，且鹽鹼之地，所在多有。〔註44〕

同書卷十，〈民生狀況〉：

望都地近府，其俗亦然，地瘠民貧，無浮華之資，不通舟楫，商賈
裹足，無浮華之染。〔註45〕

6. 《清苑縣志》，卷一，〈地理〉：

……土地磽薄，又無名山大澤可資為利，是以民俗儉而尠殷富。〔註46〕

7. 《高陽縣志》，卷二，〈風土〉：

本縣地居平原，土性澆薄。〔註47〕

土地貧瘠，農產不興盛是中山的致命傷。上古以來中山與鄴都同樣位於太行
山走廊上，在交通的重要性上，中山還遠勝於鄴，不過二者在政治、經濟上
的作用，前者顯然遠不及後者。貧瘠雖然是整個中山地區的弱點，不過就個

〔註41〕劉賡年，《靈壽縣志》（台北：成文出版社，據同治十三年刊本影印），頁
79。

〔註42〕雷鶴鳴，《新樂縣志》（台北：成文出版社，據民國 28 年鉛印本影印），頁
363。

〔註43〕王肇晉，《深澤縣志》（台北：成文出版社，據清咸豐十一年刊本影印），頁
139。

〔註44〕王德乾，《望都縣志》（台北：成文出版社，據民國 23 年鉛印本影印），頁
53。

〔註45〕同註44，頁595。

〔註46〕金良驥等，《清苑縣志》（台北：成文出版社，據民國 23 年鉛印本影印），頁
17。

〔註47〕李大本等，《高陽縣志》（台北：成文出版社，據民國 20 年鉛印本影印），頁
363。

別狀況來說，仍然有少部份地區情勢較爲優良，因而成爲本區的發展重心。
根據方志所載：

> 唐河，本滱水也……與滹沱兩河勢相敵，均號大川，往往對舉。唐
> 河尤濁，全係泥漿，所過之區留淤成沃，爲農家之利，兼以半泥半
> 水之故。重笨難行，不能剚疾，有直溜而無回溜，患衝不患刷，大
> 異滹沱。唐人分此爲廣利渠，在兩甿水之間，怡賢親王因之濬爲廣
> 利河，皆有成效。〔註48〕

今日所稱之唐河，即春秋戰國時代之嘔夷水，秦以降至中古時期稱爲滱水，
在河北諸水中，不論是水性或水量都極爲穩定，自上古以來，河道沒有很大
的變化。《水經注》，卷十一，〈滱水注〉云：

> 又東逕靈邱縣故城南……東南過廣昌縣南……滱水又原逕倒馬
> 關……滱水又東流歷鴻山……又東過唐縣南……滱水又東逕中人亭
> 南……又東逕唐縣故城……又東過安喜縣南……又東過安國縣
> 北……又東北逕博陵縣故城南……。

《定縣志》，卷一，〈輿地志・輻員篇・河渠・唐河〉條：

> 其源出山西渾源三十東南，流逕直隸淶源縣，又東南逕唐縣界大茂
> 山東，又南逕倒馬關完縣之神南鎮……大端與水經注所言多符，其
> 爲古道無疑。〔註49〕

考諸譚其驤先生所編《中國歷史地圖集》第一、二、三冊，滱水河道大致相
同，都是東行踰太行山後，流經唐縣左人亭東（今唐縣東），東南逕上曲陽
（今曲陽縣西）東、盧奴（或中山，即今定縣）北，東流至安喜縣（今安國
縣西）南，到蠡吾（今蠡縣南）南以後曲而東北流至高陽，再會合諸水入海
（參見圖二、圖二十）。河水能留淤成沃，又無泛濫之虞，因此中山、安喜、
蠡吾這幾個沿河縣份，及苦陘（陘邑縣）、望都（今縣）等近河地方可享河之
利而無其害，可以說是中山地區內較爲富沃的地方。《蠡縣志》引《圖經》及
《方輿志》云本區：

> 臨城四野，地址坦平。地勢廣闊，民物蓄庶。〔註50〕

〔註48〕宋蔭桐，《安國縣新志稿》（台北：成文出版社，據光緒三十二年手抄本影印），
　　　　〈河渠第五〉，頁 162～163。
〔註49〕賈恩紱等，《定縣志》（台北：成文出版社，據民國 23 年刊本影印），頁 58。
〔註50〕韓志超等，《蠡縣志》（台北：成文出版社，據光緒二年刊本影印），卷二，〈風
　　　　俗〉，頁 94。

《水經注》，卷十一，〈滱水注〉文云：

> 博水又東南，逕穀梁亭南。又東逕縣城，散爲澤渚。渚水瀦漲，方廣數里。匪直蒲筍豐美，亦偏饒菱藕，至若孌童卯角，弱年崽子，或單舟採菱，或疊舸折芰。長歌陽春，愛深綠水。掇拾者不言疲，詠謠者自流響。于時，行旅過矚，亦有慰于羇望矣，世謂之陽城澱。

《元和郡縣圖志》，卷十八，〈河北道三・定州望都縣〉條：

> 陽城淀在縣東南七里，周迴三十里，莧蒲陵芰靡所不生。

《水經注》，卷十一，〈滱水〉又載：

> 滱水又東逕唐縣故城南，城西有一水，導源縣之西北平地，泉源而出，俗亦唐水也，東流至唐縣西北隅，竭而爲湖，俗謂之唐池。蓮荷被水，嬉遊多萃其上。

《太平寰宇記》，卷六十二，〈定州・隆邑縣〉條：

> 靈沼，滋泊皆邑之洿澤，民有蒲魚之利焉。

這些都是分布在唐河（古滱水）附近的水澤，其中尤以定縣的水資源最爲豐富。賈恩紱編，《定縣志》，卷二，〈輿地篇・山水〉載：

> 蓋定州城多巨泉，隨地而湧，大類濟南。

又載：

> 舊志云：州西北十餘里，南宋村之南有泉，發源平地，周匝數頃者，黑龍泉也。泉出老君堂前，夏秋間荷香披拂，景物殊勝，水經注所謂：蓮荷扱水，嬉遊多萃其上者也。

《水經注》，卷十一，〈滱水注〉文曰：

> 余按盧奴城內西北隅有水淵而不流，南北一百步，東西百餘步，水色正黑，俗名曰黑水池，或云水黑曰盧，不流曰奴，故此城藉水以取名矣。池水東北際有漢中山王故宮處……池之四周民居駢比，填偏穢陋，而泉流不絕。

《元和郡縣圖志》，卷十八，〈河北道三・定州・安嘉縣〉：

> 本漢盧奴縣，屬中山國。黑水故池，在州城西北，去縣四里，周迴百餘步，深入不流。
>
> 長星川，南去縣八里。
>
> 天井澤，在縣東南四十七里，周迴六十二里。

此外尚有馬跑泉，清水井及八角井等，不但可供灌溉，還有乾旱不竭的優點〔註51〕。由此我們可以推斷，沿河諸縣的農業情況應該比較好，是個較為富裕的地帶，而其中尤以唐河（嘔夷水、滱水）與太行山走廊交叉點的定縣（上中古時期的盧奴）條件最為優良。據《魏書》，卷三十三，〈李先傳〉載：

> 太祖曰：「朕聞中山土廣民殷，信爾以不」。先曰：「臣少官長安，仍事長子。後乃還鄉，觀望民士，實自殷廣」。

《昭明文選》，卷六，〈魏都賦〉劉淵林注亦云：

> 中山出好酎酒，其俗傳云，昔有人曰玄石者。從中山酤酒，酒家與之千日之酒。

中山城號稱殷實，又出好酒，穀物糧食的生產應該不少。日本前田正名先生即認為戰國時代中山國的中心地域（即中山城附近的唐河流域），是前漢時期農業生產豐富而又不為人所注意的地方〔註52〕。由於它的灌溉條件佳、開墾歷史較古，是本區人口密度最高的所在。根據河北地區最近的人口調查，太行山脈中定縣及石家莊附近，仍然是人口極為稠密的地區〔註53〕，這當然是地理環境優良而造成的結果。不過，唐河流域雖然較為富裕，自給有餘，對支持整個貧瘠的中山地區卻力有未逮。因此中山做為一個附屬於中央之下的地區性政軍中心尚可維持，但如果想自行發展，獨立對外的話，在物質條件上來說可能頗為困窘。

＊　　　　＊　　　　＊

綜合以上所論，對中山形勢可以得到以下結論：

（一）形勢完固造成的自限性

中山形勢北守易水、南據滹沱，西倚太行、東屏沮洳，形勢自成一格。定縣所在的唐河流域，不但位處中央，能控扼中山四境，沿河諸縣又是一個較為富沃的地區，提供了中山地區的基本物質需求。但是「以河為固」，河水有乾旱易渡之憂，又位於太行山東麓南北往來及聯絡塞內外的大道上，很難阻絕外敵的入侵。不過中山地區的農業條件較差，又位於走廊的北邊，對黃河流域的交通不但較遠、又有滹沱阻隔，經濟亦不富厚，欠缺吸引外敵進入的誘人條件，因此在承平時代，它雖然是太行走廊上發展最不利的地帶，不

〔註51〕 賈恩紱等，前引書，卷三，〈輿地〉，頁130。
〔註52〕 前田正名，〈平城の歷史地理學的研究〉，第四章，頁246。
〔註53〕 同註52。

過，在動盪或分裂局勢下，卻又是最佳的逃死寄生之所。而在中山建立的政權，依地理爲屏障勉可自保，只有在鄰國強大、具有擴張領土野心，或統一強權時代來臨，雄主有君臨天下企圖時，才會造成領土被侵占的結果。中山政權因自然所限，欠缺富強的條件，很難發展爲大國，一旦強國入侵，也難免覆亡。春秋時代，鮮虞如此；戰國時期，中山國如此，連此後在中山建立政權者亦復如此。可以說：中山因其特殊條件，在動盪時代又有吸引分裂勢力進入，建立政權的導向，但也因爲其條件的不足，在中山建立的政權難有發展及強大的機會，因此立國的時間也無法長久。

（二）交通路線形成的開放性

中山北有山脈、河流之蔽，自來即被漢人視爲當然的居住地，秦築長城，以爲胡漢民族的分界後，中山爲境內之地更是無可置疑，不過胡人對於中山的入侵卻從未間斷過。從農業環境上來說，《史記》所稱的農牧分界線從碣石起，沿燕山山脈西行，穿越太行山北段，西南行經太原至黃河沿岸龍門；中山北鄰農牧線，在理論上來說應該是個完全的農業地，不過因爲土質磽薄，生產力差，並不是一個主要農業地區，因此在上古鮮虞、中山國時代，諸夏國家對它的征討，多因「腹心之患」的原因，並沒有提到物質條件的吸引。它對農業國家來說，這方面的吸引力應該比較小，以農耕爲生的漢人聚集密度也較低。對游牧民族來說，情況就完全不同了。中山是西北進河北平原的第一站，土質狀況對行農來說雖略顯不足，畜牧則是綽綽有餘。《漢書》稱此地「畜宜五擾」（犬、豕、馬、牛、羊），又風土多寒，對於初入塞內的胡人而言，不啻是最好的中間調適站。史家稱春秋戰國時代的鮮虞是在進入中山後，才由游牧逐漸轉變至農牧兼行的生活〔註54〕，就是這種狀況的演變。這種情勢一直到漢朝以後，中國除非有雄才之主遠拓疆域於塞外，中山都是外族進入河北的必經之地。《資治通鑑》，卷五十一，〈漢紀四十三・順帝永建元年〉記事：

> 朔方以西障塞多壞，鮮卑因此數侵南匈奴，單于憂恐，上書乞修復
> 障塞。（十月）庚寅，詔黎陽營兵出屯中山北界，令緣邊增置步兵，
> 列屯塞下，教習戰射。

所謂「出屯中山北界」，當指北守恆山飛狐諸關，阻絕西北循易州道、望都

〔註54〕 同註10。

陘、平城道及蒲陰陘而至的外族。交通路線雖然提供了外族入侵的良好孔道，但對漢人而言，也是一條重要軍事供需線。中山位處太行山東麓大道之北，河北糧產區——三魏則位於大道之南，太行山麓的三魏、趙及鉅鹿（今山麓中、南部）又是中國北方人口密集的地帶，不論是用兵、補給都甚爲容易。只要境內統一，內援無虞，又沒有後顧之憂，中山在對外抗爭上，不論是開塞出擊或據關自守，都有著舉足輕重的地位。

第二節　農牧線南移後中山地理與人文之轉變

漢末，天下大亂，烏丸與鮮卑在南匈奴滅亡後，成爲中國最大的外敵，趁漢政府無力於靖邊工作時，侵入塞內，掠有易水以北的幽州之地〔註 55〕。中原此後雖是群雄爭霸，無暇外顧，外族紛紛入居的局面，但遷入胡人大多來自西邊的氐、羌及西北的匈奴，入居範圍也爲漢人限制在太行山脈及弘農（今三門峽西）以西的地方。《資治通鑑》，卷四十九，〈漢紀四十一・安帝永初五年正月〉：

> 先零羌寇河東，至河內，百姓相驚，多南奔渡河。使北軍中候朱寵將
> 五營士屯孟津，詔魏郡、趙國、常山、中山繕作塢候六百一十六所。

胡三省注文云：

> 趙國四省皆屬冀州，懼羌自河東、河內北入冀州界，故入塢候以備
> 之。

《後漢書》，卷六，〈孝順孝沖孝質帝紀第六・永建元年〉載：

> 鮮卑犯邊。庚寅，遣黎陽營兵出屯中山北界。

北方的烏丸及鮮卑還沒入居易南的例子，中山以下的河北漢人雖然紛紛南移，但還沒有出現胡人塡補空隙地區的情形，中山可能還是對外防守的重點。建安九年五月，袁尚與曹操爭奪河北失敗後，北走中山，欲依烏丸爲奧援〔註 56〕。在袁氏兄弟棄中山奔烏丸後，曹操又鑿渠運糧，殺袁尚、熙，降蹋頓。以曹氏之雄才，深知烏丸對中國未必有領土野心，而袁尚若得烏丸之助，重回中山，乘曹操用兵河南之際，奪回河北故地大有可能，故不得不一舉殲滅之。此後，河東及關中在諸胡雲擾下，一直動盪不安〔註 57〕，而中山區在北無強

〔註 55〕《三國志・魏志》，卷三十，〈烏丸鮮卑東夷列傳〉，頁 831。
〔註 56〕《三國志・魏志》，卷一，〈武帝紀一〉，頁 25～28。
〔註 57〕參見《三國志》，卷一至卷十各帝紀有關之記載。

盛外敵入侵〔註58〕，內有統一政權的局勢下，卻能維持穩定的局勢，直迄五胡時代來臨爲止。

由此可見在中國進入大一統、強權國家時代，獨立於中山地區的分裂政權不再出現，間或有小規模的叛亂武力存在，也難成氣候，不旋踵即亡〔註59〕。在國家的強力控制下，只有行政建置下的地方區劃方能存在，漢以後中山地區實際上一分爲二，成爲中山國與常山郡二個行政區域。由於戰國以後黃河改道東行，不再行逕饒陽、高陽至天津附近入海，中山東面的河北中部解除了河水泛濫之患，人口遷入，城市興起，地方開始發展〔註60〕，縣治的設立當然隨之增加。根據《漢書·地理志》所載，中山國下轄盧奴、北平、北新城、唐、深澤、苦陘、安國、曲逆、望都、新市、新處、毋極、陸成及安險十四個縣〔註61〕，與春秋戰國相比，喪失了臨太行山區已劃屬常山郡的沱水、滋水及恆水上游之地，包括了靈壽（今縣西北）、南行唐（今行唐北）及上曲陽（今曲陽縣西）三個縣份〔註62〕，卻從東北原黃河轉折處的徐水流域得到北平（今滿城北）與北新城（今保定東北）二縣。換句話說，中山國的境域，北起今滿城，南至今沙河流域的深澤、無極縣附近，西起於新樂，東至保定縣。這個範圍從西漢確定以後，歷經東漢、三國到西晉都大致不變，只有局部的小變動〔註63〕。如東漢時代稍有擴充，東邊的蠡吾（今蠡縣西南）及西北上曲陽北面的廣昌（今淶源縣北）都納入了中山〔註64〕。西晉的中山國轄下八縣，包含盧奴、魏昌、新市、安喜、蒲陰、望都、唐及北平，管縣裁減不少，轄地卻縮小不多〔註65〕。這個特別現象，我們可由此間人口數目的減少來窺知一、二。

《漢書》，卷二十八，〈地理志〉下記載中山國的戶數有 160,873，口數

〔註58〕 北方鮮卑雖偶或突入幽州之地，也無法再深入易水以南；況咸寧元年以來，鮮卑力微遣子來獻。三年，西北雜虜及鮮卑、匈奴、五溪蠻夷、東夷三國等前後十餘輩，又帥種人部落內附。因此，鮮卑此後偶或入侵幽州，仍然限於易水之北，北方並無強盛外敵入侵中山。

〔註59〕 詳見上節所論。

〔註60〕 詳見本文第六章第一節所論。

〔註61〕 《漢書》，卷二十八下，〈地理八〉下，頁1632。

〔註62〕 《漢書》，卷二十八上，〈地理八〉上，頁1576。

〔註63〕 參見《漢書》、《後漢書》及《晉書·地理志》所載及譚其驤《歷史地圖集》二、三冊。

〔註64〕 《後漢書·志二十·郡國二》，頁3434～3435。

〔註65〕 《晉書》，卷十四，〈志第四·地理上〉，頁423～425。

668,080，每平方公里平均人口數為 72.3 人〔註66〕，與繁華的太行山走廊諸郡國相比，人口密度卻只次於清河。可見前漢時期河北的發展重心仍限於太行山走廊，而中山地區（包括中山國、常山郡）則是太行山走廊上發展最弱的一區。如下表所示：

表十四：兩漢河北地區戶口數目及人口密度表

		（戶）戶數	（人）口數	人口密度（人/平方公里）
中山國北諸郡國	漁陽郡	68,802	264,116	6.9
	廣陽郡	20,740	70,658	29.8
	涿　郡	195,607	782,764	48.8
	上谷郡	36,008	117,762	3.7
	代　郡	56,771	278,754	10.1
太行山脈沿麓諸郡國	中山國	160,873	668,080	72.3
	常山郡	141,741	677,956	42.6
	眞定國	37,126	178,616	95.3
	鉅鹿郡	155,951	827,177	111.2
	趙　國	84,202	349,952	86.4
	廣平國	27,984	198,558	177.4
	魏　郡	212,849	909,655	84.2
河北平原諸郡國	河間國	45,043	187,662	61.1
	渤海郡	256,377	905,119	35.4
	信都國	65,556	304,384	41.7
	清河郡	201,744	875,422	194.5
	平原郡	154.387	664,543	64.6

（本表每平方公里人口密度數目參考勞榦〈兩漢郡國面積之估計及口數增減之推測〉一文）

東漢以後，人口大量流失，全國人口平均數祇爲西漢時期的百分之八十一‧二（元始二年對永和五年人口數比例）〔註67〕，在人口普遍減少的狀況下，各地區因爲地理環境特色與政治、軍事因素的影響，數目相差極大，有

〔註66〕參見勞榦，〈西漢郡國面積之估計及口數增減之推測〉，《中央研究院歷史語言研究所集刊》，第五本第二分，附表。

〔註67〕梁方仲編，《中國歷代戶口、田地、田賦統計》（上海：人民出版社，1985年，三版），頁28～33。

些地區的人口數甚至不減反增，透露出的訊息值得探討。由下表來看，西漢時代太行山東麓人口密度最高的幾個郡國，在東漢都有大幅減低的趨勢，只有中山國的百分比能維持在平均數值以上，是個唯一的例外。而原來人口稀少的幽、涿地區及廣大河北中部平原，口數卻急遽增加，如漁陽後漢對前漢的口數百分比有一六五，河間一三八，平原一五一，涿郡一四四，廣陽郡甚至大幅增至百分之二三一（參見表十五），都是人口不減反增的例子，顯見東漢時代人口居住形態與西漢完全不同，可能是黃河改道後，河北中部已不再泛濫，而西部走廊卻頻生戰亂，人民只好流向有自然屏障的中部及幽、遼地帶。中山國在此時人口尚能維持百分之八十六，居太行山東麓諸郡國之冠；在原屬中國精華區域的黃河沿岸及太行山麓人口大幅減少時，中山卻有此表現，顯然與地理屬性及特質有關。

表十五：兩漢河北地區人口數目比較表

後漢郡國別	後漢戶口數	後漢時期相當於前漢郡國區域所有之口數	後漢戶口與前漢戶比較增（＋）口數或減（－）之數	後漢對前漢戶口百分比
魏　　郡	695,606 人	922,064 人	-226,458 人	75
鉅鹿郡	602,096	962,790	-360,694	63
趙　　國	188,381	389,616	-201,235	48
常山國	631,184	888,970	-257,786	71
中山國	658,195	768,739	-110,544	86
河間郡	634,421	460,381	+174,040	138
清河國	760,418	895,924	-135,506	85
渤海郡	1,106,500	616,574	+489,926	179
平原郡	1,002,658	664,543	+338,115	151
涿　　郡	633,724	442,911	+190,813	144
廣陽郡	280,600	121,426	+159,174	231
漁陽郡	435,740	264,116	+171,624	165
代　　郡	126,188	247,682	-121,494	51
上谷郡	51,204	102,024	-50,820	50
河南尹	1,010,827	1,740,279	-729,452	58
河內郡	801,558	1,067,097	-265,539	75
弘農郡	119,113	416,632	-297,519	29
東　　郡	603,393	1,432,798	-829,405	42

　　東漢末年以後中國氣候逐漸寒冷，邁入小冰河時期，全境的氣溫下降一至二度左右，而司馬遷所稱的碣石、龍門農牧線也向南移動一緯度，東起今日天津以北，西行抵北平南，再西行至石家莊附近穿越太行山到河東〔註68〕（參見圖二十二）。本來屬於農業地帶的中山地區，至此由於氣候寒冷，生長季節縮短，已不適合農業的發展，對原本土壤貧瘠，收穫量不大的本區來說，無疑雪上加霜。河北地區自東漢初年以降因黃河改道南行，不再由天津出海，中部諸地免卻河水泛濫之苦，已有初步發展及人口集中的現象〔註69〕。曹操經營河北，打通淇水、漳水及滹沱諸河，串連成一溝通北、中、南三地的完整水系網〔註70〕，對於中部的開發及農業地帶的擴展，有了突破性的幫助，這對已不適合農耕的中山地區而言，不啻是個極大的吸引力，人口東徙至此也到達一個最高點。根據下表晉太康年間戶數統計所示：正處新農牧線北緣的中山、常山二國戶口數僅及東漢時期的三分之一至四分之一，而中山東緣的安平、博陵，甚至章武（西晉郡國），都有百分之三八一及四〇〇的成長率，增加的速度著實驚人，其人口東徙之狀況由此可見一般。

　　再從胡患狀況來說，徙胡入居，從東漢末葉以降，就已是無力挽回的趨勢。西晉後河東地區除涑水平原以外，農耕環境也急速惡化〔註71〕，更加速全境胡化的進行〔註72〕，以致只有一山之隔的太行走廊成為胡人東出的第一線，更迫使當地漢人不得不向外移徙。晉永嘉亂後，黃河流域漢人住民大舉南徙，依據作者前文統計，移出之漢民多分布在黃河以北不遠的州郡〔註73〕。對於深處河北中北部一般人民而言，這種拋棄田園、耗時費錢的大移動並非人人有能力可為，為了避凶趨吉，離開不適合農耕、環境牧質化、又是西北出入河北之口的中山地區，而跨過沮洳帶，進入河北中部，反不失為一中上之策。因此，我們可以推論：中山地區（晉中山國、常山國）至此景況潦落，已不復西漢及東漢時期的景象。

〔註68〕詳見本論文第一章第一節所論。

〔註69〕同註68。

〔註70〕同註68。

〔註71〕東漢以後氣候寒冷，農牧線由中山西南行，從汾水及涑水間穿過，過黃河再至陝西；因此整個山西地區除了涑水平原以外，都是農牧兼宜的地帶。曹魏以後山西急速胡化，胡人大舉入居，皆與此處氣候惡化、不利農耕，而可為畜牧之用有關。

〔註72〕《晉書》，卷六十二，〈劉琨列傳〉，頁1680。

〔註73〕詳見本論文第三章第一節所論。

表十六：後漢西晉河北地區戶數表

州郡國別	後漢戶數	西晉戶數	西晉與後漢戶數比較增（＋）減（－）之數	西晉對後漢戶數百分比	備　　註
東　郡 頓邱郡 魏　郡	136,088 — 129,310	— 63,000 40,700	−161,698	39	西晉割魏郡、東郡置頓邱
趙　郡（國） 鉅鹿郡（國） 廣平郡	32,749 109,517 —	42,000 14,000 35,200	−51,066	64	西晉割鉅鹿魏郡合趙郡爲廣平郡
常山國	97,500	24,000	−73,500	25	
中山國 河間國 高陽國	97,412 93,754 —	32,000 27,000 7,000	−125,166	35	西晉割中山、河間置高陽
安平國 博陵國	21,000 —	91,440 10,000	＋80,440	383	西晉割安平置博陵
清河國 陽平國	123,964 —	22,000 51,000	−50,964	59	西晉割清河置陽平
平原郡	31,000	155,588	＋124,588	401	
章武郡 渤海郡 樂陵郡	— 40,000 —	13,000 132,389 33,000	＋138,389	346	西晉割渤海、河間置章武、西晉割渤海安樂置樂陵
涿　郡 范陽郡	11,000 —	— 102,218	＋91,218	829	西晉范陽軍約相當於東漢三涿郡
代　郡	20,123	3,400	−16,723	17	
上谷郡 廣寧郡	10,352 —	4,070 3,930	−2,352	77	西晉上谷、廣寧相當於東漢之上谷廊
漁陽郡	68,456	29,000	−39,456	42	
河南尹（郡） 滎陽郡	208,486 	114,400 34,000	−60,486	71	西晉河南、滎陽約相當于漢之河南尹
河內郡	159,770	52,000	−107,700	33	
弘農郡 上洛郡	46,815 —	14,000 17,000	−15,815	66	西晉弘農上洛約相當東漢之弘農部

（資料來源：《後漢書》、《晉書》）

石勒築基於黃泛區，在勢力未形穩固前，向西稱臣於劉元海，以推行其西守北攻的戰爭策略，於是潰鄴、敗乞活、下鉅鹿、常山，很快的把軍力推展到滹沱河北的中山、博陵附近〔註74〕。當時黃河以北的漢人反抗武力，除了遠在幽州的王浚及晉陽的劉琨以外，幾乎消除殆盡。王浚出生胡化頗深的晉陽，晉末天下大亂，其以都督幽州諸軍事職權之便，結親鮮卑，而在易水之北的幽州擁有相當的武力基礎〔註75〕。中山在農牧線南移後，農業景況差，對石勒而言亦嫌鞭長莫及，並非經營的對象；對王浚來說，中山位處易水之南，土質不及幽州肥沃，亦非興兵奪取之地，不過石勒乘勢而來，恐有兵臨易水之憂，遂發動漢胡之兵十餘萬騎，渡易水、滹沱，而與石勒大戰于常山國石邑縣（晉地）旁之飛龍山，據《晉書》，卷一○四，〈石勒載記〉上載：

> 王浚使其將祁弘帥鮮卑段務塵等十餘萬騎討勒，大敗勒于飛龍山，
> 死者萬餘。勒退屯黎陽。〔註76〕

據《元和郡縣圖志》所記，飛龍山在獲鹿縣南四十五里〔註77〕，即今石家莊西南地區，也正是中古時代農牧線南緣。石勒的力量顯然還未發展到此，因此一戰而潰，退至黃河以南。不久之後雖然又再強大，重新興盛於河北，但在王浚、劉琨未亡前，始終無法完全佔有中山。王浚在此次戰役中雖然大勝而返，由於中山欠缺經濟價值，又在易水之外，緩急之際難以兼顧，因此既得其地亦未經營，而予同為晉臣的劉琨可乘之機。

劉琨，中山魏昌人，為漢朝中山靖王之後〔註78〕，與中山本有極深的淵源。永嘉元年後以并州刺史、領匈奴中郎將職權駐守於晉陽，其時河東大部份地區已胡化〔註79〕，晉陽孤窮〔註80〕，兵糧俱乏，不得不東出井陘，收兵於常山、

〔註74〕《晉書》，卷一○四，〈石勒載記〉上，頁2710～2711。
〔註75〕《晉書》，卷三十九，〈王浚列傳〉，頁1146。
〔註76〕同註75。
〔註77〕《元和郡縣圖志》，卷十七，〈河北道二‧恆州‧獲鹿縣〉，頁480。
〔註78〕《晉書》，卷六十二，〈劉琨列傳〉，頁1679。
〔註79〕《晉書》，卷六十二，〈劉琨列傳〉載：永嘉元年，為并州刺史，加振威將軍，領匈奴中郎將。琨在路上表曰：……九月末得發，道險山峻，胡寇塞路……群胡數萬，周匝四山，動足遇掠，開目睹寇。
〔註80〕〈劉琨列傳〉其下又云：時東嬴公騰自晉陽鎮鄴，并土飢荒，百姓隨騰南下，餘戶不滿二萬，寇賊縱橫，道路斷塞。琨募得千餘人，轉鬥至晉陽。府寺焚毀，僵尸蔽地，其有存者，飢羸無復人色，荊棘成林，豺狼滿道。

中山，而和王浚發生衝突。《晉書》，卷三十九，〈列傳第九・王浚傳〉云：

> 由是劉琨與浚爭冀州。琨使宗人劉希還中山，合眾，代郡、上谷、廣寧三郡人皆歸於琨。浚患之，遂輟討勒之師，而與琨相距。浚遣燕相胡矩督護諸軍，與疾陸眷并力攻破希，驅略三郡士女出塞，琨不復能爭。

劉希以中山本地人的身份返鄉合眾，《晉書》不云中山人歸之，反而是鄰近中山北面的三郡人歸於琨；又終究爭不過王浚，由是可證中山居民大量外徙的結果，導致人口減少，社會階層解體，中山既無足以號召眾人的地方領袖，也沒有足夠的民力可供劉希收兵，故無力與王浚相爭。在石勒計收末杯，段氏誠心歸附後，王浚、劉琨的後援喪失，不旋踵即告滅亡，石趙勢力遂拓展到易水以北。不過，同樣因為中山的經濟效益低，又不在石趙的政治、經濟核心區範圍內，重以此時並無強力的北患壓力〔註81〕，石趙父子始終對於中山地區採取較為放任的態度。

這種放任的經營態度，雖為形勢所致，在鮮卑強大以後卻是中原胡部政權的最大致命傷。冉閔代趙，L型區域一時呈現離析狀態，冉閔雖然欠缺整合實力，諸胡也沒有組織強固反魏陣營的意願，而敞開門戶的中山卻成為慕容氏與冉氏實力的競逐場。《晉書》，卷一一○，〈慕容儁載記〉云：

> 遣慕容恪略地中山，慕容評攻王午于魯口。恪次唐城，冉閔將白同、中山太守侯龕固守不下。恪留其將慕容彪攻之，進討常山。評次南安，王午遣其將鄭生距評。評逆擊，斬之，侯龕踰城出降。恪進克中山，斬白同……閔章武太守賈堅率郡兵邀評戰于高城，擒堅於陣，斬首三千餘級……儁遣慕容恪及相國封奕討冉閔于安喜……儁如中山，為二軍聲勢。閔懼，奔于常山，恪追及於沠水。閔威名素振，眾咸憚之……及戰，敗之，斬首七千餘級，擒閔，送之，斬於龍城。恪屯呼沲。閔將蘇亥遣其將金光率騎數千襲恪，恪逆擊，斬之，亥大懼，奔于并州。恪進據常山……遂進攻鄴。

魯口即今饒陽縣，唐城在今唐縣北，安喜則位處今日定縣東南，南安、高城雖然確切地點不明，不過都在易水以南、滹沱河以北的中山地區內確無可疑（參見圖二十二）。石趙以來對中山沒有深入穩固的經營，固然是實情，但鮮卑慕容氏的活動地點也如成洋所云：「今華夏分崩，九州幅裂，軌跡所及，易

水而已」〔註 82〕，一樣的不及中山。而雙方對陣卻出現如此懸殊狀況，冉閔在中山連戰皆北，身死龍城，也透露出中山地區在地理環境惡化後，西來諸胡與西晉以前之漢民族一樣，都面臨著「難與天爭」的問題，而無法與北下、對乾寒氣候較能適應的鮮卑族一爭長短。

第三節　中山地區政權之建立與瓦解

　　丁零是晉末入居諸胡中，與中山地緣關係最深者。其自進入太行山北麓發展，到被苻堅強迫遷徙至新安、澠池〔註 83〕的七十年間（西元 300 年左右至 371 年），正是中山地區自然條件惡化、列為三不管的時代。諸胡政權都予其相當大的發展空間，石趙、前燕二個政權分別授予句町王〔註 84〕及歸義王〔註 85〕封號，以為安撫。不過直到此時，一方面它受制於中山地區自然的限制，另一方面，南面還有形勢強固的石氏政權，活動地帶止限於中山以西的太行山區，並未參與走廊上的事務，影響力極為有限。晉太和五年苻堅滅燕，為削弱關東勢力，採取強制徙民政策，丁零雖在遷徙之列，卻被安置在關中與黃泛區間的河南地帶〔註 86〕，與慕容垂的舊勢力區鄰近，因此參與後燕起事，從此積極介入中原政權的爭奪。其之能插手諸胡政權的爭奪，固與遷徙後的地利因素有關，但主要原因仍在於劉趙、石趙及苻秦政權相繼滅亡後，西來諸胡一時種族凋零，黃河中下游成為北族的天下，而北下諸外族中烏桓、昌黎、扶餘、東胡等入居人數皆不多，很難自成一個強大勢力〔註 87〕。丁零自晉末以來並未參與中原戰爭，實力未損，是當時黃河中下游諸胡中，唯一具備強大實力可與慕容垂抗衡者。因此終後燕之世，丁零之患始終相隨不斷，尤其在後燕定都中山後，左近即為丁零族群聚居之所，造成的威脅更大。

　　晉太元九年（394 年）丁零與慕容垂在河南的聯合陣營分裂，翟真立即率領部份族人北歸，進入中山地區的承營（今定縣東南、即晉盧奴東南）。顯然苻堅在遷徙丁零時，並未盡族遷徙，故丁零在中山地區仍保有相當的勢力，因此當翟斌三兄弟為慕容垂所殺、河南丁零瓦解之際，只有回歸舊居地一

〔註 82〕　《晉書》，卷一○九，〈慕容跳載記〉附〈陽裕傳〉，頁 2828。
〔註 83〕　《晉書》，卷一一三，〈苻堅載記〉上，頁 2893。
〔註 84〕　《資治通鑑》，卷九十四，〈晉紀十六‧成帝咸和五年〉紀事，頁 2977。
〔註 85〕　《晉書》，卷一一○，〈慕容儁載記〉，頁 2833。
〔註 86〕　詳見前節所論。
〔註 87〕　同註 86。

途，而且很快的就發展成一支足以抗衡慕容氏的地方勢力。根據《通鑑》所載，當時發展的局勢為：

> 翟真在承營，與公孫希、宋敞遙相首尾。長樂公丕遣宦冗從僕射清
> 河光祚將兵數百赴中山，與真相結。又遣陽平太守邵興將兵數千騎
> 招集冀州故郡縣，與祚期會襄國，是時，燕軍疲弊，情勢復振，冀
> 州郡縣皆觀望成敗，趙郡人趙粟等起兵柏鄉以應興。〔註88〕

翟真把當時北方的三大勢力——朔州公孫希、苻氏殘餘力量及部份漢人集團凝結在一起，故一時之間「冀州郡縣皆觀望成敗」〔註89〕，燕軍立刻受到腹背受敵的打擊。何況慕容氏的根本在遼西，中山是其進出中原的必經路線，在黃泛區局勢動盪不安的情況下，北方勢力的連結不單是軍事上的失利，更是斬斷其臍帶的作法。因而逼使慕容垂撤鄴之圍，開苻丕西歸之路，即如所言：「丁零叛擾，乃我腹心之患」〔註90〕。傾全力去除以丁零為主的北來威脅〔註91〕。

　　這次事關後燕存亡的戰爭，雖隨著翟氏與邵興、趙粟慘敗，「冀州郡縣復從燕」〔註92〕而結束，不過慕容氏的力量尚不足以消滅翟氏，只能迫使丁零從中山地區中心點、又位居大道旁的承營退出，遷回西北山區行唐（泒水南岸，今行唐縣北）〔註93〕（參見圖二十二）。這樣的情形對企圖向中山發展的慕容氏來說，仍具相當大的威脅性。不過此時丁零內部產生重大變化，而予後燕可乘之機。《晉書》，卷一二三，〈慕容垂載記〉載：

> 翟真去承營，從屯行唐，真司馬鮮于乞殺真，盡誅翟氏，自立為趙
> 王，營人共殺乞，迎立真從弟成為主，真子遼奔黎陽……翟成長史
> 鮮于得斬成而降，垂入行唐，悉坑其眾。

翟遼南奔雖為後燕種下無窮後患，但丁零內閧，勢力衰減，卻是慕容垂能夠把力量推入中山的一大轉機，為此後慕容溫經營本區的張本。

〔註88〕《資治通鑑》，卷一○五，〈晉紀二十七·太元九年十月〉紀事，頁3335。

〔註89〕同註88。

〔註90〕《晉書》，卷一二三，〈慕容垂載記〉，頁3085。

〔註91〕同註88。

〔註92〕《資治通鑑》，卷一○五，〈晉紀二十七·太元九年十月〉載：燕王垂遣冠軍大將軍隆、龍驤將軍張崇將兵邀擊，（邵）興命驃騎大將軍農自清河引兵會之。隆與興戰于襄國，大破之。興走至廣阿遇慕容農，執之。光祚聞之，循西山走歸鄴，隆遂擊趙粟等，皆破之，冀州郡縣復從燕。

〔註93〕《晉書》，卷一二三，〈慕容垂載記〉，頁3086。

慕容垂定都中山，固然因為黃泛區性質趨於複雜，在諸胡並列的情況下，欠缺統合的實力，唯有避開一途。不過，從另一方面來說，鄴區是河北重要糧產區，又深具政治傳統，所在位置可控扼黃泛區及太行山走廊，在當時情況下實可稱為河北最佳的國都所在。後燕棄此優越條件之地區，另就自然條件差，又有強敵環伺的中山，除了黃泛區胡人異質化、鄴區殘破，對河北中山地區仰賴的加深，當為原因之一。《晉書》稱慕容垂新起之時鄴地的狀況為：

> 鄴中飢甚，（苻）丕率鄴城之眾就晉穀于枋頭。牢之入屯鄴城。慕容垂軍人飢甚，多奔中山，幽冀人相食。初，關東謠曰：「幽州，生當滅。若不滅，百姓絕。」垂之本名。與丕相持經年，百姓死幾絕。
>
> 〔註94〕

《通鑑》更明白的指出：

> 燕、趙相持經年，幽、冀大饑，人相食，邑落蕭條。燕之軍士多餓死；燕王垂禁民養蠶，以桑椹為軍糧。〔註95〕

經過冉閔屠殺，諸胡大量外徙、前燕圍城及二度的燕秦爭奪戰後，石氏父子建立的經濟區已破壞殆盡。兵荒馬亂之餘，逃命方且不及，何暇論及農業生產。中山此時雖不是主要農業地帶，卻可藉由滹沱河南交通線通達魯口，以廣大的河北中部平原農產品為後盾，只要魯口無虞，中山物質仍不虞匱乏；奠都中山，在當時 L 型區已殘破的情況下，仍不失為一上策。因是慕容溫不顧丁零四布的強大壓力，先行經營中山，而為此後後燕奠都本區立下了基礎。《通鑑》，卷一〇六，〈晉紀二十八‧孝武帝太元十年三月〉記事載：

> 樂浪王溫在中山，兵力甚弱，丁零四布，分據諸城，溫謂諸將曰：「以吾之眾，攻則不足，守則有餘。驃騎、撫軍，首尾連兵，會須滅賊，但應聚糧屬兵以俟時耳。」於是撫舊招新，勸課農桑，民歸附者相繼，郡縣壁壘爭送軍糧，倉庫充溢。翟真夜襲中山，溫擊破之，自是不敢復至。溫乃遣兵一萬運糧以餉垂，且營中山宮室。

招聚流散，重新建立基地，必須在糧食不虞情形下才可有效的進行，何況農作物的收成也不是一時之間可以見效的事情，因此徵收河北中部漢人塢壁的農產品，當是慕容溫工作的首要重點，結果不但倉庫充溢，尚有餘力運糧餉垂，中山重建的目的至此甚明。能守而後能戰，丁零亦不足擾，重以中山又

〔註94〕 《晉書》，卷一一四，〈苻堅載記〉下，頁 2926。
〔註95〕 《資治通鑑》，卷一〇六，〈晉紀二十八‧太元十年〉紀事，頁 3344。

有形勢自固的優點，對於黃泛區諸胡亦有相當阻擋作用，慕容垂遂定都中山〔註96〕。參見垂在遷都之時，稱譽慕容溫「雖蕭何之功，何以加之」言〔註97〕，實深具意義。而慕容垂政權對河北平原的倚賴程度，至此也愈見明白。給糧便捷固然是後燕立都中山的優點，卻也是日後亡國的主因所在。

　　自然條件惡化及獨立性的欠缺，是立都中山兩大無法解決的難題，在強敵環伺，連年戰爭的情況下，對外的依賴又形加重。就丁零來說，其對河北地區的物資供應，也是同樣的殷切，慕容氏既無法徹底解決丁零，這種彼消我長的持續爭奪就很難結束，只要有機可乘，必定再發動入侵；從太元十年十二月燕遷中山到太元十二年五月，一年半之間丁零就有二次大規模的進襲行動：第一次在太元十一年（386年）八月：

　　　　燕主垂留太子寶守中山，以趙王麟爲尚書右僕射，錄留台。庚午，
　　　　自帥范陽王隆東循平原。丁零鮮于乞保曲陽西山，聞垂南伐，出營
　　　　望都，剽掠居民。〔註98〕

第二次則聯合中山南方的井陘人，進攻都城，史稱：

　　　　井陘人賈鮑招引北山丁零翟遙等五千餘人，夜襲中山，陷其外郭。
　　　　〔註99〕

曲陽位於今日曲陽縣西，即前燕中山都城西北的太行山區，顯然丁零雖已被迫居西山，仍然不放棄對中山物質的掠奪，只是這種行動隨著中山城的穩固及丁零出擊的連年失敗，已逐漸減少。慕容政權所面對的是另一波自北而下，更強勢的鮮卑團體——拓拔氏。

　　太元十年（386年）慕容垂稱帝中山，建立後燕的同時，原活動於塞外的另一支鮮卑部落盟主拓拔珪也糾合了舊部，在牛川（今內蒙古錫拉木林河）召開部落大會，並即代王位〔註100〕。同年，又內徙定襄之盛樂（今熱河和林格爾北），改國號爲魏，兼行農牧，開始拓展國力〔註101〕。是時與拓拔氏同樣在塞外擁有強大力量的尚有獨孤部及賀蘭部等，與魏部人相通，企圖傾覆拓

〔註96〕《晉書》，卷一二三，〈慕容垂載記〉，頁3086～3087。
〔註97〕《資治通鑑》，卷一○六，〈晉紀二十八・太元十年十二月〉紀事云：燕王垂北如中山，謂諸將曰：「樂浪王招流離，實倉廩，外給軍糧，內營宮室，雖蕭何之功，何以加之。」丙申，垂始定都中山。
〔註98〕《資治通鑑》，卷一○六，〈晉紀二十八・太元十一年〉紀事，頁3367。
〔註99〕《資治通鑑》，卷一○七，〈晉紀二十九・太元十二年五月〉紀事，頁3377。
〔註100〕《資治通鑑》，卷一○六，〈晉紀二十八・太元十一年〉紀事，頁3358。
〔註101〕《資治通鑑》，卷一○六，〈晉紀二十八・太元十一年〉紀事，頁3360。

拔珪，幸虧後燕施以援手，方得平靖〔註102〕。其後又因慕容垂遷劉顯及染干部眾至中山〔註103〕，強敵盡去，遂有不可制的傾向；慕容麟於是建言於垂曰：「臣觀拓拔珪舉動，終爲國患，不若攝之還朝，使弟監國事。」〔註104〕燕主不取，爲此後拓拔強大、滅燕之張本。不過直到此時，燕有大恩與魏，彼此又世爲婚姻〔註105〕，雙方情誼尚佳，但是這種良好關係隨後因慕容垂求馬不獲，留拓拔珪質弟元觚而決裂〔註106〕。因此在後燕大舉進兵討伐西燕時，不惜出兵五萬，南救慕容永〔註107〕，兩國情誼破壞殆盡。次年（太元二十年）在山西底定後，慕容垂遂不顧高湖「拓拔涉珪沈勇有謀，幼歷艱難，兵精馬強，未易輕也」的勸諍〔註108〕，一意出兵。在此之前，拓拔部雖已爲塞外強

〔註102〕《資治通鑑》，卷一〇六，〈晉紀二十八・太元十一年八月〉紀事載：初，秦滅代，遷代王什翼犍少子窟咄于長安，從慕容永東徙，永以窟咄爲新興太守。劉顯遣其弟元涅迎窟咄，以兵隨之，逼魏南境，諸部騷動。魏王珪左右于桓等與部人謀執珪以應窟咄，幢將代人莫題等亦潛與窟咄交通。桓舅穆崇告之，珪誅桓等五人，莫題等七姓悉原不問。珪懼內難，北踰陰山，復依賀蘭部，遣外朝大人遼東安同求救於燕，燕主垂遣趙王麟救之……燕趙王麟軍未至魏，拓跋窟咄稍前逼魏王珪，賀染干侵魏北部以應之。魏眾驚擾，北部大人叔孫普洛亡奔劉衛辰。麟聞之，復遣安同等歸。魏人知燕軍在近，眾心少安。窟咄進屯高柳，珪引兵與麟會擊之，窟咄大敗，奔劉衛辰，衛辰殺之。珪悉收其眾，以代人庫狄干爲北部大人。麟引兵還中山。

〔註103〕《資治通鑑》，卷一〇七，〈晉紀二十九・太元十二年七月〉載：（燕主破劉顯）顯奔西燕，麟悉收其部眾，獲馬牛羊以千萬數……燕主垂立劉顯弟可泥爲烏桓王，以撫其眾，徙八千餘落于中山。

同卷，〈太元十四年五月〉云：燕范陽王德、趙王麟擊賀訥，追奔至勿根山，訥窮迫請降，徙之上谷，質其弟染干於中山。

同卷，〈太元十六年正月〉又載：賀染干謀殺其兄訥，訥知之，舉兵相攻。魏王珪告于燕，請爲鄉導以討之……夏四月，燕蘭汗破賀染干於牛都……六月，甲辰，燕趙王麟破賀訥於赤城，禽之，降其部落數萬。燕主垂命麟歸訥部落，徙染干於中山。

〔註104〕《資治通鑑》，卷一〇七，〈晉紀二十九・太元十六年〉，頁3399。

〔註105〕《資治通鑑》，卷一〇八，〈晉紀三十・太元二十年〉紀事：魏王珪叛燕，侵逼附塞諸部。五月，甲戌，燕主垂遣太子寶、遼西王農、趙王麟帥眾八萬，自五原伐魏，范陽王德、陳留王紹別將步騎萬八千爲後繼。散騎常侍高湖諫曰：「魏與燕世爲婚姻；彼有內難，燕實存之，其施德厚矣，結好久矣。間以求馬不獲而留其弟，曲在於我，奈何遽興兵擊之。拓拔涉圭沈勇有謀，幼歷艱難，兵精馬強，未易輕也……言頗激切，垂怒，免湖官。

〔註106〕《魏書》，卷二，〈太祖紀二〉，頁24。

〔註107〕《魏書》，卷二，〈太祖紀二〉，頁25。

〔註108〕同註108。

族，復與慕容氏情誼不睦，但眼見後燕連破翟遼、西燕，亦不敢輕忽，於是
「悉徙部落畜產，西渡河千餘里以避之。」〔註109〕後燕追及於參合陂（今大
同東北），根據史載，這次戰爭的結果是：

> 珪縱兵擊之，燕兵赴水，人馬相騰躡，壓溺死者以萬數。略陽公遵
> 以兵邀其前，燕兵四五萬人，一時放仗斂手就禽，其遺逃去者不過
> 數千人，太子寶等皆單騎僅免，殺燕右僕射陳留悼王紹，生禽魯陽
> 王倭奴、桂林王道成、濟陰公尹國等文武將吏數千人，兵甲糧貨以
> 鉅萬計。〔註110〕

　　從太元十年慕容溫經營中山開始，至參合陂之敗的十年間，慕容氏傾全
力經營太行山走廊，尤其是國都所在的中山，更是發展重點。一方面與河北
平原漢人維持良好關係，以保物資來源不斷〔註111〕；另方面大量徙民入居中
山，以鞏固領導重心〔註112〕，才能在不及十年之間南平翟遼、西伐西燕。但
是參合之敗，燕之精英或死或坑，一時並盡，不得不遠引龍城、薊之守軍南
下中山，才使「燕人之氣稍振」〔註113〕。不過，在經過這次大挫折後，元氣
大傷，中山政權沒落也自此開始。

　　首先顯示後燕政權不穩的是河北平原漢人的抗拒。由於慕容寶一心雪
恥，參合之敗未及二個月，即發兵冀州，這雖然是後燕人才凋零後不得不爾
的舉動，但在兵敗殘亂之餘，引起強烈反彈也是可以想見之事，於是：

> 燕王垂遣征東將軍平規發兵冀州。二月，規以博陵、武邑、長樂三
> 郡兵反於魯口，其從子冀州刺史喜諫，不聽。

〔註109〕《晉書》，卷一二三，〈慕容垂載記〉，頁3089，及《通鑑》太元二十年紀事。
〔註110〕《資治通鑑》，卷一〇八，〈晉紀三十·太元二十年〉，頁3422。
〔註111〕《資治通鑑》，卷一〇八，〈晉紀三十·太元二十年〉，頁3424。
〔註112〕詳見本論文第七章第三節所論。
〔註113〕《資治通鑑》，卷一〇八，〈晉紀三十·太元二十年十一月〉紀事載：丙戌，
　　　　日出，魏軍登山，下臨燕營；燕軍將東引，顧見之，士卒大驚擾亂。珪縱兵
　　　　擊之，燕兵赴水，人馬相騰躡，壓死者以萬數。略陽公遵以兵邀其前，燕
　　　　兵四五萬人，一時放仗斂手就禽，其遺逃去者不過數千人，太子寶等皆單騎
　　　　僅免。殺燕右僕射陳留悼王紹，生禽魯陽王倭奴。桂林王道成、濟陰公尹國
　　　　等文武將吏數千人，兵甲糧貨以鉅萬計……魏王珪擇燕臣之有才用者代郡太
　　　　守廣川賈閏、閏從弟驃騎長史昌黎太守彝、太史郎遼東晁崇等留之，其餘欲
　　　　悉給衣糧遣還，以招懷中州之人。中部大人王建曰：「燕眾強盛，今傾國而來，
　　　　我幸而大捷，不如悉殺之，則其國空虛，取之為易。且獲寇而縱之，無乃不
　　　　可乎！」乃盡阬之。

平規很可能是參與後燕政權的漢人豪族〔註114〕，以征東將軍職銜駐紮魯口，為慕容氏經營河北中部，且與漢人有較深的聯絡；他的反叛顯示河北三郡對發兵伐魏的反對態度，後燕與漢人的交惡，這件事恐怕也是首肇其端。魯口之反雖隨著平規南逃河南，暫時告一段落。與河北漢人關係較深的燕王垂卻死在復仇的途中，太子慕容寶與中部漢人的關係顯較疏遠，即位後立刻對漢人採取更嚴密精刻的控制的手段，以穩定新興領導中心。《晉書》，卷一二四，〈慕容寶載記〉：

> （寶）校閱戶口，罷諸軍分屬郡縣，定士族舊籍，明其官儀，而法峻政嚴，上下離德，百姓思亂者十室而九焉。

蔭戶是中古時代漢人社會的一大特點，慕容寶明指「校閱戶口」、「定士族舊籍」，這種搜括隱戶的舉動即針對他們而來。中山地區自然條件的限制逼使後燕不得不加緊對中部的控制，卻遭到「上下離德，百姓思亂者十室而九」的更大反彈，河北中部漢人的自主性在此也完全透露出來。而後燕政權在此一連串打擊之後，統治範圍似乎已退縮至中山地區。慕容寶定士籍、校戶口後不及三個月，魏乘并州之勝東下，寶於是集群臣於東堂論中山戰守之道：

> 中山尹苻謨曰：「魏軍強盛，千里轉鬥，乘勝而來，勇氣兼倍，若逸騎平原，形勢彌盛，殆難為敵，宜度險距之。」中書令眭邃曰：「魏軍多騎，師行剽銳，馬上齎糧，不過旬日。宜令郡縣聚千家為一堡，深溝高壘，清野待之，至無所掠，資食無出，不過六旬，自然窮退。」尚書封懿曰：「今魏師十萬，天下之勁敵也。百姓雖欲營聚，不足自固，是則聚糧集兵以資強寇，且動眾心，示之以弱。阻關拒戰，計之上也。」慕容麟曰：「魏今乘勝氣銳，其鋒不可當，宜自完守設備，待其弊而乘之。」於是修城積粟，為持久之備。〔註115〕

《通鑑》對這段討論，敘述更為明確，指出這段防守計劃的重點在「完守中山地區」：

> ……趙王麟曰：「魏今乘勝氣銳，其鋒不可當，宜完守中山，待其弊而乘之。」於是修城積粟，為持久之備。命遼西王農出屯安喜，軍事動靜，悉之委麟。〔註116〕

〔註114〕《資治通鑑》，卷一○八，〈晉紀三十・太元二十一年〉，頁3425。
〔註115〕《晉書》，卷一二四，〈慕容寶載記〉，頁3094。
〔註116〕《資治通鑑》，卷一○八，〈晉紀三十・太元二十一年〉，頁3432。

安喜位於盧奴東南，滱水北岸，是離國都最近的大縣（參見圖二十三），慕容農出屯於此，顯見後燕是採取「完守中山」的態度。封懿爲幽州漢人大族，其與宗室重臣趙王有完全相同的看法，反對眭邃守在河北平原之議，可能是對當時中部漢人態度改變狀況有相當的瞭解。

這種離析之勢到拓拔珪兵及太行山走廊時，立即展現出來，《通鑑》，卷一〇八，〈晉紀三十・孝武帝太元二十一年十月〉記事：

> 魏王珪進攻常山，拔之，獲太守苟延，自常山以東守宰，或走或降，諸郡縣皆附於魏，惟中山、鄴、信都三城爲燕守。

在短短不到一個月之間，常山以東廣大河北地區皆不戰而降，如非內部有重大變化，實在難以解釋。《晉書》，卷一二四，〈慕容寶載記〉記述此後情形爲：

> 魏攻中山不克，進據博陵魯口，諸將望風奔退，郡縣悉降于魏，寶聞魏有內難，乃盡眾出距，步卒十二萬，騎三萬七千，次於曲陽柏肆。魏軍進至新梁。寶憚魏師之銳，乃遣征北隆夜襲魏軍，敗績而還。魏軍方軌而至，對營相持，上下凶懼，三軍奪氣。農、麟勸寶還中山，乃引歸。魏軍追擊之，寶、農等棄大軍，率騎二萬奔還。時大風雪，凍死者相枕于道。寶恐爲魏軍所及，命去袍仗戎器，寸刃無返。魏軍進攻中山。〔註117〕

曲陽柏肆之戰是後燕企圖爭回魯口而發動的生死存亡戰爭，慘敗的結果，使得後燕一直賴以維生的魯口供給線徹底被切斷，中山從此陷入艱苦的圍城戰。在外援難至、兵臨城下的狀況下，中山城中面臨的卻是不斷的內鬨，與嚴重的飢饉。在此起彼仆的政爭中，中山民固因「恐復如參合之眾」〔註118〕，堅守城池，「男女爲盟，人自爲戰」〔註119〕，誓死不降；但連續的飢窘卻逼得慕容詳不得不出據新市，而爲魏師所乘，結束了中山的政權。其中原委據史籍載爲：

> 秋七月，慕容詳殺可足渾潭。詳嗜酒奢淫；不恤士民，刑殺無度，所誅王公以下五百餘人，群下離心。城中飢窘，詳不聽民出采稆，

〔註117〕《晉書》，卷一二四，〈慕容寶載記〉，頁3094～3095。

〔註118〕《晉書》，卷一二四，〈慕容寶載記〉，頁3095～3096。

〔註119〕《資治通鑑》，卷一〇九，〈晉紀三十一・隆安元年三月〉紀事：中山城中無主，百姓惶惑，東門不閉……珪盡眾攻之，連日不拔。使人登巢車，臨城諭之曰：「慕容寶已棄汝走，汝曹百姓空自取死，欲誰爲乎？」皆曰：「群小無知，恐復如參合之眾，故苟延旬月之命耳。」

死者相枕，舉城皆謀迎趙王麟。詳遣輔國將軍張驤帥五千餘人督租
於常山，麟自丁零入驤軍，潛襲中山，城門不閉，執詳，斬之。麟
遂稱尊號，聽人四出采稆，人既飽，求與魏戰，麟不從，稍復窮
餒。〔註120〕

《晉書》，卷一二四，〈慕容寶載記〉又云：

詳僭稱尊號……城中人飢，公卿餓死者數十人。麟率丁零之眾入中
山，斬詳及親黨三百餘人，復僭稱尊號。中山飢甚，麟出據新市，
與魏師戰於義台，麟軍敗潰。魏師遂入中山，麟乃奔鄴。〔註121〕

　　慕容垂立國中山，本來就是鄴經濟區解體及黃泛區複雜化後，一項極不
得已的措施。但受自然地理與經濟自限性的影響，立足中山必須與魯口緊
密結合，藉著這個物資轉運站的輸送功能，使河北之物質供應能源源不絕的
進入中山，以維持後燕政權。這是整個 L 型胡人政權的政、軍、經濟運作體
系破裂後，一種維繫新政權生存的新方式。可惜這種有效的供需運作在參合
陂之敗後，開始分崩離析，中部平原的漢人社會對於慕容寶企圖雪恥而做
的徵兵、出戶聚糧行為強烈反彈，以致魯口叛亂、漢人離心；維生臍帶既斷，
中山立陷孤窮，魏軍揮兵南下，後燕防守也只好逐漸向滱水中游的中山城
退縮，殆至圍城，氣數已盡，無法再挽狂瀾。

〔註120〕參見《資治通鑑》卷一〇九，〈晉紀三十一‧隆安元年七月〉紀事。
〔註121〕《晉書》，卷一二四，〈慕容寶載記〉，頁3096。

第六章　沮洳帶與中古前期之民族線

第一節　河北平原的質性與水文

中國北部地區是以黃土爲主要構成基礎的沖積平原地帶，黃土質軟易崩，隨水而下，至平緩地區沉澱，形成三角洲。根據地理學家的研究，河北平原本來是一個大海灣，山東丘陵是這個海灣中的一群島嶼，黃河沖積扇的向東發展，把這個海灣分成南北兩部份。同時從山西高原流出的永定河、滹沱河和漳河等許多河流，也分別在出山口形成較小的沖積扇。黃河出山後，最初可能循太行山腳向東北流，由於上述小沖積扇的產生，使得地勢逐漸淤高，迫使黃河改道南流，在南方形成淮河水系。當黃河再次改道向東北，流向渤海時，黃河所形成的三角洲，亦迅速向東北伸展，與漳河、滹沱河、永定河等沖積扇相連，形成海河水系〔註1〕。而這些縱橫在河北平原上的河川，都具有含沙量高、枯洪懸殊的特性，重以河北平原地形平坦，本就不易形成良好的水道，所以河水所至，泥沙沉積、泛濫，改道所在多是，造成本區極特殊的景觀。沈括在《夢溪筆談》卷二十四中，就其奉使北行至河北平原沿途所見記云：

> 予奉使河北，遵太行而北，山崖之間，往往銜螺蚌殼及石子如鳥卵者，橫亙石壁如帶。此乃昔之海濱，今東距已近千里。所謂大陸者，皆濁泥所湮耳。堯殛鯀於羽山，舊說在東海中，今乃在平陸。凡大河、漳水、滹沱、涿水、桑乾之類，悉是濁流。以關陝以西，

〔註1〕參見陳正祥著，《中國文化地理》，第五篇，〈黃土高原和黃河〉，頁150。

水行地中，不減百餘尺，其泥，歲東流，皆爲大陸之土，此理必然。〔註2〕

明白的指出河北平原的形成，是諸河沖積的結果，而整個平原的地勢，也依沖積扇方向向東、向北緩緩傾斜。〔註3〕

今天所有河北平原上的河流，除了黃河以外，咸屬海河水系。該水系具有「上游分散，下游集中」的特性〔註4〕，諸河在平原上先匯成潮白河、北運河、永定河、大清河、滏陽河、滹沱河、子牙河、漳河及南運河等九條大川，再匯歸海河入海。這蛛連網密的水道，正是溝通河北平原的交通要件。不過，本區水系之所以成爲交通要道，並非全爲自然所致，而是經由人爲不斷的努力，方始構成的。下面將就河北平原水系及幾條重要的交通線略述其後。

一、清　河

上古時期，黃河河道在河北平原上擺動，並東注於海，其最北之入海口，約在今天津附近，因此海河水系中的大清水系，及其以南各水，都曾流入黃河，而隸屬於黃河水系〔註5〕（參見圖十）。隨後黃河入海口漸行南移，至西漢時，黃河已改由章武境入海〔註6〕，黃河不斷向東南流徙，其下游及入海河道也隨之漸次南移。每南移一次，黃河所留下的原下游入海河道，就爲北邊其他河流所奪，原來章武海口以北、流歸黃河的滱水（包括中游的易水、淶水、及下游的桃水）、滹沱河（包括滋水）及故漳河水系（包括上游的

〔註2〕 沈括，《夢溪筆談》（台北：商務印書館，民國57年出版）卷二十四所載。

〔註3〕 根據地理學者陳正祥的統計，這種傾斜度，在現代一百萬分之一的地形圖上測量，平均爲五千至六千分之一。故鄭州北邊的黃河岸海拔爲八十四米，從此向東北到河北省武強縣南部的滏陽河邊，兩地相距三九三公里，海拔已下降爲十九米，平均每公里下降○‧一六五米，坡度爲六○四六分之一；向東到山東省齊河縣的黃河邊，相距三四四公里，海拔六十三米；降爲二十八米，平均每公里下降○‧一六三米，坡度爲六一四三分之一。參見氏著上引書，頁151，註16。

〔註4〕 海河上游，流程在十公里以上的河有三百多條，分別匯歸爲北運河、永定河、大清河、子牙河和南運河五條大河，最後全歸於海河入海，故稱其有「上游分散、下游集中」的特性。詳見中國科學院自然地理編輯委員會編，《中國自然地理》（北京：科學出版社），第十冊，頁152～153。

〔註5〕 同註4，頁153。

〔註6〕 《漢書》，卷二十八上，〈地理志第八〉上，〈魏郡‧館陶〉注文云：「河水別出爲屯氏河，東北至章武入海，過郡王，行千四百里。」

白渠水、斯洨水、洨水、濟水、泜水、渚水、蓼水、洺水、渦水、泜水等），便逐一擺脫黃河、單獨分流入海，致屬於黃河水系者，也僅剩漳河及其以南的洹、淇二水。故自西漢後，河北平原諸水已逐漸脫離了黃河水系，呈現出各自發展的形勢，彼此間的關連甚少，對人類文化的影響，也遠不及平原南部的黃河水系。

新莽始建國三年（西元 11 年），黃河自濮陽西北的長壽津決而東去〔註7〕，由今天的山東入海，從此館陶、靈縣不再為大河所經，屯氏、鳴犢二河及由屯氏河所分出的屯氏別河、張甲河等，也同歸於堙塞。經過這一大改變，河北南部的魏郡、清河與平原郡（以上皆指漢郡），雖然因此免掉了洪水氾濫的大患，但卻造成原來注入黃河的清、漳諸水下游河道的變化。

西漢的清淵，原為內黃的清河水和洹水所匯注，在大河改道南行後，不能無所歸，乃溢出東北，流經張甲河故瀆，過廣宗縣東、東武城縣西、再逕廣川縣東、蓨縣，南行屯氏故瀆，又東北過東光縣西，行大河故瀆，過南皮縣西、至北皮亭東、合漳水〔註8〕（參見圖二十四），而成為河北平原上一條源遠流長，貫穿中南部的大川，是為清河〔註9〕。清河的上游，支流單純，含沙量低，故而水質清澈，乃以清河為名，尤其在夏季暴雨時期，有黃澤可供調節水量〔註10〕，使得氾濫機會大為減低，於是沿著清河，逐漸發展出一條溝通河北中、南部的交通線〔註11〕，對中部的開發，有著極積極、主動的

〔註7〕詳見本論文第三章第一節所論。

〔註8〕同註7。

〔註9〕參見《漢書》，卷九十九，〈王莽傳〉，及譚其驤編，《歷史地圖集（二）》。

〔註10〕清河上源雖有洹水、蕩水及清河水，不過蕩水及清河水下游連接黃澤，在暴雨時節，黃澤有調節水量，沈澱泥沙的功用，使清河的水量及含沙量減少。

〔註11〕《三國志》，卷八，〈公孫瓚傳〉，頁 242：是時，（袁）術遣孫堅屯陽城拒卓，（袁）紹使周昂奪其處。術遣越與堅攻昂，……越為流矢所中死，瓚怒……，遂出軍屯磐河（平原郡），將以報紹。紹懼，以所佩勃海太守印綬授瓚從弟範，遣之郡，欲以結援。範遂以勃海兵助瓚，破青、徐黃巾，兵益盛，進軍界橋（廣宗東南），以嚴綱為冀州、田楷為青州，單經為兗州，置諸郡縣。紹軍廣川（信都東），令將麴義先登與瓚戰，生禽綱。瓚軍敗走勃海與範俱還薊，於大城東南築小城，與虞相近，稍相恨望。」
據嚴歸田師先生的考證，唐代的河北地區，除太行山脈東麓走廊之南北驛道外，仍有兩條貫通南北的交通幹線。其中一條由魏州（大名）東北行，經館陶、永濟、臨清、清河、歷亭、長河、安陵、東光、南皮、長蘆等地，遠達幽州。這條交通路線在靜海以南，沿永濟渠而築（參見《唐代交通圖考》篇48，〈河北平原南北交通兩道〉）。而清河正為永濟渠之前身，若從漢末三國時

意義。

河北中、北部的開發，由於河泛的限制，曾經是中國文化中心區內，發展較晚的一個地區〔註 12〕，不過這種情形在新莽期間完全改變了。王莽初年，黃河決於魏郡，由於王氏祖墳在元城（今大名縣東），河決東去，元城可免水溢之患，莽遂任河泛濫，不加隄塞，水患所至，使清河郡以東及沿河以下諸地大受影響〔註 13〕，卻也改善了河北中、北部的自然環境，其中尤以河間、信都的影響最大。河間與信都原本即是河北平原上最乾旱、雨量最稀少的地帶〔註 14〕，向來就因農耕條件差而人口稀少，開發也較周圍地區晚。然自西漢末，天下紛擾，南匈奴趁機南侵，入常山關、居庸關以東，進寇上谷、上黨、中山、常山等地〔註 15〕；西羌亦深入河內、上黨、河東侵擾〔註 16〕，太行山區胡蹤屢現，東漢政府只好沿著山麓，從中山經常山、趙國、到魏郡修築一系列的塢堠〔註 17〕以為抗禦。這道防線的修築，代表東漢政府對河東、關內胡患無能為力的一項宣告，不但導致關內防線全面的退縮，也使得當地人口急速的減少，《後漢書》，卷八十七，〈西羌傳〉云：

> 羌既轉盛，而二千石、令、長多內郡人，並無守戰意，皆爭上徙郡縣以避寇難。朝廷從之，遂移隴西徙襄武，安定徙美陽，北地徙池陽，上郡徙衙。百姓戀土，不樂去舊，遂乃刈其禾稼，發徹室屋，

公孫瓚進軍、退兵路線看來，似乎即在前述交通路線上活動。再據譚宗義先生在〈漢代國內陸路交通考〉一文對河北交通線的考證，漢時通過河北到塞外的交通要道，只有沿著太行山東麓的孟津邯鄲道，並無這一條交通路線。故作者頗疑此交通線之形成，當在新莽四年黃河改道後才形成的，故至三國時，猶為一條小徑。

〔註 12〕參見本章上節所論。

〔註 13〕參見本文第三章第一節。

〔註 14〕同註 13。

〔註 15〕《後漢書》，〈列傳第七十九‧南匈奴傳〉，頁 2940 載：初，使命常通，而匈奴數與盧芳共侵北邊。（建武）九年，遣大司馬吳漢等擊之，經歲無功，而匈奴轉盛，鈔暴日增。十三年，遂寇河東，州郡不能禁。於是漸徙幽、并邊人於常山關、居庸關已東，匈奴左部遂復轉居塞內。朝廷患之，增緣邊兵郡數千人，大築亭侯，修烽火。……二十年，遂至上黨、扶風、天水。二十一年冬，復寇上谷、中山，殺略鈔掠甚眾，北邊無復寧歲。

〔註 16〕《後漢書》，〈列傳第七十七‧西羌傳〉，頁 2887，內文載云：（永初）五年春，……羌遂入寇河東，至河內，百姓相驚，多奔南度河。

〔註 17〕同註 16，其下又載曰：使北軍中侯朱寵將五營士屯孟津，詔魏郡、趙國、常山、中山繕作塢侯六百一十六所。

夷營壁，破積聚。時連旱蝗飢荒，而驅蹙劫掠，流離分散，隨道死
亡，或棄捐老弱，或爲人僕妾，喪其大半。〔註18〕

太行山東麓諸郡人口既因避禍而向東遷徙，而河間、信都及平原因在中山、
常山、河內之東，正是太行山東、西兩麓遷徙的尾閭〔註19〕。因此，在東漢
北方人口因社會動盪不安而大量減少之際，河間、信都、平原卻能獨樹一幟，
不減反增，成爲人民遷徙的聚居點，其中尤以河間人口的增長率最高，達到
百分之二〇八（參見表十三）。人口大量的徙入，自然造成本區進一步的發展。

　　河北中部進一步開發的原動力，即是徙入人口對於自然環境的主動改善
力。漢末農牧線南移，山西地區又快速胡化，可耕地急驟縮小，對河北的倚
重加深。曹操主政，積極經營黃河南北，對於這條能夠溝通中、南部的天然
河道——清河，當然不會放棄。建安九年（西元204年），首先在枋頭（今
浚縣西南）築堤，把原來流入黃河的淇水堵截，使改流入白溝〔註20〕，清河
由於有淇水爲水源，自此才逐漸發展爲一條大河，並成爲溝通中、南部的運
道。

　　要使舟航暢通，就必須使運道保持一定水量，爲了解決「水源」這個關
鍵性的問題，曹操除導引淇水爲清河上源外，又在建安十八年（西元213年）
開鑿利漕渠，截斷漳水中游，引水入清河〔註21〕，目的即在增加水源，以利
漕運。從此，不但解決了清河航運的問題，清河與漳河也因利漕渠的開鑿，
連成一個完整的水系網〔註22〕（參見圖二十三）。雖然這個水系網在通航上受
到季節性的限制〔註23〕，只限於夏秋時分，但是河北中部地區，卻因爲清河

〔註18〕同註17，頁2887～2888。
〔註19〕參見史念海著，《河山集（一）》，〈戰國至唐初太行山東麓經濟地區的發展〉，
　　　　頁150～151。
〔註20〕《水經注》，卷十，〈濁漳水〉，頁1381：又東北過斥漳縣南。應劭曰：其國斥
　　　　鹵，故曰斥漳，漢獻帝建安十八年，魏太祖鑿渠引漳水東入清洹，以通河漕，
　　　　名曰利漕渠。漳津故瀆水舊斷，溪東北出，涓流幑注而已。
〔註21〕《三國志・魏書》，卷一，〈武帝紀第一〉，頁42。
〔註22〕參見譚其驤，〈海河水系的形成〉，頁1～27。譚氏認爲海河水系網，形成於建
　　　　安十一年（西元206年）。
〔註23〕清、淇二水和以丹水爲源的白溝能通航，卻不勝重載：尤其是白溝與大河之
　　　　間的水道，在夏秋水盛時，可經由枋頭城南的淇水通航，深秋水落即無法通
　　　　行。隋煬帝因此在大業四年正月開永濟渠時，在沁水下游東北岸開渠，引沁
　　　　水東北流會清水入白溝，從而使河南北來的運船，到達黃河後，再溯水至渠
　　　　口，順流而下，抵今天津。

水利網的修築，與航運的到達，使得本區能與繁榮的三魏地區，連成一線，邁入發展的時代。

二、漳　河

　　漳河原是黃河中、下游最大的一條支流，〈禹貢〉所謂「覃懷底績，至于衡漳」及「北過降水」〔註24〕中的衡漳與降水，一般咸認爲指的是漳水。這兩條河的下游，在黃河自天津附近入海時，均注入黃河〔註25〕。後來黃河南徙，北方支流遂逐漸脫離黃河，到西漢年間，清絳水在東光左近入河，北邊的故漳河則與滹沱河交會出海（參見圖十）。東漢初，黃河改道東流，不逕河北平原出海，清絳水下游於是奪黃河故道，在浮陽縣西（漢縣）與東來的漳水會合入海。由是可知，至少在西漢時代，清絳與衡漳，仍是截然不同、兩個各擁支流、獨自發展的水系〔註26〕（參見圖十）。但到了三國以後，清絳水在今新河縣（曹魏堂陽縣南）西、與故漳河流道最接近之處，匯流入漳，從此漳、絳下游斷流，清絳、漳水水系合而爲一；由原清漳河的上游支流清漳、濁漳開始，到中游原故漳河的支流洺水、渦水、泜水等串連在一起，成爲中古時期太行山東麓的重要水系（參見圖二十四）。

　　漳河的變遷在河北諸水系中，是比較頻繁與複雜的，傳統上的說法，謂漳河變動的範圍爲「北不過滏，南不過衛」。以今日的眼光看來，由於漳河的北面有古大陸澤（今寧晉澤）的存在，使得漳河出大陸澤後的下游擺動範圍受到限制，不致越過大陸澤，而僅在滏陽河南北範圍之內〔註27〕，故稱「北不過滏」。至於向南擺動的極限，黃盛璋先生更精確的指出，絕不出今日的安陽河〔註28〕（參見圖二十三）。光緒《畿輔通志》把歷年來漳河所逕分爲三支，三支變動的頂點，大致是在漳河出山後鄴鎮（古鄴都）的西邊，志書稱爲三台口的地方。三支中，南支約在館陶附近入口〔註29〕；北支則由三台口北上，

〔註24〕見《尚書》（台北：藝文印書館十三經注疏本，民國58年），卷六，〈禹貢〉，頁4。

〔註25〕中國科學院自然地理編輯委員會，前引書，頁171。

〔註26〕參見《水經注》，卷十，〈濁漳水〉，頁1405～1409。及譚其驤主編，《中國歷史地圖集》第二冊，頁26。

〔註27〕中國科學院自然地理編輯委員會，前引書，頁171。

〔註28〕同註27。

〔註29〕漳河南道出現時間較晚，最初只是作爲支流，並且和人工鑿引以支援運河水源有關。曹操在白渠、平虜、泉州、新河等渠開通後，又於建安十八年（西

經滋縣、邯鄲之東，由小漳河或二者之間及其左右故道，逕廣宗、平鄉、巨
鹿匯入寧晉泊，再由古代衡水、葫蘆河（即今滏陽河）下游，及其南北所能
變徙之道，合滹沱河或運河入海；中支出南北二支之間，經成安、廣平及邱
縣間，由老漳河（即清河）或其左右故道經阜城、交河等處，于滄縣（故青
縣）南北合滹沱河或運河入海〔註30〕。《漢書・地理志》所載的漳水在進入平
原後，經過鄴（濁漳水入）、邯鄲（漳水入）、列人（白渠水入）、蔣縣（張甲
河入）入河，走的是中道〔註31〕，即清絳水河道。三國以後，絳水與漳水合
爲一條水系，故《水經》所記漳水出鄴縣西後，過列人，斥章縣南，經曲周、
巨鹿縣東，堂陽縣西、扶柳縣北，信都、下博縣西、阜城縣北，再東北流過
東成陵縣東北、成平縣南、章武縣西，最後在平舒縣南，東流入海〔註32〕，
走的是北道，也就是歷史地理學者所認爲的禹河故道〔註33〕（參見圖二十五）。

　　今日的漳水混濁，一到夏雨季節，水流湍悍，動輒漲溢〔註34〕，《讀史方
輿紀要》云：

> 漳水（今漳水）流濁易決，舊漳河（中古時期漳水）久滇淤，不能
> 容水，每至漲溢，則西入滏陽，東入新漳，而沙、洺諸流亦不時泛
> 濫，與漳滏諸流合爲一壑，民被其害。〔註35〕

是謂近世漳河泛濫的區域，已涵蓋了漳河河道南北擺動的兩大極限。由於資
料的缺乏，我們很難證明漳河古今泛濫的狀況相同，但是若據地理的形勢來
推測，漳水水系在漳絳分流的東漢時代，漳水在夏雨季節有大陸澤可供調節

元 213 年）開利漕渠，在肥鄉之北引漳水于館陶入白溝，這是漳河南支的開
　　始。利漕渠不久之後即廢棄，至北魏時，才又在利漕渠北，修鑿阿難渠，可
　　見漳河南支在中古時期，還是出於人工之開築，不時存在，並不是漳河正支
　　的支流。
〔註30〕同註23。
〔註31〕參見《漢書・地理志》，河北各郡國、各縣下所記各條。
〔註32〕參見《水經注》，卷十，〈濁漳水〉所載。
〔註33〕岑仲勉在《黃河變遷史》中指出：禹河就是東周時所徙的河道，初時在北約
　　分爲兩道，即二渠出海；一北支，即鄴東故大河，越過鄴縣（今臨漳縣西南），
　　合著濁漳、清漳向章武（今滄縣東北）流入勃海；又一東支，東出長壽津（約
　　今滑縣東北），經高唐至千乘入海，別號漯川。兩支當中，在古典派的眼光看
　　去，當然以北支爲正流。
〔註34〕龍文彬等，《武邑縣志》（台北：成文出版社據同治十一年刊本影印）卷一，〈河
　　渠〉載：……按諸說互有異同，大約漳河混濁，所過輒淤，性尤湍悍，旁激
　　不就約束，故南北遷徙，時復改易……。
〔註35〕顧祖禹，前引書，卷十五，〈順德府・平鄉縣・濁漳河〉，頁 673。

水量，而絳水下游的清河水量亦少，泛濫的情形應不嚴重。但三國以後，漳絳兩水合流，幾將太行山脈南麓全部的河川，納入一條水系〔註36〕，這些地區位在迎風區，是河北地區的夏雨集中帶，山區洪水宣洩而下，大陸澤難以消納，於是沿著漳河兩岸向南、北泛濫。據史籍所載，漳水泛濫的起點，是在出山口的鄴縣，即「河伯娶婦」的所在地〔註37〕，然後隨河而下，泛濫肥鄉〔註38〕、斥丘〔註39〕、斥章〔註40〕、曲周〔註41〕、南巒〔註42〕、堂陽〔註43〕

〔註36〕 此時的漳水水系包括清漳水、濁漳水（涅水、涷水）、滏水、洺水、渦水、泜水等。

〔註37〕 《史記》，卷一二六，〈滑稽列傳第六六〉，頁3211：魏文侯時，西門豹爲鄴令。豹往到鄴，會長老問之民所疾苦，長老曰：苦爲河伯娶婦，以故貧。……民人俗語曰「即不爲河伯娶婦，水來漂沒，溺其人民」云。

〔註38〕 樂史，《太平寰宇記》（台北：文海出版社，民國52年），卷五十八，〈河北道七·洺州·肥鄉縣〉載：列人埠或曰列人堤，縣居其上，揮即堤也，後魏孝昌中，有人於此掘得破船，仍是杉材，尚堪用，莫測其由，蓋是漳水亦積淤泥，遂成高岸。
又《舊唐書》（台北：鼎文書局標點本，民國65年），卷一八五，〈韋景駿傳〉云：神龍中累轉肥鄉令，縣北界漳水、連水泛濫、舊堤迫近水漕，雖修築不息，而湮沒相繼，景駿審其地勢，拓南數里，因高築堤，南以無患，水去而堤北稱爲腴田。
以上皆可證明漳河在肥鄉附近已成懸河，時時泛濫。

〔註39〕 《元和郡縣圖志》（北京：中華書局，1983年一版），卷第十六，〈河北道一·相州·成安縣〉載：成安縣，本漢斥丘縣地，屬魏郡，土地斥鹵，故曰斥丘。」足見漳水在此曾有長時間、嚴重的泛濫情況，且時間不晚於漢朝。
又《成安縣志》，卷一、二，〈疆域〉及〈地理〉卷中載：（成安）漢名斥邱，屬魏郡，顏師古言：地多斥鹵，故名斥邱。……境無山，雖有漳河故道縱橫十數枝，然皆沙蹟纍纍，並無涓滴之水以爲利……所遺沙蹟纍纍，若珠貫串，春秋風起，彌天漫日，掃殺鄰近禾苗，而溯其來源，要皆漳水階之屬也。

〔註40〕 《水經注》，卷十，〈濁漳水〉，頁1381：「又東北過斥漳縣南。應劭曰：其國斥鹵，故曰斥漳，漢獻帝建安十八年，魏太祖鑿渠引漳水東入清洹，以通河漕。」可證此處不但曾遭泛濫，地呈斥鹵，且到三國初期時，地勢仍低下，曹操可因勢鑿渠。

〔註41〕 《水經注》，卷十，〈濁漳水〉，頁1379：（牛首水）東南流注拘澗水，又東入白渠，又東入潰出焉，一水東爲澤渚，曲梁縣之雞澤也。國語晉語所謂雞邱矣。東北通澄湖。楊守敬注文曰：「按續漢志，曲梁有雞澤，元和志洺州永年縣，雞澤在縣西南十里，魚鼈發黃州縣所資。唐永年縣即全縣治。……澄湖……在曲周西北，今湮。」可見曲周附近沼澤、湖塘甚多，爲漳水的泛濫區。

〔註42〕 《水經注》，卷十，〈濁漳水〉，頁1398～1399：（銅馬祠）廟側有碑，述河內蕭武縣張導，字景明，以建安三年爲鉅鹿太守。漳津泛濫，土不稼穡，導披按地圖，與丞彰參搆、馬道嵩等，原其逆順，揆其表裏，脩防排通，以正水路，功績有成，民用嘉賴，題云漳河神壇碑。……衡水又北逕鉅鹿縣故城東……

及武強〔註44〕諸縣（以上皆為晉魏屬縣），幾可說沿著漳水中下游的縣分都有水患之虞，而形成了星羅棋布的沼澤、湖塘地帶，及日後水涸後的斥鹵帶。史念海在《河山集》，〈由地理的因素試探遠古時期黃河流域文化最為發達的原因〉一文中表示：

> 說冀州的土壤是白壤，也不是沒有根據的，主要是在太行山東，現在的河北省境內，就在戰國時漳河岸旁的鄴的附近，還是終古的烏詞鹵。鄴在今河北臨漳縣，西漢時，這裡有斥丘和斥章兩個縣。斥丘在今河北省魏縣西，斥章在今曲周縣南，兩縣都以斥為名、乃是由于其地多斥鹵的緣故。後來到北宋時，相、衛、磁、洺四州都有大量鹽鹼地，斥鹵不可耕。相州治所在今河南省安陽市，魏州治所在今河北省磁縣，洺州治所在今河北省永年縣舊城。這四州壤地相連，包括以前的舊鄴縣、斥丘、斥章諸縣在內，實際上都在上面所說的遠古時期黃河附近。

路溫舒，縣之東里人，父為里監門使，溫舒牧羊澤中，取蒲牒用寫書。
按銅馬祠在今鉅鹿縣北銅馬鎮（北魏南欒縣南），鉅鹿縣故城即今平鄉縣治，都是漳水泛濫的沼澤地帶。

〔註43〕《水經注》，卷十，〈濁漳水〉，頁1415：又北過堂陽縣西，衡水自縣，為二水，其一水北出逕縣故城西，世祖自信都以四千人先攻堂陽降水者也。水上有梁，謂之旅津渡，商旅所濟故也。其右水東出於注石門，門石崩褫，餘基尚在，謂之長蘆水……長蘆水又東逕九門陂故縣也。又北為博廣池，池多名蟹佳蝦，歲貢王朝以充膳府……扶柳縣故城在信都城西，衡水逕其西，縣有扶澤，澤中多柳，故曰扶柳也。
楊守敬認為九門陂即今寧晉泊、蓋後因漢之九門縣已淪為陂，而移於藁城西北。《水經注》又載：「百尺溝東南散流逕歷鄉東，而南入湨湖，東注衡水也。」熊會貞根據地形志；又參考道里，廮遙有歷城，在今寧晉縣東二十五里，寧晉泊即古湨湖。換句話說，今寧晉泊所在處，中古時期雖還未形成大湖，但已有小湖群形成，成為湨水等諸河流的尾閭，是一個沼澤地區。
〔註44〕《水經注》，卷十，〈濁漳水〉，頁1441～1443：衡漳又東北，右合張平口故溝，上承武強淵，淵之西南側水，有武強縣故治，故淵得其名焉。……耆宿云，邑人有行于途者，見一小蛇，疑其有靈，持而養之，名曰擔生；長而吞噬人，里中患之，遂捕繫獄，擔生負而奔，邑淪為湖，縣長及吏咸為魚矣！今縣治東北半里許落水，淵水又東南結而為湖，又謂之郎君淵。耆宿又言，縣淪之日，其子東奔，又陷於此，故淵得郎君之目矣。淵水北通謂之石虎口，又東北為張平澤，澤水所泛，北決隄口，謂之張刀溝。北注衡漳，謂之張平口，亦曰張平溝，水溢則南注，水耗則輟流。
又《武強縣志‧山川》，頁80云：自漢迄元，旋塞旋決，明成化壬寅秋壞城西北隅，縣治內行舟……為害尤甚。

再次說明漳河鄰近縣分，因受河泛影響，有斥鹵化的現象。但是大禹故河改道後，部分河道已為漳水所奪，故以上諸縣之斥鹵化，並不全然肇因於禹故河的泛濫，漳水奪河後的繼續泛濫，亦有絕大的影響。

北魏迄唐德宗貞元年間的兩百餘年中，漳水北支〔註45〕自今曲周縣以下改行大陸澤西〔註46〕，泛濫縣分也左移到雞澤（唐縣，今雞澤縣南）、南宮縣（今南宮縣西）附近。漳水在繞行大陸澤北後，仍行漳水舊道，與晉魏一樣造成河北中部堂陽（今新河縣西北）、武邑（今武邑縣）、信都（今冀縣）及衡水（今衡水縣西）的泛濫。〔註47〕

河北中部在西漢以前，由於黃河流經北道，在河北中、南部形成大規模的泛濫，造成與北方溝通上的困難。黃河改道南行後，清河既無泛濫之虞，因而沿河形成一道交通線，直抵南皮。但這道交通線，有季節性的限制；且即使在夏秋多雨的通航時節，也受到漳絳泛濫的影響，而在信都以東、廣川以西形成大片沼澤〔註48〕。這片沼澤向西連接漳水的泛濫帶〔註49〕，向東與

〔註45〕 隋唐時期，漳水自成安（即今成安）東北分為南北兩支，南支自成安東北逕清漳南，平恩東、臨清西、宗城東、清河西、棗強南、蓨縣東，至東光（今東光）入永濟渠。北支則經肥鄉、洺水西，雞澤東，平鄉西，繞行大陸澤西，東北行經堂陽、衡水、武強東，至長蘆（今滄州市）入永濟渠。

〔註46〕 北魏至隋之間，漳河北支在曲周以下逕行平鄉縣西，繞行大陸澤西邊，到寧晉附近再回復舊道。這一流道一直維持到唐德宗貞元年間，才為刺史元誼所移徙，遷回魏以前的舊道，自平鄉東出，入鉅鹿北十里故河，詳見《新唐書》，卷三十九，〈地理三〉及譚其驤《中國歷史地圖集》第五冊。

〔註47〕 漳河的支流之一沙河，在肥鄉之北，原為渦河，至隋改稱沙河。《元和郡縣志·河東道四·邢州·沙河縣》：「（開皇）十六年分龍岡于此，置沙河縣，以沙河在縣南五里。因此為名。」沙河縣與沙河之名至今未改，確屬多沙。由此支流縱觀漳河，可想見分支眾多的漳河之所以為懸河，其含沙量應當不低，故而河行地上（至少去地表不遠），有泛濫之虞，所以需要築隄以漳水。根據《新唐書·地理志》所示，漳河沿岸的雞澤、南宮、堂陽、武邑、清池皆築有長堤以漳水，如表所示。

而無論開渠築堤，皆是浩大的水利工程，非有強大的國力支持不可，中古時代除了唐代以外，北魏時期短暫的盛世，亦重於渠堰的修建（參見《魏書》、《北史》），而除此以外諸胡所建的國家，立國短，戰亂頻仍，無法致力於水利建設，漳水之泛濫情狀，亦想當然耳。

〔註48〕 《水經注》，卷十，〈濁漳水〉云：絳瀆又北逕信都城，東連于廣川縣之張甲故瀆，同歸于海。疏文云：「漢志，信都下故漳河、故摩沱河，皆在北東入海；禹貢，絳水亦入海；禹貢錐指曰漳絳水入河，及河徙之後，漳絳循河故道而下，故酈元云，水流間關，所在著稱，信都復見絳名而東入于海也。然漢志信都之絳水，則又有別志云，故漳河在北東入海，禹貢絳水亦入海，蓋縣北

清水相接，與漳水共同形成一道 L 型的屏障線，使得本區在上古時期形成一塊空曠的地帶。

自然的阻隔，雖然會影響本區的經濟發展，不過在亂世時，交通不便又形勢孤立的地帶，卻又是人們逃死求生的最佳去處〔註 50〕。西漢以降，河北動蕩不安，兵燹天災屢興〔註 51〕，一般寒門小戶無力南遷者，自然就選擇本區了以寄生，而導致人口大量增加。根據譚其驤先生的統計，冀州在西漢北部諸州中，戶口數次於兗、豫、司隸，位居第四，到東漢以後，升至第三位，西晉時代就僅次於司州，位居第二〔註 52〕，戶口增加率甚爲驚人〔註 53〕，爲這現象的最佳說明。

三、太行山走廊東部低溼帶

與太行山平行的東麓凹陷沮洳地帶，是歷史上故禹大河、滹沱河水系及漳河水系所行逕之處。東漢以後黃河改道東流，故河道因長久以來的澱積，

故漳即禹河之故道，而絳水出其南，則漳水之徙流，酈元之所謂絳瀆者也。蓋漢時信都之漳水徙其縣南，故地志以此爲絳水，而目縣北之瀆曰故漳河，其後漳又復北道，故水經敘漳水仍自信都縣西東北過下博縣，而酈元云絳瀆今無水，唐人遂謂之枯澤，通典云，清河郡經縣界有枯澤渠，北入信都郡界是也，此渠乃漳水一時之徙流，漢志以爲禹貢之絳水大繆。」

可知絳水雖爲漳水一時徙流，卻在信都以東、廣川以西形成廣大的沼澤地帶，直到北魏時代，這種狀況仍未改變。今天的冀縣（古信都所在地）東北，仍有水域廣闊的衡水湖存在，足見本區排水困難，湖澤仍多。

〔註 49〕 參見註 1 至註 6。

〔註 50〕 陳建民譯，《地理環境之影響》第一冊（台灣：商務印書館，民國 64 年 2 月一版），頁 4，載：欲免人窮追，逃亡之民族退逼入孤立不毛之地……此輩人居於水上之木屋村落，居於沙漠，居於澤地，居於叢林，居於高山，居於三角洲、沼澤、居於遠方，皆爲退卻之地。

〔註 51〕 《後漢書・光武本紀》載：建武十六年，郡國大姓及兵長群盜，處處並起攻擊，所在殺害長史，討之則解散，去又屯結，青、徐、幽、冀四州尤甚。

〔註 52〕 譚其驤，〈論兩漢西晉戶口〉，《禹貢半月刊》，第一卷第七期（1933 年 6 月），頁 34～36，又譚先生以現行省區爲界畫，則西漢時戶口，山東有口約一千二百餘萬最多：次爲河南，約千萬：再次爲河北約八百萬，東漢戶口則以河南爲最多，有口約一千零五十萬；山東退居第二，約八百五十萬，河北再次之，七百五十萬。

〔註 53〕 譚其驤在〈論兩漢西晉戶口〉中，以淮水、秦嶺劃分國土爲兩部份，計算西漢時口數，北方與南成三與一之比強，到東漢以後，北對南成六與五之比弱，西晉時，北對南則爲六與五之比強。可見兩漢之更替，禍亂起於中原，結果乃使東漢時北部戶口銳減，而南方則激增；三國之紛擾、禍亂遍及全宇，故西晉時南北戶口皆衰落，而南戶之比率反較東漢爲低。詳見本論文前載。

河道高於兩岸平原，形成一道貫穿中部的南北突出障礙物，太行山麓東行諸水遂有內澇之憂，因而有一系列的湖泊形成其間。根據《水經注》及《元和郡縣圖志》所載，從內黃縣至藁城縣止，由南而北，至少就有黃澤〔註54〕、鸕鷀陂、台陂〔註55〕、雞澤、澄湖〔註56〕、黃塘陂〔註57〕、康台澤〔註58〕、五橋澤〔註59〕、歷城藪澤〔註60〕、大陸澤〔註61〕、泜湖〔註62〕及九門陂〔註63〕

〔註54〕　（淇水）又東北流逕內黃縣故城南，縣右對黃澤。〈郡國志〉曰：縣有黃澤者也。

〔註55〕　《水經注》，卷九，〈洹水〉，頁1312～3：又東逕鸕鷀陂，北與台陂水合，陂東西三十里，南北（下文缺脫）注白溝。
　　　　　又《元和郡縣圖志》，卷十六，〈河北道一・相州・洹水縣〉，頁454載：鸕鷀陂，在縣西南五里。周迴八十里，蒲魚之利，州境所資。

〔註56〕　《水經注》，卷十，〈濁漳水〉，頁1379～80：又東入白渠，又東故瀆出焉，一水東爲澤渚，曲梁縣之雞澤也。國語晉語所謂雞邱矣。東北通澄湖，白渠故瀆南出，所在枝分，右出即邯溝也。
　　　　　又《元和郡縣圖志》，卷十五，〈河東道四・洺州・永年縣〉，頁431：雞澤，在縣西南十里。左傳「諸侯同盟於雞澤」，今其澤魚鱉菱芡，州境所資。

〔註57〕　《元和郡縣圖志》，卷十五，〈河東道四・洺州・洺水縣〉，頁432：黃塘陂，在縣西北十五里。晉龍驤將軍劉牢之救苻丕，追慕容垂大軍於黃塘泉，即此。黃塘陂即《讀史方輿紀要》所稱之黃塘淵。詳見《讀史方輿紀要》，卷十五，〈廣平府・曲周縣〉，頁683。

〔註58〕　《元和郡縣圖志》，卷十五，〈河東道四・洺州・平恩縣〉，頁433云：「康臺澤，在縣東五里。」

〔註59〕　《讀史方輿紀要》，卷十五，〈直隸六・順德府廣宗縣〉，頁677：五橋澤，在縣東，東晉太元十年，劉牢之救苻丕於鄴，慕容垂北遁，牢之追及垂於董塘淵。又疾趣二百里，終五橋澤中，爭燕輜重，爲垂所邀擊，大敗。

〔註60〕　《讀史方輿紀要》，卷十四，〈趙州・寧晉縣・廮陶城〉，頁657：又縣東二十五里有歷城，本漢歷鄉縣，屬鉅鹿郡，後漢省。魏收志云：廮陶有歷城。是也。亦作瀝城。一統志，城乃小堡，城下藪澤周迴百餘里，中有魚藕菱芡之利，每歲饑兵荒，州人賴以全活者甚眾。金末，王義率眾保聚於此。

〔註61〕　《元和郡縣圖志》，卷十五，〈河東道四・邢州・鉅鹿縣〉，頁428載：大陸澤，一名鉅鹿，在縣西北五里。禹貢曰：「恆、衛既從，大陸既作。」按澤東西二十里，南北三十里，葭蘆菱蓮魚蟹之類，充牣其中。澤畔又有鹹泉，煮而成鹽，百姓資之。
　　　　　又同書卷十七，〈河北道二・趙州・昭慶縣〉，頁493：廣阿澤，在縣東二十五里。爾雅曰「晉有大陸」，廣阿即大陸別名。

〔註62〕　《水經注》，卷十，〈濁漳水〉，頁1427～8：百尺溝東南散流逕歷鄉東，而南入泜湖，東注衡水也。按，地形志廮陶有歷城，在今寧晉縣東二十五里。
　　　　　又曾貞案：一統志寧晉縣東南寧晉泊亦曰泜泊。漢志洨水、石泲水俱至廮陶入泜。水經注泜、洨、石泲三水俱缺，惟有百尺溝南入泜湖、注衡水。參考道里，蓋寧晉泊即古泜湖也。

等，其中大陸澤尤為廣大，橫跨數縣，「西南自今隆平、鉅鹿，東北至束鹿、深縣之南」〔註64〕。這些範圍大小不一，卻呈珠連斷玉般分布的湖泊，散布在今內黃、魏縣、曲周、廣宗、巨鹿、寧晉、藁城諸縣間，與漳水、滹沱河等水系，在太行山東麓串連成一條自然障礙線〔註65〕（參見圖二十六）。

　　在這低凹線以西的太行山坡地地帶，由於面臨東南季風、降雨充沛，山麓地帶不但泉水蘊積豐富，坡度又在千分之一百五十左右，排水良好，沒有水澇之虞，土質亦佳，利於農耕，開發甚早。因此，由薊到黃河沿岸、太行山東麓走廊的今日京廣鐵路沿線，自古以來，就是南北往來的重要交通大道〔註66〕。在這條交通大道上，不但成為殷周時期薊、洺、邢、邶、衛等國及大型政治都市的所在地〔註67〕，到了春秋戰國以降，又因工礦業的發展，形成了許多經濟性的大都會，如溫、軹、邯鄲、柏人、房子、武安、中山等〔註68〕，與黃河沿岸共為當時中國二個高度文明發展的地帶。由於文明有向外發散、及低開發區向高發展區學習的特性，太行山東麓走廊地帶的文明，應該也具備此一特性，向東往河北平原拓展才是。但是，事實上在周代，今雄縣、廣宗、曲周一線以東，還是留著大片的空白地區；春秋時，這樣的情況並沒有改變，直到戰國時期大堤出現以後，河北中部才出現了高陽（今縣東）、安平（今縣）、昌城（今冀縣西北）以東，武城（今縣西）、平原（今縣南）、壽丘（今商河西北）以北，鄭（今任丘北）、貍（今任丘東北）以南，東至平舒（今

〔註63〕《水經注》，卷十，〈濁漳水〉，頁1411～2載：長蘆水，東逕堂陽縣故城南……又東逕九門陂故縣也。其下注文曰：「九門陂在漢九門縣。一統志九門故城在藁城縣西北，九門本趙邑，見史記趙世家。漢為縣，屬常山郡。後漢、晉因之。後魏徙常山郡治此，北齊廢。自漢迄拓拔朝無省併之事。道光云故縣中間必有遷徙，而史志不之詳也。守敬案，九門陂當即今寧晉泊，蓋後因漢之九門縣已淪為陂，因移於藁城西北。」

〔註64〕嚴耕望，《唐代交通圖考（五）》，篇四十八，〈河北平原南北交通兩道〉，頁1659云：廣阿澤，一名大陸，一名鉅鹿，一名大麓，一名沃川……則大陸澤廣大，西南自今隆平、鉅鹿，東北至束鹿、深縣之南。

〔註65〕詳見上節所論。

〔註66〕參見嚴耕望，前引書，篇四十五，〈太行山東麓南北走廊驛道〉，頁1513～1550。

〔註67〕參見許倬雲，《求古編》（台北：聯經出版公司，民國71年出版），〈周代都市的發展與商業的發達〉，頁117～149，及譚其驤，《中國歷史地圖集》，第一冊，頁1～12、15～16。

〔註68〕參見《河山集（一）》，〈戰國至唐初太行山東經濟地區的發展〉，頁144～177。

大城）、饒安（今鹽山西南）間密度很低的幾個城市〔註69〕。本文所提出的所謂河北太行山東麓低窪沮洳地，與譚其驤先生所論的文化發展線〔註70〕，俱重疊在今雄縣、廣宗、曲周間，在這地帶上，包括有今雄縣、新安、高陽、蠡縣、晉縣等滹沱河三角泛濫帶、及其以南趙縣、寧晉、新河、鉅鹿、廣宗、威縣、曲周等漳河與諸湖泊的連接帶（參見圖二十六），恰爲太行山東麓文化無法東展，是受限於自然環境，做了一項極佳的註解。

四、穿越低濕帶交通道的形成

在太行山東麓走廊與河北平原間，雖有沮洳低濕帶所形成的自然阻隔，但是兩者間的交通，並未完全斷絕。至少至唐代已有兩條循著大陸澤南北兩岸的交通路線，作爲東麓走廊與河北中部溝通的要道。根據嚴歸田師的考證，北線由深州循大陸澤西北沿岸地帶迄趙州，行程約一百九十里或二百里〔註71〕，其云：

> 按元和志，「深州西南至上都取趙州路二千五十里。」「西南至趙州二百里。」檢元和志、寰宇記，深趙間惟鹿城一縣在深州西二十五里，鹿城、趙州間無縣可尋。按深州治所陸澤縣及鹿城縣皆南臨大陸澤，此澤迤西南至趙州東南之昭慶縣與鉅鹿縣，則此道當行大澤之西北岸地帶。〔註72〕

至於南線則行大陸澤之東南面，由冀縣至龍岡縣共二百六十里，嚴師又謂：

> 觀今地圖，冀縣西南至邢台，至少可有兩道：冀縣西南經南宮、鉅鹿、任縣至邢台，此爲北線；由南宮西南經廣宗、平鄉、南和至邢台，此爲南線。按元和志，冀州南宮縣在州西南六十二里，邢州鉅鹿縣西（實西南）至州一百十九里，任縣西南至州三十八里。觀今圖，鉅鹿、任縣間，鉅鹿、南宮間正約八十里，總和二百六十里，適相合；而南線則較迂。故疑取北線，此正大陸澤之東南沿岸地帶也。〔註73〕

今依史料所記，已無法確知這兩條交通線形成於何時？整個中古時期是否循

〔註69〕 詳見上節所論。

〔註70〕 參見譚其驤，《長水集》，頁 59。

〔註71〕 參見嚴耕望，前引書，〈河北平原南北交通兩道〉，頁 1643。

〔註72〕 同註 71，頁 1659。

〔註73〕 同註 71，頁 1657。

此二交通線溝通東麓走廊與河北中部？但從整個河北的地理環境看來，地勢低平、排水困難、雨潦及低濕，一直是河北平原的大問題，因此爲了達到道路使用上的最大效益，河北的交通線，應該依循高乾地帶進行，這是任何時代、任何地方的共通情形，不應只限於唐代〔註 74〕。考諸今日河北中部通太行山走廊的橫貫公路，亦可分爲南、北二線。在南線方面，自衡水至南宮後分爲二線：較北之一條由南宮西行，經鉅鹿至任縣；另一線則由南宮西南行，經廣宗、平鄉、南和迄邢台，與嚴書所稱大陸澤南道交通線完全吻合。至於北線，公路自深縣迂迴西南行，經束鹿、寧晉，再西北行至石家莊。此線在束鹿以上，大致與嚴書相同，束鹿以下所經寧晉地區，則爲中古時期大陸澤的沼澤地帶（參見《唐代交通圖考（五）》，圖二十一），顯然現今路線是隨著後世大陸澤乾涸而加以改變的。由此可見，交通路線配合著自然環境而修築，是絕對可信的（參閱圖二十七）。然而爲何循著大陸澤的南北兩岸，可以形成交通線呢？這與滹沱河與漳河的流向，有著極大的關係。

　　滹沱河自出太行山後，進入平坦的河北平原，即缺少山陵的夾峙，很難形成自然的河道，因此以藁城（今縣，中古時藁城在今縣西南）附近爲起點，向南北呈扇形擺動。擺動的極限，往南，在大陸澤附近〔註 75〕；北面，受限於漳河在歷史上的流向，亦有「北不過滏」的說法〔註 76〕。可見在大陸澤的南北兩岸均有一條較爲高爽的地帶，可資爲太行山東麓與河北平原聯絡的管道。至於這兩條路線形成於何時？在戰國末年河北平原中部已逐步開發情況下，如道路仍依循黃河沿岸、迂迴向北延伸，實在是費時又費力；不如循著自然地理形勢，在中部尋找一條較爲地勢較高、行程又短的便捷通道。

〔註74〕同註71，頁 1666。
　　　　上考由衛州黎陽北經魏、貝至幽州之道，縱貫河北道之中部，南段大抵緣永濟渠流向而行，中段離開渠道而正北行於鉅鹿、大澤（大陸澤、廣阿澤）之東，北段則行東西窪地間之較高乾地帶。蓋今保定以東至渤海灣之間，河湖交錯，水澤最多，而新安、雄縣、任邱之間白洋淀，文安縣東之文安窪，尤爲諸水之會，唯河間、任邱、雄縣、霸縣，居窪、淀之間，地稍高乾，故南北交通宜唯此一線，且莫雄間仍須緣堤而行也。宋人奏事云，「雄州河北咽喉」，此亦天然形勢所形成者。又，河北中部的南北縱貫線，唐宋時期大抵都沿著永濟渠北行，永濟渠原係中古時期清河河道，今吳橋以下又爲故西漢大河河道，地勢稍高，不虞潦水，又鄰近永濟渠水運之便，故爲唐代河北平原中部之南北交通幹線。
〔註75〕參見本章前節所論。
〔註76〕同註75。

依作者推測，沿著大陸澤南北兩岸高爽地帶交通線的出現，極可能不晚於戰國時期。當然，除上所述兩條交通線外，也可能有其他的交通路線存在，但以現有資料來看，縱使有，也是地區性的道路，不能如上述兩線般可橫跨數縣，貫通河北的中部；也可能受到季節的限制，在冬春乾季，內澇情況稍減的情況下方可通行。對於溝通河北中部與太行山一帶的交通，不會發揮太大的效用。

第二節　民族線上胡漢勢力抗衡點（一）──廣宗

以雄縣、新安、高陽、蠡縣、晉縣、趙縣、寧晉、新河、鉅鹿、廣宗、威縣及曲周（以上皆為今縣）等聯結而成的太行山東麓南北低濕線（參見圖二十六），與貫穿此線的交通線（參見圖二十七），在大陸澤附近相交，交點附近各縣，因地形較高亢，且位於交通之樞紐，不僅佔有農業及經濟上的優勢，且因鄰近沮洳地帶，而具有軍事上的價值。因此，在承平時期，線上諸縣皆蒙交通之利，經濟十分發達；及遇戰爭動亂，又可控扼河北中部之出入，成為兵家必爭之險要。西晉以後，太行山東麓走廊已成為諸胡往來的必經之路，不論是慕容燕或拓拔魏之逐鹿中原，抑是石趙、苻秦之北討諸族，都必須藉助這條交通大道〔註77〕，太行山東麓的重要性，一時達於頂點。做為出入河北中部的兩個要口──廣宗與魯口（大陸澤兩岸交通線），地位也相形提高。本節與下節即分別以廣宗及魯口為中心，略述中古時期兩地歷史的發展概況。

大陸澤南岸交通線鄰近的鉅鹿、廣宗及曲周（以上皆為今縣）附近，是禹河故道行經之處〔註78〕，除了北鄰大陸澤以外，中古時期至少還有黃塘陂（在唐洺水縣，位今曲周東南）、康台澤（唐平恩縣，即今曲周東南）及五橋澤（唐廣宗縣，今縣東南）等三個大澤〔註79〕，這些澤藪充分展露出位於交通線上的軍事優勢特點，故自漢末以降，有數起勢力發展於此，茲分述如下：

一、張　角

張角是第一位起於本區，倡亂天下的例子。《後漢書》，卷七十一，〈皇甫

〔註77〕詳見前田正名著，《平城の歷史地理學的研究》（東京：風間書房，昭和54年），第五節，〈平城から河北平野に出る交通路〉，頁205～268。
〔註78〕參見胡渭著，《禹貢錐指》，卷二十九所載。
〔註79〕參見本章上節〈三、太行山走廊東部低濕帶〉所論。

嵩傳〉：

> 初，鉅鹿張角自稱大賢良師，奉事黃老道……百姓信向之……轉相
> 誑惑，十餘年間眾徒數十萬，連結郡國，自青、徐、幽、冀、荊、
> 楊、兗、豫八州之人莫不畢應，遂置三十六万……。中平元年，大
> 方馬元義等，先收荊楊數萬人，期會發於鄴，元義數往來京師，以
> 中常侍封諝、徐奉等爲內應，……未及作亂，而張角弟子、濟南唐
> 周上書告之，於是車裂元義於洛陽。靈帝以……百性有事角道者，
> 誅殺千餘人，推考冀州，逐捕角等，角等知事已露，晨夜馳敕諸方，
> 一時俱起，皆著黃巾爲標幟，時人謂之黃巾，亦名爲蛾賊。〔註80〕

按《後漢書》，〈志第二十·郡國二·鉅鹿郡〉云：

> 轄十五城，廮陶有薄落亭。鉅鹿故大鹿，有大陸澤。楊氏。鄡。下
> 曲陽有鼓聚，故翟鼓子國。有昔陽亭。任。南和。廣平。斥章。廣
> 宗。曲周。列人。廣年。平鄉。南。〔註81〕

這十五城正當大陸澤南北兩岸交通線上，可見張角勢力實興起於太行山東麓
與河北平原間的主要交通線上。故反叛之日，「安平（今河北安平縣）、甘陵
（今河北清河縣）人各執其王以應之」〔註82〕次月（三月），靈帝「以河南尹
何進爲大將軍，將兵屯都亭（洛陽都亭驛）。置八關都尉官」〔註83〕，以防衛
京師，並「遣中郎將盧植討張角，左中郎將皇甫嵩、右中郎將朱儁討潁川黃
巾」〔註84〕，時爲中平元年三月。隨後潁川、南陽、汝南、廣陽、東郡等地
戰事紛起，皇甫嵩與朱儁轉戰各地；至六月，皇甫嵩二人連破潁川、汝南、
陳國三郡黃巾，而盧植仍與張角對峙於廣宗。後植爲宦官左豐所誣告，檻車
徵植，以中郎將董卓代植攻張角，無功而還，乃於八月乙巳詔皇甫嵩北討張
角〔註85〕；可見黃巾主力在大陸澤一帶甚爲頑強。冬十月，皇甫嵩與張角弟
梁戰於廣宗（漢縣，今廣宗縣東南）〔註86〕，史載：

〔註80〕《後漢書》，卷七十一，〈皇甫嵩傳〉，頁2299～2300。

〔註81〕《後漢書》，〈志第二十·郡國二〉，頁3433。

〔註82〕《後漢書》，卷八，〈孝靈帝紀〉，頁349。

〔註83〕八關謂函谷、廣城、伊闕、太谷、轘轅、旋門、小平津、孟津。見《後漢書》，
卷八，〈靈帝紀〉，頁348及註；另參見同書卷七十一，〈皇甫嵩傳〉，頁2300。

〔註84〕《後漢書》，卷八，〈靈帝紀〉，頁348。

〔註85〕同註84，頁348～350；同書卷七十一，〈皇甫嵩傳〉，頁2300～2301；及《資
治通鑑》，卷五十八，〈漢紀五十·靈帝中平元年〉。

〔註86〕《後漢書》，卷八，〈靈帝紀〉，頁350。《資治通鑑》，卷五十八，〈漢紀五十·
靈帝中平元年〉同。

（張）梁眾精勇，嵩不能剋。明日，乃閉營休士，以觀其變。知賊
意稍懈，乃潛夜勒兵，雞鳴馳赴其陳，戰至晡時，大破之，斬梁，
獲首三萬級，赴河死者五萬許人，焚燒車重三萬餘兩，悉虜其婦
子，繫獲甚重。角先已病死，乃剖棺戮屍，傳首京師。〔註87〕

自廣宗一役後，黃巾勢力一蹶不振，皇甫嵩因而乘勝追擊，十一月，「與鉅鹿
太守馮翊郭典攻角弟寶於下曲陽（漢地，屬巨鹿郡，在今晉縣西），又斬之。
首獲十餘萬人」〔註88〕，黃巾遂平。

自中平元年（184年）七月張角退保廣宗起，至十一月下曲陽城破，幾五
個月間，張氏兄弟死守這片地區，堅強抵抗，損折人員二十萬人。在這漢末
波及全國的最大動亂中，不論「起事」或「退守」都以鉅鹿一地為基礎來看，
除了張角兄弟個人聚眾的魅力，地理上自然可集結的特性，與交通線上進退
聯繫的便利，也可能是張角集團遍及於北方的主要原因之一。

二、乞 活

乞活是跟著西晉司馬騰從并州撤出的武裝流民集團，《晉書》，卷五十
九，〈東海王越傳〉：

初，東嬴公騰之鎮鄴也，雋并州將田甄、甄弟蘭、任祉、祁濟、李
惲、薄盛等部眾萬餘人至鄴，遣就穀冀州，號為乞活。〔註89〕

時為光熙元年（306年）十二月。及至第二年（307年）五月，汲桑破鄴，司
馬騰敗亡，三子虞、矯、紹「并鉅鹿太守崔曼、車騎長史羊恒、從事中郎蔡
克等又為（李）豐餘黨所害，及諸名家流徙依鄴者，死亡並盡」〔註90〕隨之
而來的「乞活」部將，卻因「就穀」冀州，在太行山東麓地區建立了自己的
勢力。因此司馬騰雖敗亡，田甄等仍可憑藉已建立的勢力，破汲桑於赤橋〔註
91〕。在這裡特別需要注意的是，據《晉書》，卷三十七，〈宗室列傳・新蔡
武哀王騰傳〉載：

〔註87〕《後漢書》，卷七十一，〈皇甫嵩傳〉，頁2301～2302。

〔註88〕同註87，頁2302。

〔註89〕《晉書》，卷五十八，〈東海王越傳〉，頁1624。另《資治通鑑》，卷八十六，〈晉
紀八・惠帝光熙元年十二月〉云：東燕王騰即自井陘東下。時并州饑饉，數
為胡寇所掠，郡縣莫能自保。州將田甄、甄弟蘭、任祉、祁濟、李惲、薄盛
等及吏民萬餘人，悉隨騰就穀冀州，號為乞活。

〔註90〕《晉書》，卷三十七，〈宗室列傳・新蔡武哀王騰傳〉，頁1096。

〔註91〕《晉書》，卷五十九，〈東海王越傳〉，頁1624。

初，鄴中雖府庫虛竭，而騰資用甚饒。性儉嗇，無所振惠，臨急，

乃賜將士米可數升，帛各丈尺，是以人不爲用，遂致於禍。〔註92〕

由此可推知，田甄等人之攻汲桑，絕非全是爲司馬騰報仇，實欲鞏固己身之勢力，所以當東海王司馬越欲以甄爲汲郡太守、甄弟蘭爲鉅鹿太守時，甄以未得魏郡慊怒於心〔註93〕，其因即在於魏郡爲太行山東南麓重要的穀倉，對於乞活勢力的再鞏固，有著絕大的助力〔註94〕。自此以後，乞活的勢力散處河南、北；見諸記載者有項（今河南沈丘）、洧倉（今河南許昌縣東）、定陵（今河南舞門縣北）、蓬關、肥澤（確地不詳，當在今開封附近）、浚儀（今開封市）、蓬陂（今開封縣東南二十四里）及譙城（今河南夏邑縣北三十一里）等地。〔註95〕

乞活原自并州來，時「并州饑饉，數爲胡寇所掠，郡縣莫能自保」〔註96〕。其實并州早已佈滿五部匈奴，故乞活族性雖不易判定，然與諸胡間，有著長久相處與抗爭之經驗，卻無庸置疑。這種經驗，使得乞活在西晉末、石趙時，成爲一個十分特殊的集團。其活動地域，往南向黃泛區以南、避開石趙所控制的黃泛區與太行山走廊的晉趙邊境處發展，並與東晉抗石趙的勢力連結〔註97〕；北面則集結於太行山走廊東面的廣宗、上白（今河北威縣）地區，接受王浚的封號，共抗石趙〔註98〕；成爲石趙勢力區內的腹心之患。

石趙自建都襄國，經過石氏父子的積極經營，對於太行山走廊及黃泛區

〔註92〕《晉書》，卷三十七，〈宗室列傳・新蔡武哀王騰傳〉，頁1096。

〔註93〕《晉書》，卷五十九，〈東海王越傳〉，頁1624。

〔註94〕汲郡、鉅鹿均當太行山東南交通線上，司馬越以田甄爲太守，可知甄等在此已有勢力，越欲藉乞活穩定此處局勢，而鄴之所在魏郡，曹魏以來即爲穀倉所在，諸家爭奪之要地。

〔註95〕參見《資治通鑑》晉懷帝永嘉元年至五月止之有關記載，及《晉書》，〈懷帝紀〉、〈東海王越傳〉及〈石勒載記〉等。

〔註96〕《晉書》，卷六十二，〈劉琨傳〉所載。

〔註97〕《晉書》，卷六十二，〈祖逖傳〉，頁1695云：張平餘眾助（樊）雅攻逖。蓬陂塢主陳川自號寧朔將軍、陳留太守。逖遣使求救於川，川遣將李頭率眾援之，逖遂克譙城。

〔註98〕《資治通鑑》，卷八十七，〈晉懷帝永嘉五年〉，頁2767：秋七月，王浚……以田徽爲兗州刺史、李惲爲青刺史……建興元年夏四月……石勒攻李惲於上白，斬之。

又《晉書》，卷五十九，〈東海王越傳〉：「何倫、李惲聞越之死，秘不發喪，奉妃裴氏及毗出自京邑，從者傾城，所經暴掠。至洧倉，又爲（石）勒所敗，毗及宗室三十六王俱沒於賊。李惲殺妻子奔廣宗。」

的控制，都甚爲嚴固。這個 L 型區域的兩邊，在成爲帝國並列的二大核心地
帶後，終石氏父子之世，南邊東晉的軍力始終難以進入黃河地區；而內徙之
諸胡，如苻氏、姚羌及鮮卑段氏等其他胡族，多受其安撫，故帝國之內，
很難形成有威脅性的反趙勢力。而乞活自西晉末移入冀州後，逐漸侵入汲郡、
鉅鹿等太行山東麓地區。在控制鄴的目的受阻後，乞活勢力逐漸散向大河南、
北，雖受制於石趙對於黃泛區與太行山東麓所形成 L 型地區的強力控制，但
卻有足夠的力量，控制石趙勢力的沿邊地帶，如廣宗、上白等（參見圖二十
六），石趙遂以乞活所處之地爲胡人與晉人兩勢力間的緩衝地帶〔註99〕。同時
因乞活本身「其政治傾向雖以司馬氏爲歸趨，然亦往往依違取利，妥協胡羯」
〔註100〕，故石勒始以武力征服，繼之以懷柔方式羈縻之。就乞活本身而言，
早期之統帥如李惲、陳午等，其傾向晉朝的成分較大，甚至在陳午臨死前，
尚戒其眾「勿事胡」〔註101〕；然自陳川繼午爲陳留內史之後，其對晉的忠心、
對胡的戒懼，顯然已大爲衰退，一心只爲自己勢力的凝聚而努力，《晉書》斠
注引敦煌石室本《晉紀》曰：

> 討樊雅之役，祖逖徵兵諸村保。（陳）川使李頭將兵助之，逖遇之
> 厚，雅既滅，以其名馬遺之，頭深德逖，稱美之甚，川怒，殺頭，
> 乃襲其支黨，餘人奔於逖。使魏碩帥眾掠豫州諸郡，逖遣衛策儌擊
> 滅之，川大懼，以浚儀叛。〔註102〕

石勒遂將陳川徙入 L 型區域內的廣宗，以代替李惲原有的乞活勢力。然而廣
宗地處沮洳，適合集團勢力的集結，復鄰近河北中部漢人較密集的地區，李
惲原有的乞活力量與陳川勢力結合後，反成尾大不掉之勢，常依違兩者之間，
影響石趙帝國的發展，並造成石趙帝國的覆亡。

〔註99〕 周一良，〈乞活考〉，《魏晉南北朝史論集》（北京：三聯書店，1955 年一版），
以爲當時活動在黃河南岸的流民「夾處胡人與晉朝漢人兩勢力之間，形成緩
衝地帶。其政治傾向雖以司馬氏爲歸趨，然亦往往依違取利，妥協胡羯。」
事實上這是當時居於北方及晉趙邊境流人的共同特徵。

〔註100〕 同註99。

〔註101〕 李惲屢抗石勒，後於建興元年爲石勒斬於上白。參見註98，另陳午事見《晉
書》斠注引敦煌石室本《晉紀》：（太興二年）夏四月戊寅，振武將軍、陳留
內史陳午卒。午臨卒，戒其眾「勿事胡」。午者，乞活帥也，永嘉大亂，中夏
殘荒，保壁大帥數不盈冊，多者不過四五千家，少者千家、五百家，午時據
浚儀，眾可五千餘人，率勁悍善戰。

〔註102〕 房玄齡撰、吳士鑑、劉承幹注，《晉書斠注》（台北：藝文印書館，民國 71
年出版），卷六，〈元帝紀〉，葉 13 上注。

導致石趙滅亡的直接力量，是冉閔與李農，冉閔爲石季龍之養孫，《晉書》載記云：

> 閔，字永曾，小字棘奴，季龍之養孫也。父瞻，字弘武，本姓冉，名良，魏郡内黄人也。其先漢黎陽騎都督，累世牙門。（石）勒破陳午，獲瞻，時年十二，命季龍子之。驍猛多力，攻戰無前。……閔幼而果銳，季龍撫之如孫。……善謀策，勇力絕人。

季龍之敗於昌黎，閔軍獨全，由此功名大顯。及敗梁犢之後，威聲彌振，胡夏宿將莫不憚之。永和六年（350 年），殺石鑒，其司徒申鍾、司空郎闓等四十八人上尊號于閔，閔固讓李農，農以死固請，於是僭即皇帝位于南郊〔註103〕。而李農爲石趙重臣，咸康五年（趙建武五年，339 年）即已與石鑒、石閔、張貉、李菟等同列將軍，攻荊、揚北鄙〔註104〕，後爲使持節、監遼西、北平諸軍事、征東將軍、營州牧以抗燕〔註105〕，至永和四年（建武十四年，348 年），已宧拜司空，并參與立太子石世之議〔註106〕。此後定高力督定陽梁犢〔註107〕，平石沖〔註108〕，退褚裒〔註109〕，戰功彪炳。

石趙幾次的廢立，除上述立石世外，李農亦有決定性的影響〔註110〕，甚至當永和六年，冉閔殺石鑒，眾人欲上尊號於閔時，閔尚「固讓李農」〔註111〕，可知李農在當時勢力之強固。李農的出身不詳，然與乞活的淵源，卻很耐人尋味，《晉書》，卷一〇七，〈石季龍載記〉下：

> 於是（石）世即僞位，……進張豺爲丞相。……豺與張舉謀誅李農，而舉與農素善，以豺謀告之。農懼，率騎百餘奔廣宗，率乞活數萬家保于上白。……鄴中群盜大起，迭相劫掠。〔註112〕

結束石趙國祚的冉閔與李農，恰都與乞活勢力有關，尤其是李農，觀其率騎

〔註103〕《晉書》，卷一〇七，〈石季龍載記〉下，頁 2793。
〔註104〕《資治通鑑》，卷九十六，〈晉紀十八・成帝咸康五年〉，頁 3034。
〔註105〕同註 104，頁 3035。
〔註106〕《晉書》，卷一〇七，〈石季龍載記〉下，頁 2785。
〔註107〕同註 106，頁 2786。
〔註108〕同註 106，頁 2789。
〔註109〕同註 106。
〔註110〕石遵僭位，李農自廣宗來歸；石鑒僭位，封李農爲大司馬，並錄尚書事；由鑒立後三番四次襲殺李農來看，農對鑒帝位之威脅甚大，後果辛於農手，可見農時勢力之大。
〔註111〕《晉書》，卷一〇七，〈石季龍載記〉下，頁 2793。
〔註112〕同註 111，頁 2787。

百餘奔廣宗，並以乞活數萬家保上白的行動來推斷，李農不但與乞活淵源很深，而且對之有很強的控制力，頗疑農或爲李惲之後。而由農自保上白，石趙朝廷圍剿後，「鄴中群盜大起，迭相劫掠」之情勢，又可見乞活與石趙境內的安定與否，有著微妙的關係。

　　至於冉閔，與乞活之關係雖不似李農般親密，然陳午的勢力，在過渡給陳川之後，降於石勒，徙於廣宗，成爲石趙允許的乞活勢力的代表。冉閔與李農勢力的結合，可說是與乞活集團的再結合。如前所論，乞活的政治傾向，雖依違於石氏與司馬氏之間，究竟仍偏向於司馬氏的，因此石氏對於李農，始終懷有疑懼〔註113〕。而石趙境內的胡人，似乎也對冉閔與李農的結合，懷有敵意，因此龍驤孫伏都、劉銖會結合羯士三千攻殺閔、農，而閔、農反擊殺死伏都等人後，「胡人或斬關，或踰城而出者，不可勝數」〔註114〕。冉閔起初尙有泯除種族歧見，融合胡漢的打算，故令鄴城內「與官同心者住，不同心者各任所之」〔註115〕，不料結果竟是「趙人百里內悉入城，胡羯去者塡門」〔註116〕，至此閔始「知胡之不爲己用也」〔註117〕，於是諭令屠胡：

　　　　一日之中，斬首數萬。閔躬率趙人誅諸胡羯，……死者二十餘
　　　　萬，……屯據四方者，所在承閔書誅之，于時高鼻多鬚至有濫死者
　　　　半。〔註118〕

這種屠胡行動，自然更加深胡漢間仇恨，一時之間北方政權有了兩極化的改變。石祇自知石鑒死後，便僭稱尊號于襄國，集結成一個胡人政權，其時：

　　　　諸六夷據州郡擁兵者皆應之。〔註119〕

而冉閔等則：

　　　　……至自蒼亭，行飮至之禮，欽定九流，準才授任，儒學後門多蒙
　　　　顯進，于時翕然，方之爲魏晉之初。

〔註113〕石世即位，丞相張豺謀誅李農，李農奔廣宗；石遵即位，石閔劫李農及右衛
　　　　王基，密謀廢遵。石鑒即位，先使李松、張才誅李農，石祇復於襄國謀李農；
　　　　石成、石啓、石暉，及龍驤孫伏都、劉銖等結羯士，兩起亦謀誅李農。參見
　　　　《晉書》，卷一○七，〈石季龍載記〉下，頁2787～2791。
〔註114〕見《晉書》，卷一○七，〈石季龍載記〉下，頁2791。
〔註115〕同註114。
〔註116〕同註114。
〔註117〕同註114。
〔註118〕同註114，頁2792。
〔註119〕同註114，頁2793。

儼然漢家天下。更甚者，閔更遣使臨江告晉曰：

> 胡逆亂中原，今已誅之。若能共討者，可遣軍來也。〔註120〕

可知冉閔確有漢人意識，並欲結合東晉共抗胡人，惜晉人並未把握這次機會。
這次機會的喪失，不僅是北伐機會的喪失，更因東晉對冉閔之不理睬，導致
冉閔有自立於天下的想望，因此將可能傾向於晉的李農及其三子誅殺。自此
乞活勢力消沈，難再發生影響力。〔註121〕

＊　　　　＊　　　　＊

自漢末中央政府控制力衰減後，四夷開始向中原地區逼進，北中國一時
之間諸胡并集。胡人人口的激增，導致胡漢間頻繁的接觸，衝突自然也就急
劇增加。在急劇增加的衝突中，最激烈的應是生存空間與生存權的爭奪。而
政權的統治性質，當然也會影響爭奪的手段，當五胡政權以暴虐行為統治北
中國時，未隨東晉南撤的漢民，直接地承受暴政的肆虐，並需擔負胡漢間的
衝突，故而：

> 石氏採用大單于制以歸率雜類，其控制宜得法矣！而卒不免於敗亡
> 者，何耶？應之曰：石氏之弊在於胡漢矛盾之未得統一也。〔註122〕

「胡漢矛盾之未統一」，固源於胡漢感情問題〔註123〕，但是生存空間的爭奪，
才是更實際、亟待解決的現實。胡人大舉遷入黃河流域，嚴重壓迫漢人的生存
空間；胡漢生活型態之不同，又造成生存空間利用上（以農業或畜牧為營生）

〔註120〕同註114，頁2793。

〔註121〕1同註114，頁2793載：冉閔遣使告晉下云「朝廷不答。閔誅李農及其三子，
并尚書令王謨、侍中王衍、中常侍嚴震、趙昇等。晉廬江太守袁真攻其合肥，
執南蠻校尉桑坦，遷其百姓而還」，農等因為較傾向東晉者，當然，東晉忌諱
李農勢大，欲剪除之，以安君側也是原因之一。

〔註122〕唐長孺，《魏晉南北朝史論叢》（台北：翻印本，出版時地不詳），頁127～
192。

〔註123〕田村實造，〈東アジアの民族移動──前期（五胡時代）の政治と社會を中心
とし〉，《京都大學文學部研究紀要（十二）》（1968年），頁20載：冉閔のクー
デターデタる革命が成功し原因は、劉淵の漢國成立以來五胡族の北中國
への潛住が急激に增加し──その人口・後述するようにすくなくとも四百
萬人以上にのぼったものと推測される──そのうえ五胡族の手に權力がに
ぎられると、その橫暴さやあるいは慣習のちがい、とくに石虎のごとき暴
虐、無法ともみえる所業は、支配下の漢人たちにはとうてい默視べきない
ものがあり、このような漢人の胡族排擊の民族的感情をたくみに利用した
からであろう……ついに漢人の胡族に對する民族的感情は極限に達したの
であった。

的大矛盾。正由於有此矛盾，在經歷數度的胡漢政權拉鋸戰後，自然就形成了
幾個爭奪點，甚至可連結成一條分界線，過此線，則胡化於漢，或者漢漸化於
胡。各政權對於線外住民之統治力相對薄弱，多爲羈縻、籠絡而已。

第三節　民族線上胡漢勢力抗衡點（二）──魯口

　　中古時期，由大陸澤北岸平棘出發，沿湖澤北行，經鹿城縣（今束鹿東
北）、陸澤縣（今深縣西）、魯口（今饒陽西南），穿過滹沱河，可抵瀛州治所
河間，是當時溝通河北中部與西部兩條主要交通路線的北線〔註124〕（參見圖
二十七）。河北中部地處易水以南、大陸澤以北，屬於滹沱河的擺動範圍，也
是王莽故河的可能泛濫帶；影響所至，本區的人文發展，也與中原有著截然
不同的面貌。春秋時代，當中原各國正是百家爭鳴之際，太行山東麓的北面，
卻也是白狄建國、發展文化的時候〔註125〕。到了戰國時期，本區獨立發展的
形勢，使得中山國仍能屹立燕、趙、晉三國間，對諸夏國家造成相當的威脅，
不過諸白狄國活動的主要地區，似尚未跨入雄、晉縣以東的低濕地帶內〔註

〔註124〕詳見前節所論。
〔註125〕本區所屬白狄國計有肥國、鮮虞國、鼓子國，參見《水經注》，卷十，〈濁漳
水〉，頁1428～1431：（祇）水承白渠于藁城縣之烏子堰，又東逕肥壘縣之故
城南。註文云：地形志，藁城有肥壘城，……左傳昭公十二年八月，遂滅肥。
又：其水又東逕昔陽城南，……本鼓聚矣。（漢志云：下曲陽有鼓聚，……。）
春秋左傳昭公十五年晉荀吳師伐鮮虞。（會貞按：左傳昭公十二年，杜注，鮮
虞，白狄別種，在中山新市縣，在今新樂縣西。）圍鼓三月，……鼓子又叛，
荀吳略東陽（杜注，東陽晉之山東邑，魏郡、廣平以北），使師偏韗負甲息子
門（會貞按：左傳是息于昔陽之門外），襲而滅之，以鼓子鳶鞮歸使涉佗守之
者也。十三州志曰：今其城，昔陽是矣。京相璠曰：白狄之別也，下曲陽有
鼓聚，故鼓子國也。
〔註126〕前田正名，〈北魏平城時代における定州の地域構造に關する論考──中山城
附近の地域性〉，《史學雜誌》八十四卷七期，頁46：したがって前六世紀末、
前五世紀初めの鮮虞國の南境は、棘蒲と柏人との間（皆在今元氏縣東）、す
なわち寧晉泊の北岸付近あたりであった、と察せられる。その北境は周の
景王十六年には唐縣東北の中人（中人亭，今唐縣東北）を含んでいたから、
鮮虞國の盛時には北は唐縣付近。南は寧晉泊北岸付近の間にわたる肥國、
鼓國、棘蒲を含んだ太行山脈東麓の北半部をその境域としていたことがわ
かる……（中山國）その版圖は趙武靈王の攻擊によって侵略される以前の
時期には大體北は前述の中人を含み、南は房子、郡を包含してほぼ大陸澤
付近に達しており、東は扶柳（今新河附近）を含んで今の臨漳縣西側、肥
鄉縣東側を流水て北流し、扶柳西側から東北流していく漳河に當の當時の

126〕。此時的河北中部雖不似上古之荒蕪，已有城市出現，不過密度甚低，功能亦不彰顯〔註127〕。此後歷經漢魏，直到西晉，本區的巨鹿國及博陵郡，都是冀州諸郡國中人口數目最少者〔註128〕，此應與前述的自然環境有絕大的關係。然而，滹沱河在中古時期雖難免泛濫之患，但在乾季水流平穩時，仍有泛舟之利〔註129〕，可成為河北中部的水路。因此太行山走廊東行的路線，無論是走滹沱河、或者大陸澤北岸的陸路，都需經過魯口這個水陸交口。

魯口，興起於西晉司馬懿時代，《元和郡縣圖志》載：

> （深）州理城，晉魯口城也。公孫泉（淵）叛，司馬宣王征之，鑿滹
> 沱入派水以運糧，因築此城。蓋滹沱有魯沱之名，因號魯口。〔註130〕

至唐朝已相當繁榮，時人曾謂：

> 廣輪七十里，偏戶二萬計，行或擊轂，市或駕肩，日中奇贏，雜弊
> 為廛，機女狹其幅利，染工多其姦色，業不可廢，訟由是興。〔註131〕

地理形勢的險要，正是構成其興盛的主因。嚴歸田師謂：

> 饒陽地居河北地區的正中間，既當長渠之口，且可西泝派水（今沙
> 河）、滹沱，兼取陸道，踰太行，又復當河北地區之南北幹線，南馳
> 貝（今清河）魏（今大名），北趨幽燕，為河北地區東西南北之紐，
> 故在中古時代，饒陽魯口為重要攻守地……。〔註132〕

西晉時代，滹沱河自九門以下流經中山、鉅鹿國之間，在進入博陵國界前，沿岸並未有大縣及城市（南深澤滹沱河南岸，今深峰縣東南）。其下進入博陵郡，博陵統縣四，戶僅一萬，是當時冀州所統郡國轄縣最小、人口最少者。鉅鹿國的兩個統縣，廮陶、鉅鹿都在鉅鹿中南部，北部滹沱河沿岸呈現大片空白地區，景觀十分荒蕪。雖有溝通河北中部與東部的水路二線經過，但除

薄洛水流域に達し（今寧晉縣附近地區）……。

〔註127〕詳見譚其驤，〈西漢以前的黃河下游河道〉，《長水集（下）》，頁58～62。史念海，〈戰國至唐初太行山東經濟地區的發展〉，《河山集》，頁144～158。

〔註128〕《晉書》，卷十四，〈地理志上・冀州〉：「鉅鹿國，統廮陶、鉅鹿二縣，戶一萬四十。博陵郡，統安平、饒陽、南深澤、安國四縣，戶一萬。」以上二郡國是冀州各郡國中人口最少，及次少者。

〔註129〕參見嚴耕望，〈曹操所開平虜泉州新河三渠考略〉，《大陸雜誌》，第六十五卷第一期，頁5。

〔註130〕《元和郡縣圖志》，卷十七，〈河北道二・深州・饒陽縣〉，頁488。

〔註131〕董誥等，《全唐文》（台北：大化書局，民國76年初版），卷四五一，喬潭，〈饒陽縣廳壁記〉。

〔註132〕嚴耕望，前引文，頁5。

饒陽魯口而外，並沒有其他較大的城市（參見圖二十七、圖二十九）。即使
如九門（今蒿城縣西北），雖同樣位處低濕帶起點的西面，又是上述兩條水陸
交通線的起點，本應有足夠的條件成為政、經、軍型的大都市，但因為鮮卑
自冉魏覆亡後，成為河北諸外族活動的主角，太行山走廊諸族的往來移動空
前的熱烈〔註133〕，位於太行山南北交通線上的平棘與蒿門，反成為頻繁往來
爭戰中的受害者，欠缺獨立發展的機會。這兩地又無法如廣宗般，擁有一個
半開放性的沮洳地，做為集團勢力集結的棲身地，所以發展都不如深處河北
中部、有水陸路聯結及大片空白隙地的魯口。

　　魯口除了具備上述地理位置上的特質外，更因介處農（河北平原）牧（太
行山東麓）之間，一如大陸澤南岸的廣宗般，成為胡漢相爭的另一據點。下
面將就西晉以下，魯口地區胡漢勢力的消長，做一敘述。

一、王　午

　　石趙崛起於黃泛區，卻將帝國重心建立在太行山東麓及黃泛區形成的 L
型地區上，故以襄國及鄴為其國都〔註134〕。早期雖曾與幽州王浚、并州劉琨
等漢人集團有過激烈的爭戰，其重點卻都集中在太行山走廊上〔註135〕，走廊
東面的低濕帶，除了大陸澤以南地區，因靠近帝國核心，比較具有威脅性，
故曾予費心經營外，對於澤北，採取較為放任的態度〔註136〕。石趙對本區的
漠視，除了離核心區較遠，不具威脅性的政治性原因而外，自然地理環境的
惡化，也是原因之一。《晉書·石勒載記》曾記載著：

　　　大雨霖，中山、常山尤甚，滹沱汎溢，衝陷山谷，巨松僵拔，浮于
　　　滹沱，東至渤海，原隰之間皆如山積。〔註137〕

〔註133〕前田正名，《平城の歷史地理學の研究》，第四章第五節，〈平城から河北平野
　　　　に出る交通路〉。
〔註134〕參見第五章所論。
〔註135〕參見《晉書》，卷一○四、一○五，〈石勒載記〉；卷三十九，〈王浚傳〉，及卷
　　　　六十二，〈劉琨傳〉。
〔註136〕《晉書》，卷一○四，〈石勒載記〉上，頁2726：時司、冀、并、兗州流人數
　　　　萬戶在于遼西，迭相招引，人不安業。孔萇等攻馬嚴、馮睹，久而不克。勒
　　　　問計於張賓，賓對曰：「馮睹者等本非明公之深仇，遼西流人悉有戀本之思。
　　　　今宜班師息甲，差選良守，任之以冀遼之事，不拘常制，奉宣仁澤，奮揚威
　　　　武，幽冀之寇可翹足而靜，遼西流人可指時而至。」勒曰：「右侯之計是也。」
　　　　召萇等歸。……
〔註137〕《晉書》，卷一○五，〈石勒載記〉下，頁2736。

時當徐龕復降於晉、與孔萇陷於段文鴦的太興三年（320 年）五、六月間事，及至咸和五年（330 年）秋，史書又載：

> 大雨霖，中山西北暴水，流漂巨木百餘萬根，集于堂陽。〔註138〕

十年之間有兩次大水，這種形式的天災，對於人文的發展自然具有相當程度的破壞性，難怪在太行山麓、滹沱河出山處、雄晉泛濫線以西的中山國，人口與統縣均未減少，而南面的滹沱河沿線，卻仍然一片荒涼。

永和五年（349 年）石季龍死，趙魏大亂，向來活動在遼西地區的慕容氏乘時而起，循著太行山東麓交通線南下，「簡精卒二十萬以待期」〔註139〕。次年（350 年），慕容儁親率大軍南下，次于無終，石季龍幽州刺史王午棄城，南走魯口，從此展開了王午集團與慕容氏的魯口防守戰。《晉書》，卷一一○，〈慕容儁載記〉云：

> 慕容評攻王午于魯口，……評次南安，王午遣其將鄭生距評，評逆擊，斬之。〔註140〕

王午與慕容燕的第一次接觸戰雖然失利，然而隨著永和八年（352 年）冉魏對燕戰爭的徹底失敗〔註141〕，魯口反而有了獨立發展的契機。史載：

> 王午聞魏敗，……午自稱安國王。八月，戊辰，燕王儁遣慕容恪、封奕、陽驚攻之，午閉城自守，送冉操詣燕軍，燕人掠其禾稼而還。……（十月）慕容恪屯安平（晉博陵郡，唐屬深州），積糧，治攻具，將討王午。……閏月，戊子，……王午為其將秦興所殺，呂護殺興，復自稱安國王。〔註142〕

及至永和九年（353 年）五月慕容儁遣慕容恪平常山李犢後，復東擊魯口之呂護〔註143〕，次年（354 年）拔魯口，（呂）護奔野王，遣弟奉表投降，慕容儁遂以護任河內太守〔註144〕。王午集團在魯口的勢力，一時消弭。自此之後，呂護即轉往黃河南北兩岸胡漢交界帶，依違於晉與慕容氏之間〔註145〕。其與

〔註138〕同註137，頁 2748。又，兩次大水時間判定，據《晉書》與《資治通鑑》對勘。
〔註139〕《晉書》，卷一○七，〈石季龍載記冉閔附傳〉，頁 2795。
〔註140〕《晉書》，卷一一○，〈慕容儁載記〉，頁 2831。
〔註141〕《晉書》，卷一一○，〈慕容儁載記〉，頁 2833。
〔註142〕同註141，頁 2833，及《資治通鑑》，卷九十九，〈晉紀二十一‧穆帝永和八年〉。
〔註143〕參見《資治通鑑》，卷九十九及〈晉紀二十一‧穆帝永和八年〉所記。
〔註144〕《資治通鑑》，卷九十九〈穆帝永和九年、十年〉記事，頁 3132、3139。
〔註145〕呂護自永和十年降燕後，於穆帝升平五年（361 年）二月率眾降晉；其年十

前節所論乞活之政治動向頗爲類似，頗疑王午集團亦一未南撤之傾漢人勢力。今將歷史記載中，與王午集團明顯有關之一、二人略述於後，以探測王午集團之性質。

《晉書》，卷一一○，〈慕容儁載記〉附載三人，其中李產、李績爲父子，皆有名於慕容燕，〈李產傳〉云：

> 李產……范陽人也。少剛厲，有志格。永嘉之亂，同郡祖逖擁眾部於南土，力能自固，產遂往依之。逖素好縱橫，弟約有大志，產微知其旨，乃率子弟十數人，間行還鄉里，仕於石氏，爲本郡太守。〔註146〕

李產很明顯是回歸本土的漢人勢力。而其子李績，少以風節知名，弱冠即爲郡功曹，後爲石季龍幽州刺史王午辟爲主簿，這是李績與王午僚屬關係的開始。慕容氏南征，王午棄城南走魯口，李績「捐家立義」隨王午南下，並未留隨父李產降燕。即使如此，還是受到集團內鄧恒的猜疑〔註148〕，以績「鄉里在北，父已降燕」〔註149〕爲理由，意欲除之。王午雖以「績於喪亂之中捐家立義，情節之重，有侔古烈，若懷嫌害之，必駭眾望」〔註150〕爲辭，打消了鄧恒的殺意，但亦恐「績終爲恒所害，乃資遣之」，還是遣送李績返回鄉里。由以上李績事件中，鄧恒與王午的言行，再次證明王午集團當時反燕與地方性的特質。

李產之仕燕，卻可代表北方政權轉移後，未隨西晉政府南移漢人的典型心態，這點可由石季龍征段遼，師次范陽（產任太守）軍供有關時，李績的言詞可窺知一、二：

> 郡帶北裔，與寇接壤，疆場之間，人懷危慮。聞輿駕親戎，將餘殘賊，雖嬰兒白首，咸思效命，非唯爲國，亦自求寧，雖身膏草野，猶甘爲之，敢有私客而闕軍實。〔註151〕

月，護復叛晉降燕：哀帝隆和元年（362 年），護偕燕將段崇攻晉洛陽，退守小平津，中流矢而亡。事見《資治通鑑》，卷九十九、一○○、一○一各年紀事。

〔註146〕《晉書》，卷一一○，〈慕容儁載記附李產傳〉，頁 2844。

〔註148〕《資治通鑑》，卷九十九，〈晉紀二十一·穆帝永和八年七月〉載：「王午聞魏敗，時鄧恒已死，午自稱安國王。」可知恒之勢力應可有制衡王午的力量，故恒死，午始稱王魯口。

〔註149〕《晉書》，卷一一○，〈慕容儁載記附李績傳〉，頁 2845。

〔註150〕同註 149。

〔註151〕同註 149。

「非唯爲國，亦自求寧」，即充分說明當時人的心態。故李產雖曾隨祖逖南遷，卻因祖逖兄弟「有大志」〔註152〕，故「率子弟十數人間行還鄉里，仕於石氏，爲本郡太守。」由是可知，李產父子求自保的心態，遠高於胡漢民族意識，這一點與乞活集團是有很大差異的。

　　其實王午集團對胡人政權的態度，也隨著日後局勢的發展稍有不同。起初王午因慕容氏的壓迫，集結原留守幽州一帶的居民與部眾「退守」於魯口地區，仍奉晉朝爲正朔。待冉閔亡於燕、對胡人態度較保守的鄧恒死了以後，王午進而獨立稱安國王。及至王午的繼承者——呂護被慕容氏擊潰於魯口後，遂避過 L 型的胡人核心區，將殘餘遠遷至黃河南岸的野王一帶，從此依違兩端，周旋於東晉與慕容氏之間，直至晉哀帝隆和元年（362年）七月滅亡爲止。

　　作者以爲，乞活與呂護這兩個北方漢人殘存勢力的活動地點，都集中在胡漢分界線附近的大陸澤北及黃河南岸，目的都是爲了避開石勒所建 L 型的胡人優勢區。由此可以看出，當時確有一 L 型胡人優勢區存在於河北，而殘存的漢人武裝勢力多避開此一區域以求生存。

二、鮮卑慕容氏

　　鮮卑慕容氏本來就是一個兼行農牧〔註155〕、漢化很深的北方民族。在西晉滅亡、王浚敗死以後，遼西一時成爲中原人士逃死聚生之所，人材薈集，儒學大興〔註156〕，國勢因此興盛。隨後又逐崔毖、據平州、敗高麗、襲段氏，稱雄於北地〔註157〕，儼然成爲東晉以外的另一漢人集居處及漢文化重心。石勒統一中原後，雖曾大敗慕容廆，卻因遼西僻處東北，兵威難及，只能任其

〔註152〕同註149。

〔註155〕《資治通鑑》，卷一〇一，〈晉紀二十三‧穆帝升平五年〉，頁3186。

〔註156〕《晉書》，卷一〇八，〈慕容廆載記〉：「太康十年，廆又遷于徒何之青山。廆以大棘城帝顓頊之墟也，元康四年乃移居之。教以農桑，法制同於上國。」

〔註157〕《晉書》，卷一〇八，〈慕容廆載記〉云：時二京傾覆，幽冀淪陷，廆刑政修明，虛懷引納，流亡士庶多襁負歸之。廆乃立郡以統流人，冀州人爲冀陽郡，豫州人爲成周郡，青州人爲營丘郡，并州人爲唐國郡。於是推舉賢才，委以庶政，以河東裴嶷、代郡魯昌、北平陽耽爲謀主，北海逢羨、廣平游邃、北平西方虔、渤海封抽、西河宋奭、河東裴開爲股肱，渤海封奕、平原宋該、安定皇甫岌、蘭陵繆愷以文章才儁乃居樞要，會稽朱左車、太山胡母翼、魯國孔纂以舊德清重引爲賓友，平原劉讚儒學該通，引爲東庠祭酒，其世子皝率國胄束脩受業焉。廆覽政之暇，親臨聽之，於是路有頌聲，禮讓興矣。

與南朝往來〔註158〕。到了石季龍時代，慕容皝不但重盛於遼西〔註159〕，甚至還「進渡武遂津，入于高陽，所過焚燒積聚，掠徙幽冀三萬餘戶」〔註160〕，兵力已突入河北中部了。這時的慕容氏雖然還是農牧兼行，但由於流徙到遼西的漢族人民，都具有熟練的農耕技術，對於遼西土地開發及農業的深化，都有強化作用，難怪慕容皝曾稱農業為「國之根本」〔註161〕。可見鮮卑慕容氏在逐鹿中原以前，農業性已然很深。這種農耕生活方式的傾向，使得慕容氏與當時活動於河北地區漢人的同質性，遠大於其他胡族政權。

今日西起保定縣東，經新安、雄縣、文安、靜海到天津的狹長地帶，是河北地形上的低窪地區，平原上的各河流，除了南部清、漳二水外，中北部諸河均先匯流至此，再並行東流入海〔註162〕。諸河橫亙，成為地理上的自然障礙，低窪地區自然也成為歷史上各行政區劃如：燕、幽、及趙、冀間的主

〔註158〕《晉書》，卷一〇八，〈慕容廆載記〉，頁2806～2807。

〔註159〕同註158，頁2808～2811。

〔註160〕《晉書》，卷一〇九，〈慕容皝載記〉，頁2821。

〔註161〕《晉書》，卷一〇九，〈慕容皝載記〉載：以牧牛給貧家，田于苑中，公收其八，二分入私。有牛而無地者，亦田苑中，公收其七，三分入私。皝記室參軍封裕諫曰……自永嘉喪亂，百姓流亡，中原蕭條，千里無煙，飢寒流隕，相繼溝壑。先王以神武聖略，保全一方，威以殄姦，德以懷遠，故九州之人，塞表殊類，襁負萬里，若赤子之歸慈父，流人之多舊土十倍有餘，人殷地狹，故無田者十有四焉。殿下以英聖之資，克廣先業，南摧強趙，東滅句麗，開境三千，戶增十萬，繼武闡廣之功，有高西伯。宜省罷諸苑，以業流人，人至而無資產者，賜之以牧牛……四業者國之所資，教學者有國盛事。習戰務農，尤其本也。百工商賈，猶其末也。宜量軍國所須，置其員數，已外歸之於農，教之戰法，學者三年無成，亦宜還之於農，不可徒充大員，以塞聰明之路……皝乃令曰：「覽封記室之諫，孤以黎元為國，黎元以穀為命。然者農者，國之本也，而二千石令長不遵孟春之令，惰農弗勸，宜以尤不修闢者措之刑法，肅屬屬城。主者明詳推檢，具狀以聞。苑囿悉可罷之，以給百姓無田業者。貧者全無資產，不能自存，各賜牧牛一頭。若私有餘力，樂取官牛墾官田者，其依魏晉舊法。溝洫漑灌，有私官私，主者量造，務盡水陸之勢。中州未平，兵難不息，勳誠既多，官僚不可以減也。待克平凶醜，徐更議之。百工商賈數，四佐與列將速定大員，餘者還農。學生不任訓教者，亦除員錄。觀慕容皝君臣所言，可看出鮮卑當時雖還農牧並行，但農業已躍居「國之本」的地位。不但罷苑囿，溝洫漑灌務盡水陸之勢，甚至把額外的百工商賈、政府僚佐、及不任訓教的學生，都令還而為農，可見農業的地位不但重要，從農的人口極為眾多。

〔註162〕中古時期河北諸水流經窪地區，由南至北包括了滹沱河、滋水、泒水、滱水、濡水、易水、巨馬河、聖水等，可以說整個河北中北部的河流，都先流邐窪地，再行出海。

要分界線。地理的障礙，也造成跨越窪地、溝通兩地交通上的困難。以當時河北的開發程度而言，交通路線即使存在，也只有季節性的通行小路，沒有長期、便捷大道存在的可能。而太行山東麓則因地勢較高，沒有雨澇之虞，成為南北往來的交通要道。中山（晉、北魏之盧奴）位在低窪地帶的西面，正是河北通往東北及西北 Y 字型交通的樞紐點，也是北方部族進入中原的必經之處。在石趙滅亡，河北平原成為北族活動的主要舞台以後，中山的重要性陡增，成為繼鄴城、襄國之後，五胡政軍活動都很活躍的都市之一。

西晉政權覆亡後，無論境內或境外諸胡族，都以黃河中、下游為目標，向內遷徙及發展，尤其是太行山走廊及黃河沿岸所構成的「倒 T 字型」地帶，更是諸胡勢力爭奪的重心。而各胡部也只有在進入這個地帶後，才能發揮指顧北方，與南朝相衡的優勢位置。不過五胡政權中的劉漢、石趙、姚羌及苻秦都來自西方，對河北的經營也偏重在襄國以南的太行山南麓，及黃河南北兩岸的三魏地區上。這裡是中國文明的發源地，有長遠水利經營及農耕基礎，對於廣大河北中北部的農業依賴也相形減低。這也是石趙建國襄國，重心卻偏在 L 型地帶〔註163〕，對河北中、北部採取較放任態度的原因。

反觀中山附近諸縣，因位居山麓前緩坡地帶，雨水較多，土壤也是稱肥沃，很適合農耕生產。不過東漢以後中國氣候轉寒，進入小冰河時期，《史記》所稱的碣石——龍門農牧線南移到中山附近，寒冷期的增長使得農耕期縮短〔註164〕，生產所得能否供應大量的徙入人口，是值得考量的第一個問題。其次，中山地區不比三魏，沒有長久的農耕水利設施基礎，鄰近地勢又受太行山及沮洳地東西夾峙的影響，平坦的耕地有限，發展受到很大的限制。因此自戰國以下，就不曾有任何政權把中山當作經濟中心，更遑論石趙以降，太行山走廊已成胡族往來征戰之處，中山更是戰況激烈地點之一〔註165〕。農耕需要長期而穩定經營，以此而言，中山農業發展確實有很大的侷限性。

根據以上敘述來看，如果打算在中山地區建立一個霸權政府，承平時期能夠自給自足，必要時還能在戰爭中供給各項資源所需，顯然不是很適合的。因此當已經農業化的慕容氏進入中山後，如何越過中山東面的沮洳地區，開發河北中部，並利用的各項資源，使之成為逐鹿中原所需的後勤補給站，自

〔註163〕此處所指 L 型地帶與上述所謂逆 T 型是同樣的，只是逆 T 型包括了太行山以西的地帶，而 L 型只包含太行山東麓走廊與黃河沿岸地帶。
〔註164〕參見第五章第二節。
〔註165〕詳見前田正名，《平城の歴史地理的研究》，頁 483～527。

然成為慕容氏致力的目標。在這項考量下，盤據在魯口的王午集團，便成為慕容氏全面經營河北的主要障礙。經過五年的奮戰，終於在永和十年成功地排除這一集團在魯口的勢力，成功串連起沮洳地帶的東西兩面。此後，慕容氏在河北中、北部的經營相當順利，這點可由前燕為數可觀的庇蔭戶中看出端倪。《通鑑》，卷一〇一，〈晉紀二十三・海西公太和三年〉云：

> 燕王公，貴戚多占民為蔭戶，國之戶口少於私家，倉庫空竭，用度不足。尚書左僕射廣信公悅綰曰：「……宜一切罷斷諸蔭戶，盡還郡縣。」燕王暐從之，使綰專治其事，糾摘姦伏，無敢蔽匿，出戶二十餘萬，舉朝怨怒。〔註166〕

這條紀事說明了慕容氏進入中原後，很快就與漢世家大族一樣，有了蔭戶制度與庇蔭戶。然而前燕領地雖然號稱「南至汝、潁，東盡青、齊，西抵崤、澠，北守雲中」〔註167〕，但西有河東胡及氐部掣肘，南有東晉據兵威脅，真正領有的轄地，只限於河北平原。史書稱悅綰曾因「百姓多有隱附」，而出戶二十餘萬，導致「朝野震驚」〔註168〕，這些隱附戶可能多出自河北農耕社會。顯見慕容氏與河北平原的漢人聯結甚深，這種結合，是石趙等非農業性胡族所不易為的，故自永和十年以後，河北即不再出現以魯口為反抗根據地的情況發生。

　　至於建立後燕政權的慕容垂，起自黃河兩岸，乘著苻秦淝水敗後勢力尚未恢復，以及前燕對河北植基甚深之利〔註169〕，兵反河南，「眾至二十餘萬，濟自石門，長驅攻鄴。（子）農、（兄子）楷、紹、（弟子）宙等率眾會垂」〔註170〕，迫使苻堅放棄關東之地〔註171〕，不復與爭。從表面上看，此時河北之地除鄴、信都等幾個少數大城外，餘皆盡入慕容氏之手，慕容氏大可建立一個如石趙般大帝國，繼續控制 L 型之胡人優勢區。然而慕容垂雖起自黃河兩岸，卻無法有效的控制黃泛區，原因在石勒自建國始，即有系統的把族性不同的諸胡徙入黃泛區，在石趙強力政權的統治下，諸胡無力反叛。及石趙覆亡後，諸族在黃泛區內相互競爭，誰也無法在區內取得絕對的優勢。更何況慕容氏原起自遼西，

〔註166〕《資治通鑑》，卷一〇一，〈晉紀二十三・海西公太和三年〉，頁3211。

〔註167〕顧祖禹，前引書，卷三，〈歷代州城形勢三〉，頁135。

〔註168〕《晉書》，卷一一一，〈慕容暐載記〉，頁2852-53。

〔註169〕《晉書》，卷一二三，〈慕容垂載記〉，頁3087曾載垂率諸將攻翟遼，「遼之部眾皆燕趙人也，咸曰『太原王之子，吾之父母。』相率歸附」。可見燕趙地區植基之深。

〔註170〕同註169，頁3082。

〔註171〕《晉書》，卷一一四，〈苻堅載記〉下，頁2920。

長久以來即以河北中、北部爲經營對象，建立後燕後又以北方爲帝國的重心。建都中山，一方面可控扼胡族來往的通道，另方面還可利用魯口做爲經濟上的支持，使平原物質能源源不斷進入中山。因此，隨著後燕在北方勢力的增強，及對河北中部依賴的加深，魯口在雖時有軍事上的衝突發生〔註172〕，都不旋踵即敉平。顯見今古異勢，魯口已隨著鮮卑慕容氏對河北的經營，由以往王午時代漢人集團與慕容氏抗爭的軍事據地，轉而成爲溝通平原中、西部的交通要衝，這也愈發突顯魯口在胡漢民族分界線上重要的地位。

三、鮮卑拓拔氏

拓拔氏早期活動在漠北地區，曹魏甘露三年（258 年）遷居定襄之盛樂（今内蒙古和林格爾縣北），才和漢民族有較多的接觸，逐步發展農業〔註173〕。登國元年（386 年）在慕容垂的支持下，消滅了賀蘭、紇突鄰、紇奚等部落，成爲塞外第一強國〔註174〕，此後進逼附塞諸郡，形成後燕之威脅。登國十年（395 年）慕容垂以太子寶率兵八萬進討拓拔珪，結果爲珪大敗於參合陂，慕容寶僅以單騎獲免〔註175〕，燕兵精銳折損過半。隔年，慕容垂復將兵出擊以湔前恥，雖成功進占平城，不久卻因病重還軍中山，平城仍回拓拔氏的手中。待慕容垂死後，拓拔氏因勝進擊，進入河北地區。史載：

> （皇始元年、396 年）秋七月……己亥，大舉討慕容寶，帝親勒六軍四十餘萬，南出馬邑，踰于句注，……九月戊午，次陽曲，乘西山，臨觀晉陽，……寶并州牧遼西王農大懼，將妻子棄城夜出，東遁，并州平。……冬十月乙酉，車駕出井陘，……十有一月庚子朔，帝至眞定，自常山以東，守宰或捐城奔竄，或稽顙軍門，唯中山、鄴、信都三城不下……帝謂諸將曰：「……不如先平鄴、信都，然後還取中山……。」……丁卯，車駕幸魯口城。〔註176〕

〔註172〕《資治通鑑》，卷一○五，〈晉紀二十七・孝武帝太元九年〉載慕容農擊翟遼於魯口。又同書，卷一○八，〈晉紀三十・孝武帝太元二十一年〉，慕容垂之征東將軍平規以博陵、武邑、長樂三郡兵反於魯口，垂自將擊規，至魯口，規棄眾渡河而逃。

〔註173〕王仲犖，《魏晉南北朝史》（台北：谷風出版社，民國 76 年 9 月出版），頁 257。及《晉書》，卷一○八，〈慕容廆載記〉，頁 2803 所載。

〔註174〕《魏書》（台北：鼎文書局標點本，76 年出版），卷二，〈太祖紀〉，登國元年記事，頁 20～24。

〔註175〕《晉書》，卷一二三，〈慕容垂載記〉，頁 3089。

〔註176〕《魏書》，卷二，〈太祖紀〉，頁 27～28。

自此之後，拓拔珪遂以魯口爲征討後燕的軍事據點，並致力於招納漢人。反之，慕容寶自通往河北的通道被切斷後，從此受困於中山，故不得不於隆安元年（297 年）發動攻擊，令左衛將軍慕輿騰攻博陵，殺拓拔珪所置守宰〔註177〕，復乘拓拔珪南攻信都的機會、發動了柏肆塢之戰。〔註178〕

　　柏肆塢位于滹沱河南岸（約今晉縣西），正處中古時期沮洳帶的西緣〔註179〕。在此戰役中，慕容寶建營於滹沱河北，拓拔珪則進軍新梁（詳地無考，約在今中山附近），慕容寶趁夜募敢死隊襲珪，結果先勝後敗，大軍棄袍仗、兵器敗逃中山，後燕政權瀕臨滅亡〔註180〕。拓拔魏在本次的戰爭中，付出的代價也很高，西北諸部如賀蘭部、紇鄰部、紇奚部，紛告叛變〔註181〕；不過失之東隅，收之桑榆，此役也確保了拓拔魏在魯口的地位，及對河北中部經營權的掌握，保證了拓拔魏可對河北資源的有效控制。反觀慕容燕因魯口的喪失，河北物質供應線自此被徹底切斷，中山等地未久即陷入孤立無援的境地，發生嚴重的饑荒，史書記云：

　　（隆安元年）秋七月……（中山）城中飢窘，詳不聽民出采稆，死
　　者相枕……。八月……中山飢甚，慕容麟帥二萬餘人出據新市。……
　　十月……甲申（二十日）魏克中山。〔註182〕

慕容政權此後再也無力對拓拔氏做有效的反攻。反之，拓拔魏屢次進攻中山，都以魯口爲攻防中心，《晉書》載：

　　魏攻中山不克，進據博陵魯口，諸將望風奔退，郡縣悉降于魏〔註183〕。
　　（皇始二年，隆安元年，397 年）八月丙寅朔，帝（拓拔珪）自魯
　　口進軍常山之九門……襲中山，芟其禾芙，入郭而還。〔註184〕

可證魯口在軍事上有舉足輕重的地位（參見圖二十二、圖二十九），據中山者，若無魯口爲據點，者難以持久。拓拔氏起自西北，其與農業之關係，不若慕

〔註177〕《資治通鑑》，卷一〇九，〈晉紀三一・安帝隆安元年〉，頁 3438。
〔註178〕同見《晉書》，卷一二四，〈慕容寶載記〉，頁 3094；《魏書》，卷二，〈太祖本紀〉，頁 28～29；《資治通鑑》，卷一〇九，〈晉紀三一・安帝隆安元年〉，頁 3439～3440。其中以《通鑑》紀事最詳。
〔註179〕見本章第一節。
〔註180〕《資治通鑑》，卷一〇九，〈晉紀三十一・安帝隆安元年〉，頁 3440。
〔註181〕參見《魏書》，卷二，〈太祖本紀〉，頁 29；以及《資治通鑑》，卷一〇九，〈晉紀三十一・安帝隆安元年〉紀事。
〔註182〕《資治通鑑》，卷一〇九，〈晉紀三十一・安帝隆安元年〉，頁 3455～3456。
〔註183〕《晉書》，卷一二四，〈慕容寶載記〉，頁 3094。
〔註184〕《魏書》，卷二，〈太祖本紀〉，頁 30。

容氏般深厚。故慕容氏雖建都中山，實以魯口東面的河北中、北部爲腹地，以平原農業生產來支援中山的政權，由於慕容氏與漢民族的營生方式相近，與漢人的相處也比其他胡族來得融洽。然而拓拔氏情形並不完全如此，其控制魯口，殆爲削減、甚至扼殺中山與河北中部間聯繫，其勢力之發展，終究是要轉向以胡人爲主的 L 型區域，故魯口對於拓拔氏而言，軍事意義大於一切，絕不如慕容氏般倚之爲生命線。

表十七：《新唐書・地理志》所載漳水築堤表

縣名	築　　堤　　記　　載	築堤年代	縣名	築　　堤　　記　　載	築堤年代
雞澤	有漳洺南堤二、沙河南堤一	永徽五年	武邑	北三十里有衡漳堤	顯慶元年
南宮	西五十九里有濁漳堤	顯慶元年	清池	西四十里有衡漳堤二	顯慶元年
堂陽	西十里有漳水堤	開元六年	清池	西北六十里，有衡漳東堤	開元十年

表十八：《新唐書・地理志》所載漳水中下游地區築渠表

縣　　名	南　宮	堂　陽	衡　水	信　都
築渠記載	有通利渠	西南三十里有渠	南一里有羊令渠	引趙渠水注葛榮陂
築渠年代	延載元年		載初中	貞觀十一年

第七章 結 論

　　中國自東漢以降，河北平原的大多數地區已開發成一個成熟的精耕農業地帶，即使在東晉政府南遷後，此地仍聚居著相當數量的漢人，繼續從事著有效的農業生產，在一片衰蔽的北方中，成爲一塊漢人的生活樂園。而中國的氣候，自東漢末進入小冰河期，氣溫陡降，全境轉冷，植物生長季節縮短，這對於農業當然造成傷害，但自戰國以來，中原地區已走向人力密集的高度精耕農業，遂將氣候所造成的傷害減至最低程度，仍然可以維持著相當的農業發展。這對久居塞外的胡人來說，不啻是個極大的誘惑。因爲氣候的轉冷，對於塞外地區來說，意味著霜期延長及草木的早枯；而草木的早枯，自然扼殺了塞外民族賴以爲生的牛羊生機。胡人欲在塞北維持原本生活，勢必比已往來得艱難，因此向較爲暖和、又有農業生產的塞內遷徙，已成爲不可避免的趨勢。不幸的是，在胡人挾恃其游牧勇武特質徙入的同時，卻正是漢人政權統治力量衰微的時期，統治階層的內鬨、經濟崩潰、地方反抗勢力的挑戰等，在在使得漢人政權瀕臨解體，疲於應付，對於南下的胡人，根本無法規劃出一套完整可行的安撫辦法，於是乎胡人滲入中原，開始與漢人長期爭奪生活資源。

　　胡、漢的生活方式原本不同，對於土地的利用方式亦不相同。胡人所營之游牧生活，需要的自然條件遠比農耕爲低；而農耕民族對於土地的依附性，又遠較游牧民族來得高。因此胡人遷入中原，對於原有的漢人農耕生態，多少具有破壞性。漢政權既無力阻止，爲了減少破壞程度，開放塞內非主要農耕地區安置胡人，乃是不得已的趨勢。而這些非主要農耕地區包含了那些地方呢？史念海先生根據《史記》所載，指出自瀕臨渤海的碣石（今昌黎縣北）

起，沿著燕山山脈西行，至北平（今北京市）北，再西南穿越太行山經太原（今太原）、龍門（龍門山，在今河津西北，黃河沿岸）、直至甘肅隴山的一條東北、西南行的斜線，是中國劃分農牧業的界線，我們姑且稱之為「農牧分界線」。這條農牧線不僅是夏季季風到達的極限，也是中國北部平原與山區的大致劃分線。因此乾燥少雨，多寒而多山成為線北的自然特色，而這特色恰是農業發展上的致命傷。不過這種乾寒的狀況是對應於線南的農業區而言的，若與更北的塞外比較，此地又相對的成為溫暖多雨，適於草木生長的絕佳畜牧區。由於自然生態上的限制，行農耕的漢人，極少以線北地區為聚居地，只有在漢人政權強盛時，為了拓邊及邊防上的需要，才採取強迫性的移民、墾荒來填補此區漢人人口之稀少，這種帶有強迫性的徙民，自然需要付出較大的代價。及至小冰河期來臨，隨著氣溫的降低，農牧線亦隨之南移，約東起今天津北，沿窪淀區北（今天津以西九十九淀的塘泊區）西南至饒陽北、石家莊附近，穿越太行山再西南至涑水以北，過黃河，到達寶雞。於是原屬農耕地區的河北滹沱河流域（即中山地區）、山西太原盆地、臨汾盆地、新絳盆地及渭水平原等，因自然環境的惡化，退出適合農耕的範圍。整體而論，農耕優良區向東南移了二個緯度。加以山西澤潞盆地本屬低溫少雨的閉合地帶，於是整個中國北方在中古初期只剩下黃河中、下游平原及河北平原的中、南部地區適於農耕。

　　隨著自然環境的改變，人口結構也隨之改變，胡人內徙至新的畜牧區，而漢人亦逐漸向南方較暖濕的地區退卻，這種替換的過程，在西晉末年——寒冷巔峰期開始以後，愈益攀上頂點，曾經是漢人活動重心的關中、太原地區，其居民結構已轉換為以胡人為主的胡族系統了。

　　在胡人逐步進逼的過程中，漢人政府自然也想有效的予以防制，至少希望能保全農耕區的完整，隔斷胡人的進入。因此，東漢安帝永初年曾沿著太行山麓，由中山到魏郡建築塢壍六百一十六所，再以重兵屯駐孟津，就是配合自然變化的形勢，阻絕胡人進入河北漢人區的一項措施。太行山脈是山西與河北間的一道自然障礙，往來雖有陘道相通，卻必須翻越艱險的山勢，如果能防守諸陘道的關口，即可有效扼止胡人的東侵。但是黃河沿岸平原自古就是中原東西往來的自然通道，河上諸關不及太行諸關形勢險要，因是成為胡人東侵的突入點。東漢末年，西北的氐、羌及居太原的匈奴發展十分快速，捨棄自然環境較差的原居地，向東方河北地區發展，遂成為胡族共同的步調。

河上諸關在這種大壓力下，根本無法阻止，形勢所至，從弘農、河內（今日漳水、沁水近黃河地區）到魏郡（今日淇水與黃河之間平原地區）、東郡及清河（今黃河下游兩岸沖積平原）的黃河沿岸都滿佈胡蹤；因此，位居東西來往交通要道的黃河南北兩岸，即成為河北平原第一個胡人入居的地區。但是當胡人越過三河（淇、洺、沁水入黃河地區）後，直接面對的是一個生計方式不同、懷有敵意、隨時準備為最後生活資源做抗爭的漢人社會，這正是中古前期河北平原上胡漢民族糾葛的關鍵——由於自然環境的改變而造成社會結構上的重組。

東漢以前，黃河行經北道由天津出海，自陝縣以下出山，在進入平原時，河道沈積，於是從滎陽（今縣）以下，東北至德縣（今縣）間，出現了幾個易潰決的險段，每逢夏汛出現，洪水湧至，沿河南北諸縣遂成澤國。及至王莽時，黃河改道東行入海，重以氣候轉為寒旱，河泛漸趨沈寂。但是長期的泛濫，已造成土壤的鹽鹼化反應，不再適於一般的農耕，卻可發展畜牧業及粗耕式的農業，這對於略具農耕技術、兼行畜牧的胡人而言，正是一塊不需完全更改謀生技術，即可滿足生活所需的樂土，重以前述黃河兩岸交通上的便利，黃泛區成為胡人勢力在河北地區第一個集結的地區。

至於太行山東麓，是河北地區開發最早、農業最興盛，又具有工商基礎及政治傳統的優勢地帶，自古以來就是各個政權爭奪的重心。當胡人在黃泛區的實力發展到足以參與爭奪時，自然毫不猶豫的加入爭戰，以謀取更大、更強的政權實力基礎。其時，太行山走廊已成為東北以及西北民族進入中原的主要孔道，故在以黃河中游為核心的中古胡族大移徙中，走廊區頓時成為胡族活動最頻繁的地帶。太行山東麓的農耕區，本是漢人生存的根本，在這種強大的胡人移徙衝擊，及漢人政權衰微的影響下，漢人不得不向較遠的南方或較貧瘠的河北平原中部撤退。河北平原中部是漢朝以降新開發的農耕地帶，自然條件雖不及西邊的山麓平原豐厚，卻因泛濫帶的阻障，有了單獨、安全的發展機會，在胡人東侵的浪潮下，堅持著農耕的漢人生活型態。這對於生計型態不同的胡人來說，是進據河北南部後，無法全面控制河北地區的主要障礙。胡漢雙方在這長期的進退拉鋸間，逐漸循著地理自然形勢，出現一條胡漢分界線。這個自然的分界，約與太行山走廊平行，是由水文狀況造成的泛濫低濕區（即沮洳地帶）所構成，北起拒馬河流域之雄縣，向南延伸至包括新安、高陽，滹沱河流域的蠡、安國、深澤及中古時代大陸澤北面、

西面的臨晉、鉅鹿、廣宗及威縣等（以上所指皆今縣）。當胡人政權強大時，可突破這道分界線，對河北的中部做突入式的侵入，進據某些據點；但是若胡人政權崩解，統治力衰微時，其控制區定然退回線外。因此胡族政權對於河北平原中部地區，向來採行安撫方式，不冀望全面、長久的入居，只希望河北中部平原的漢人社會承認太行山麓的胡人政權，並供應所需之各項資源。這可說是在中古前期動盪的時代下，不擅農耕技術的胡人，與農地縮小、自然條件轉趨惡劣的漢人集團，在河北平原上所取得的妥協與平衡的一種新的相處方式，也是主導中古社會胡漢互動的主要形態。

前述的黃泛區與太行山東麓地帶，在河北平原上恰恰構成一個 L 型的胡人優勢區。這個優勢區，事實上又可分為三個區域：黃泛區與太行山東麓的中山、鄴。三區各有其特性與重要性，如黃泛區乃標準的二次農地，適於粗耕農業與畜牧業，這與純粹畜牧地帶相較，更有經濟上自給自足的可能性，加上前述交通上、位置上的優越性，黃泛區不僅成為胡人入居中原最早的地區，同時也成功的阻隔了河南、北的漢人集團，形成河北平原上的第一個胡人優勢區。自此以後，漢人主導中國北方的優勢不再，胡人在北方的勢力逐漸穩固。而鄴地自曹操開始積極推展農耕範圍到鄴北、東部的漳水、洺水、渦水及泜水流域的大陸澤左近地帶，把石家莊以南（即農牧線以南）的可耕地串連成一完整的農工商生產體系後，又於建安二十一年將河北的水系網開鑿完成，使鄴地除了原有的經濟地位之外，更有了指顧河北的能力。總而言之，鄴區是河北最重要的穀倉與政治中心，其地適於農耕漢人居住，然因居 L 型的轉折地帶，此地遂成控制河北中部與黃泛區的樞紐，亦為胡人政權必欲控制之地。至於易水以南、滹沱河北的中山地區，是富裕的太行山東麓地帶中，自然條件最差的一區，但因位居東北及西北塞外進入中原的 Y 型交通叉口上，雖有山河夾峙，自成封閉區域，卻亦具有對外開放的能力。這種矛盾的性質在中原政治勢力衰弱，無力北顧時，中山區的封閉性便大於開放性，易於吸引政治團體在此建立小型的、獨立的政治中心，並可以此抗拒繼續南下的胡人勢力。這三個區域，分開的時候各有其特色；若結合在一起，藉著聚合黃泛區的胡人武力，以鄴區經濟能力為基礎，再憑藉中山之險阻，則可鞏固自身之權力，並向外發展，形成一個獨立政權。石勒即是中古時期在河北地區第一個控制住 L 型區域的胡人集團。

石勒在胡人東徙熱潮前被賣入黃泛區，隨著晉室內閧的劇烈，及胡人大

量徙入黃泛區的影響，石勒集結了一批雜胡，成爲一支轉戰黃河南北的強勁隊伍，建立了政權。然而黃泛區就整個北方局勢來說，位置略嫌偏南，在戰略位置上，難以對河北地區收指顧之效，加上沒有一個具號召力、並含歷史淵源的政治都市，對於勢力的再一步發展有其侷限性。因此在勢力穩固後，石勒即把政治中心遷到鄴經濟區內，以襄國與鄴做爲帝國的雙都中心，分擔政治、經濟的任務，將曹魏時代的都會區劃重新展現於歷史舞台上。不過曹魏所建立的河北經濟交換網此時已遭戰爭破壞，不再發揮作用，因此石趙政權的根基只來自兩方面，即黃泛區與鄴經濟區，這兩面三點的組合，使得帝國的根基牢固，很難爲外力所推翻。其時，河北的胡人是以東遷諸胡——羯、氐、羌爲主角，故在鄴經濟區北方，鄰近農牧線的中山、常山、博陵（以上皆指西晉郡國）諸地，仍呈現勢力空白的現象，直到慕容氏等北族南下逐鹿中原，中山地區的政治活動方始活躍。

　　石勒的雙都中心設計，是藉著南北兩個城市控制住整個鄴經濟區，就當時而言，也就是控制了太行山東麓整個地帶，並可由此兼控黃泛區的胡人勢力，形勢十分強固。但石季龍勢力的膨脹，導致核心區內鄴與襄國勢力的分途，石趙的控制力自內部發出警號，黃泛區內的諸胡已不再馴服。當石季龍以鄴地經營的實力奪得了石趙的帝位後，襄國的地位日趨衰微，再也無法制衡鄴都。因此當冉閔叛殺石鑒等於鄴都，復又大肆屠胡後，石趙所建立的 L 型核心區已完全崩潰，區內諸胡一時分崩離析，互不統屬，無法再凝聚成堅強的武力。迨襄國滅亡，象徵以石趙爲中心的胡族結合時代徹底結束。

　　時造政權滅亡後，東來的氐、羌，尚可回歸到自然環境與黃泛區相似的關中，而南下諸胡則因河北北部自然條件的惡化，回歸不易，只好繼續留在黃泛區內經營生計，這與此後鮮卑慕容氏及丁零翟氏在黃泛區附近建立政權有絕大的關係。黃泛區雖因冉閔的屠胡造成胡人部眾離失，但僅是胡人人口減少這一單純因素，仍不能吸引漢人大量徙入，區內還是以胡民爲主要人口結構，胡質化的營生方式也持續維持著。只是在石氏之後的各政權都來自區外，對本區的經營既未特別著力，號召諸胡的能力也差，對於黃泛區內部始終無法整合，再建立一個如石趙般強大的胡人政權。這不但是苻堅在河北經營失敗的原因，也是前燕與翟氏政權倏起倏落的主因。

　　隨著鄴經濟區的瓦解及胡人的西歸，鮮卑慕容氏南下塡補了這個政治勢力的空檔，以北族的身份重新在鄴地建立政權。可惜在 L 型區域瓦解之後，

慕容氏欠缺整合諸胡的實力，部族的根據地又遠在幽、遼，對鄴而言，就顯得鞭長莫及了。因此處於太行山東麓與塞外交通線叉口上的中山地區，隨著慕容氏勢力的拓張，逐漸重要起來。

在農牧線南移前，中山雖然不甚富裕，仍然可以以區內較為富裕的唐河流域（即中古滱水流域）為基礎，在唐河與太行山交通線的交點——定縣附近，發展成一個以少量生產供小型地區的政治中心。不過，在農牧線南移到滹沱河後，中山全境皆為半農半牧地帶，生產季節縮短，使得原本不甚富裕的狀況更形惡化，生產已不足以支持一個獨立的政權。不過中山雖然貧瘠，卻可經由魯口等地聯繫河北的中部平原，掌握物資來源，較之鄴地經常受到外來勢力侵擾，顯然是安全得多。因此後燕的慕容垂雖起義於鄴南，卻放棄鄴這個政治中心，將國都設置於中山，正是基於這樣的考慮。而與慕容氏同時崛起的丁零，因其活動地域上也同在太行山東麓地區，對於河北中部的資源亦十分倚重，故與後燕幾度交戰於魯口（今饒陽縣西南）、深澤（今深澤縣東南）的滹沱河沿岸地區，並危及中山的首府盧奴，對於後燕造成長久的侵擾，使得後燕國力消耗甚鉅，終禁不住來自西北的拓跋氏的攻擊，而退出中原的爭霸戰中。

在胡族不斷的入侵中，河北中部因形勢相對孤立，因此吸引部分未隨晉政權南遷的漢人聚集。這些留下來的漢人為了維持生存，必須與統治政權有相當程度的合作或抗爭。在不斷的拉鋸試驗下，胡漢間大致以太行山東麓低濕沮洳地帶劃分為民族線，線東仍維持河北平原漢人的農耕型態，線以西則為胡人的優勢區。這道民族劃分線的出現，絕非意味著胡、漢兩邊絕對的隔絕；而是利用大陸澤南北的兩道缺口，做為太行山東麓走廊跨入河北中部的主要通道，事實上它也是胡漢兩個不同文化型態的連結線，廣宗（今廣宗縣西）與魯口，就是控制這條交通動脈的兩個重鎮。

廣宗位於漳水與大陸澤間，禹故河曾經廣宗縣東北，東行出海，此後二次改道，只留下寬廣突出的沈積河道，妨礙平原地區的排水，內澇、鹽鹼化，遂成為廣宗嚴重的問題。像這樣貧瘠的地區，在太平盛世，人口聚居的程度不可能太高，但是到了局勢動盪的時候，卻成為逃生安命之藪，因此從漢末張角兄弟起事起，此地便成為嘯眾反叛的聚集地。西晉末年，部分自鄴都退出的勢力，又就近結聚於此，對異族政權做最後的抗爭活動，因此基本上這股勢力在早先的政治傾向是偏晉人的，然而它也兼具了胡人驍勇善戰的特質，當它依違在晉與石趙之間時，對於兩者均造成不小的影響；這股勢力由

於起源的特殊，歷史上稱之爲乞活。在石趙統合黃泛區與太行山東麓，形成一個大帝國之時，居於廣宗的乞活，受到鄴核心區的牽制較大，同樣的，對政權的介入程度也相對的加深，因此，這個集團幾乎是石氏政權中漢人大臣如李農、冉閔背後的支持者。這卻造成其他胡人的疑忌，及對李農、冉閔的杯葛，最終引致冉閔屠胡的歷史悲劇，石趙帝國也因此覆亡。隨著 L 形地帶（黃泛區與鄴地）的崩潰，廣宗的重要性也急遽下降，地位不再突顯。

魯口，是大陸澤北面另一個胡漢接觸點。由於地處沮洳帶東的黃河古道上，不僅地勢較爲高爽，排水容易，能兼具農業價值，位置也更接近河北中部平原的漢人農業核心地帶。同時，南移後的農牧線也自天津而下，在魯口北面通過，因此在農、牧與胡、漢的分界上，魯口比廣宗更具有關鍵性的地位。待鮮卑慕容氏南下中原，中山以地利之便，雖成爲北族的集聚地點，但由於農牧線南移，農耕條件轉壞，中山已無經濟實力支持新建政權，後燕只得繼續建都於鄴，以鄴地的經濟優勢支持慕容政權。因此經營河北平原的橋頭堡——魯口，便成爲慕容氏的首要工作。

魯口東接河北平原，具有農耕的條件。慕容氏進據中山後，能以魯口爲踏板，進而控制整個河北平原，擺脫中山封閉的缺憾，故後燕雖無法統合黃泛區，但對河北中部平原的經營，卻是其他胡人政權所無法比擬的。慕容氏爲何不在控制鄴地之後，藉著廣宗的地理條件與河北平原聯繫？筆者推測，廣宗雖近於鄴及黃泛區，卻也容易受到兩地胡人的威脅；不似魯口地近遼西，若有變故，能與鮮卑舊地互相照應。這對於甫由東北而下，武力強而基礎不深的鮮卑慕容來說，占據中山、控制魯口，正是其繼續南下逐鹿中原的最佳本錢。在鄴已成爲政權負擔的情況下，後燕索性北返中山，以魯口東面的河北平原爲基礎。但是放棄鄴經濟區與黃泛區，無疑是宣告放棄了大半的胡人集聚地、與統合河北胡人的企圖。而自限於中山的結果，只要魯口對中山的資源供應被切斷，政權立即捉襟見肘，窘迫難堪。這也是同屬鮮卑的拓跋氏南下後，後燕政權面臨的困境。

中古前期的廣宗與魯口各有一漢人集團集結，這兩個集團的性質、存在時間與依附胡政權的程度雖各不同，卻有一項共通點，那就是：當集團勢力受到胡政權強力打擊之後，必然將其原有勢力的一部份，移到黃泛區以南，再隔著黃泛區與原集團遙相呼應。這種垂直移動的現象，再次證明河北平原上確有一道民族線存在，民族線旁即爲 L 型的胡人優勢區。在 L 型的胡人優

勢區中，石勒首先結合兩地建立政權。然而隨著石季龍對黃泛區的輕忽，及冉閔的屠胡，L 型胡人優勢區完全崩解，其後之政權如前燕、苻秦、後燕等都無力再將黃泛區與太行山東麓統合起來。在北方拓跋氏挾其新銳勇武揮兵南下之際，黃河南北諸胡部不僅沒有統合的能力，長久爭戰後的衰微，復給予拓跋氏絕佳的機會，自參合陂、承營戰後，克魯口、拔信都、收鄴，又切斷後燕首都——中山的一切物資來源，迫使慕容氏放棄中原，北返和龍。

拓拔氏一如慕容氏般，也是沿著太行山東麓交通線南下，推展勢力。並在交通線南、北兩端的鄴及中山設置行台〔註1〕，做為整合的根本，並以此為基礎，招徠河北平原的漢人勢力，《魏書》，卷一一三，〈官志〉載太祖在平定中山第九年——天賜三年（406 年）制云：

> 諸州置三刺史，刺史用品第六者，宗室一人異姓二人……郡置三太
> 守，……縣置三令長。

所謂異姓，其實包括了鮮卑貴族、從龍部落酋豪與中原大姓，毛漢光師指出，這種類似三頭馬車式的政策，是政治力與社會力合作的最佳實例〔註2〕。也是其向河北漢人結合的第一步。到顯祖時代，拓跋政權與漢人社會的結合又更密切，《魏書·高允傳》所載「徵士頌」中冠冕之冑，著問州邦的三十五位海內大族中，就有十九位出自易水以南的河北人士，約占總數的二分之一強〔註3〕，其中如博陵崔、趙郡李等後世所稱一等大族，皆出自黃河泛濫帶上，與拓跋政權的關係非常深。除此而外，如除田禁〔註4〕，宗主都護制及三長制

〔註1〕《魏書》，卷二，〈太祖紀〉載：天興元年春正月，……庚子，車駕自中山行幸常山之真定，次趙郡之高邑，遂幸于鄴……巡台登榭，遍覽宮城，將有定都之意。乃置行台，以龍驤將軍日南公和跋為尚書，與左丞賈彝率郎吏及兵五千人鎮鄴。車駕自鄴還中山……帝慮還後山東有變，乃置行台於中山，詔左丞相、守尚書令、衛王儀鎮中山。

〔註2〕毛漢光，《中國中古社會史論》（台北：聯經出版事業公司，民國77年2月初版），第一篇，〈中古統治階層之社會基礎〉，頁14。

〔註3〕《魏書》，卷四十八，〈高允傳〉，頁1078～1081，三十五位徵士的族望姓氏為：范陽盧玄、范陽祖邁、范陽祖侃、渤海高允、渤海高毗、渤海高濟、渤海李欽、博陵崔綽、博陵許堪、博陵崔建、廣寧燕崇、趙郡呂季才、太原張偉、中山劉策、中山張綱、中山郎苗、常山許琛、西河宋宣、西河宋愔、燕郡劉遐、河間邢穎、雁門李熙、廣寧常徒、京兆杜銓、京兆韋閬先、趙郡李靈、趙郡李遐、趙郡李姓、廣平游雅、長樂潘天符、長樂杜熙、上谷張誕、上谷侯辯、雁門王道雅、雁門閔弼。其中渤海、博陵、趙郡、中山、常山、河間、廣平、長樂等地區就有十九人。

〔註4〕參見《魏書》，卷四十八，〈高允傳〉及毛漢光，《中國中古社會史論》，第一

等〔註5〕，也有承認漢人原有勢力，與之妥協的意味。胡漢雙方在長久的發展期中，跨越了自然上的障礙，達到相當程度的和諧關係，而建立了谷川道雄先生所稱的「國家共同體」體制。〔註6〕

　　歷來對於孝文帝的遷都洛陽，多認爲是孝文帝個人漢化傾向濃厚，並得到漢人社會支持之結果〔註7〕。事實上，從道武帝天興元年（399 年）平定中山與鄴開始，到孝文帝太和十九年（495 年）遷都洛陽止，已經過六世九十六年，其間早有多項漢化制度的施行，拓拔政權得到河北漢人的支持，絕非偶然，而是經過長久、細心的經營後才獲得的結果。由此可知，孝文帝能不顧保守胡人的強烈反對，由平城遠遷洛陽，當是對河北之經營已有相當的把握；而拓跋魏能成功的整合河北地區的漢胡勢力，完全超越了晉末以來諸胡發展，才是眞正的關鍵所在。

　　　　篇，〈五、胡人政權與漢人社會勢力之結合〉。
〔註 5〕參見《魏書》，卷一一三，〈官氏志〉，卷一一〇〈食貨志〉，卷五十三〈李沖傳〉；
　　　　及余遜，〈讀魏書李沖傳論宗主制〉。毛漢光，《中國中古社會史論》，第一篇，
　　　　〈六、北魏政治力與社會勢力之推移〉等。
〔註 6〕谷川道雄，〈自營農民と國家との的共同體的關係〉（名古屋大學東洋史研究
　　　　報告，六期，1980 年，頁 167～187）。
〔註 7〕王仲犖，前引書，第七章，第二節，頁 541～551。

參考書目

一、重要史料

（一）一般史籍

1. 丁福保編，《全漢三國晉南北朝詩》（台北：世界書局，民國 58 年 8 月再版）。

2. 王充，《論衡》（台北：臺灣商務印書館，民國 65 年台一版）。

3. 王在晉，《通漕類編》，九卷，明崇禎間刊本（台北：臺灣學生書局影印）。

4. 王符，《潛夫論》（台北：世界書局，民國 76 年影印攤藻堂四庫全書薈要），第三十二冊。

5. 王錫祺輯，《小方壺齋輿地叢鈔》，清光緒十七年上海著易堂鉛印本（台北：臺灣學生書局影印）。

6. 王象之，《輿地紀勝》（台北：文海出版社，民國 51 年 4 月初版），二冊。

7. 王欽若等，《冊府元龜》，一千卷（台北：清華書局，民國 56 年 3 月初版）。

8. 王應麟，《通鑑地名通釋》（台北：廣文書局，民國 69 年 6 月初版），二冊。

9. 公羊壽傳，何休解詁、徐彥疏，《公羊傳》，十三經注疏第七本（台北：藝文印書館據嘉慶二十年南昌府學雕宋本影印）。

10. 司馬光撰、胡三省注，《資治通鑑》，二九四卷（台北：啟業書局，民國 66 年初版）。

11. 司馬遷，《史記》，點校本（台北：鼎文書局，民國 64 年台一版），三冊。

12. 令狐德棻，《周書》，點校本（台北：鼎文書局，民國 76 年 5 月 5 版），一冊。

13. 沈括，《夢溪筆談》，二十六卷（台北：商務印書館，民國 57 年出版）。

14. 李昉，《太平御覽》（台北：臺灣商務印書館，民國 57 年初版）。

15. 李吉甫，《元和郡縣圖志》，點校本（北平：新華書局，1983 年 6 月初版），二冊。

16. 李百藥，《北齊書》，點校本（台北：鼎文書局，民國 76 年 5 月 5 版），一冊。

17. 李延壽，《北史》，點校本（台北：鼎文書局，民國 76 年 5 月 5 版），七冊。

18. 李賢，《昭明文選》（台北：文津出版社，民國 76 年 7 月出版），五冊。

19. 房玄齡等，《晉書》，點校本（台北：鼎文書局，民國 76 年 5 月 5 版），五冊。

20. 房玄齡撰，吳士鑑，劉承幹注，《晉書斠注》（台北：藝文印書館，民國 71 年出版）。

21. 杜佑，《通典》（台北：新興書局，民國 48 年 5 月初版），一冊。

22. 余嘉錫，《世說新語箋疏》（台北：仁愛書局，民國 73 年 10 月出版），一冊。

23. 韋昭注，《國語》（台北：商務印書館，影印文淵閣四庫全書），史部一六四。

24. 范曄，《後漢書》（台北：鼎文書局，民國 67 年 11 月三版），六冊。

25. 胡渭，《禹貢錐指》（台北：大業書局，民國 52 年出版），一冊。

26. 班固，《漢書》（台北：鼎文書局，民國 68 年 11 月初版），五冊。

27. 納新，《河朔訪古記》（台北：廣文書局，民國 57 年 1 月初版），一冊。

28. 湯球，《十六國春秋輯補》，收在點校本《晉書》附編（台北：鼎文書局，民國 65 年 10 月初版）。

29. 陳壽，《三國志》，點校本（台北：鼎文書局，民國 66 年 2 月三版），二冊。

30. 賈思勰著，繆啟愉校釋，《齊民要術校釋》（台北：明文書局，民國 75 年 1 月初版），頁 870。

31. 《詩經》，十三經注疏第二本，嘉慶二十年南昌府學覆刻宋本（台北：藝禮印書館影印）。

32. 楊家駱主編，《歷代地理沿革表》（台北：鼎文書局，民國 62 年 5 月初版）。

33. 楊衒之，《洛陽伽藍記》（台北：明文書局，民國 47 年初版）。

34. 董誥等，《全唐文及拾遺》（台北：大化書局，民國 76 年初版），五冊。

35. 管仲，《管子》（台北：文文書局，據吳郡趙氏本影印，民國 65 年再版）。

36. 鄭玄注，孔穎達疏，《禮記》，十三經注疏第五本（台北：藝文印書館影印）。

37. 歐陽忞，《輿地廣記》，三十八卷（台北：文海出版社，民國 51 年 11 月初版）。

38. 樂史，《太平寰宇記》（台北：文海出版社，民國 52 年 4 月初版），二冊。

39. 劉向，《戰國策》（台北：九思出版社，民國 67 年 11 月台一版）。

40. 劉昀等，《舊唐書》，點校本（台北：鼎文書局，民國 65 年 10 月初版），六冊。

41. 鄭樵，《通志》（台北：新興書局，民國 48 年 7 月初版），十冊。

42. 歐陽修、宋祁撰，《新唐書》，點校本（台北：鼎文書局，民國 65 年 10 月初版），八冊。

43. 顏之推撰，王利器集解，《顏氏家訓集解》（台北：明文書局，民國 71 年初版）。

44. 魏收，《魏書》，點校本（台北：鼎文書局，民國 76 年 5 月五版），四冊。

45. 魏徵等，《隋書》，點校本（台北：鼎文書局，民國 76 年 5 月五版），二冊。

46. 嚴可均輯，《全上古三代秦漢三國六朝文》（台北：中文出版社，民國 64 年 8 月初版），四冊。

47. 顧炎武，《日知錄》（台北：世界書局，民國 70 年六版）。

48. 顧祖禹，《讀史方輿紀要》（台北：洪氏出版社，民國 70 年 1 月再版），六冊。

49. 酈道元注、楊守敬、熊會貞合疏、楊熊合撰，《水經注疏》（台北：臺灣中華書局，民國 60 年 6 月初版），十八冊。

（二）方 志

1. 不著纂修人，《趙州屬邑志》，清光緒間刊本（台北：成文出版社影印），二冊。

2. 王用舟等修、傅汝鳳等纂，《井陘縣志》，民國 23 年鉛印本（台北：成文出版社影印），二冊。

3. 王葆安等修、馬文煥等撰，《香河縣志》，民國 25 年鉛印本（台北：成文出版社影印），一冊。

4. 王蒲園等纂，《重修滑縣志》，民國 21 年鉛印本（台北：成文出版社影印），三冊。

5. 王億年修，劉書旂纂，《任縣志》，民國 4 年鉛印本（台北：成文出版社影印），二冊。

6. 王德乾等修，劉樹鑫等纂，《南皮縣志》，民國 21 年鉛印本（台北：成文

出版社影印），四冊。

7. 王德乾等纂修，《望都縣志》，民國 23 年鉛印本（台北：成文出版社影印），二冊。

8. 王錦林纂修，《雞澤縣志》，乾隆三十一年抄本（台北：成文出版社影印），一冊。

9. 王樹枬等纂修，《冀縣志》，民國 18 年鉛印本（台北：成文出版社影印），二冊。

10. 牛昶煦等纂修，《豐潤縣志》，光緒十七年修民國 10 年鉛字重印本（台北：成文出版社影印），二冊。

11. 白鳳文等修、高毓丹等纂，《靜海縣志》，民國 23 年鉛字重印本（台北：成文出版社影印），三冊。

12. 任傳藻修，穆祥仲等纂，《東明縣志》，民國 22 年鉛字本（台北：成文出版社影印），三冊。

13. 宋大韋等修，周存培等纂，《涿縣志》，民國 25 年鉛字本（台北：成文出版社影印），二冊。

14. 李芳等修，楊得馨等纂，《順義縣志》，民國 22 年鉛印本（台北：成文出版社影印），二冊。

15. 李正儒（明）創修、賴于宣（清）重輯、汪在度續修，《高城縣志》，明嘉慶十三年刊，民國 23 年鉛字重印本（台北：成文出版社影印），二冊。

16. 李世昌等纂修，《邯鄲縣志》，民國 28 年刊本（台北：成文出版社影印），三冊。

17. 李興焯修，王兆元纂，《平谷縣志》，民國 23 年鉛印本（台北：成文出版社影印），二冊。

18. 吳景果等修，《懷柔縣新志》，民國 24 年仿康熙辛丑鐫本鉛字重印本（台北：成文出版社影印），一冊。

19. 周志中修，呂植等纂，《良鄉縣志》，民國 13 年鉛印本（台北：成文出版社影印），一冊。

20. 周章煥等纂修，《南和縣志》，清乾隆十四年抄本（台北：成文出版社影印），二冊。

21. 周晉坊等修，趙萬泰等纂，《贊皇縣志》，清光緒二年刊本（台北：成文出版社影印），一冊。

22. 金士堅等修，徐白等纂輯，《通縣志要》，民國 30 年鉛印本（台北：成文出版社影印），一冊。

23. 金良驥等修，姚壽昌等纂，《清苑縣志》，民國 22 年鉛印本（台北：成文出版社影印），二冊。

24. 俞廷獻等修，吳思忠等纂，《容城縣志》，清光緒二十二年刊本（台北：成文出版社影印），三冊。

25. 施彥士纂修，《內邱縣志》，清道光十二年抄本（台北：成文出版社影印），二冊。

26. 洪肇楙等纂修，《寶坻縣志》，清乾隆十年修民國 6 年石印本（台北：成文出版社影印），三冊。

27. 姜楹榮修，韓敏修等纂，《廣宗縣志》，民國 22 年鉛印本（台北：成文出版社影印），二冊。

28. 秦廷秀等修，劉崇本等纂，《雄縣新志》，民國 18 年鉛印本（台北：成文出版社影印），三冊。

29. 高步青等修，苗毓芳等纂，《交河縣志》，民國 5 年刊本（台北：成文出版社影印），三冊。

30. 夏詒玉等纂修，《永年縣志》，清光緒三年刊本（台北：成文出版社影印），三冊。

31. 倪昌燮等修，施崇禮等纂，《吳橋縣志》，光緒元年刊本（台北：成文出版社影印），二冊。

32. 陳杰等纂修，《淶水縣志》，清光緒二十一年刊本（台北：成文出版社影印），二冊。

33. 陳楨修，李蘭增等纂，《文安縣志》，民國 11 年鉛印本（台北：成文出版社影印），三冊。

34. 陳詠修，張惇德纂，《鉅鹿縣志》，光緒四年刊本（台北：成文出版社影印），三冊。

35. 陳崇砥等纂修，《固安縣志》，清咸豐九年刊本（台北：成文出版社影印），四冊。

36. 陳寶生等修，陳昌源等纂，《滿城縣志略》，民國 20 年鉛印本（台北：成文出版社影印），二冊。

37. 戚朝卿等纂修，《邢台縣志》，光緒三十一年刊本（台北：成文出版社影印），二冊。

38. 曹鳳來，《無極縣續志》，清光緒十九年刊本（台北：成文出版社影印），一冊。

39. 程廷恆等、洪家祿等纂，《大名縣志》，民國 23 年鉛印本（台北：成文出版社影印），三冊。

40. 傅振倫等纂修，《新河縣志》，民國 18 年鉛印本（台北：成文出版社影印），二冊。

41. 馮慶瀾等修，高書官等纂，《房山縣志》，民國 17 年鉛印本（台北：成文出版社影印），二冊。

42. 彭美、龍文彬纂修，《武邑縣志》，清同治十一年刊本（台北：成文出版社影印），二冊。

43. 彭作楨等纂修，《完縣新志》，民國 23 年鉛印本（台北：成文出版社影印），二冊。

44. 張坪等纂修，《滄縣志》，民國 22 年鉛印本（台北：成文出版社影印），四冊。

45. 張上龢、史夢蘭等纂修，《撫甯縣志》，清光緒三年刊本（台北：成文出版社影印），二冊。

46. 張主敬等修，楊晨纂，《定興縣志》，清光緒十六年刊本（台北：成文出版社影印），三冊。

47. 張應麟修，張永和纂，《成安縣志》，民國 23 年鉛印本（台北：成文出版社影印），二冊。

48. 張鳳台修，李見荃纂，《林縣志》，民國 21 年石印本（台北：成文出版社影印），三冊。

49. 黃璟等纂修，《續滄縣志》，清光緒十二年刊本（台北：成文出版社影印），一冊。

50. 黃汝香等纂修，《清河縣志》，光緒九年刊本（台北：成文出版社影印），一冊。

51. 黃希文等纂修，《磁縣縣志》，民國 30 年鉛印本（台北：成文出版社影印），一冊。

52. 黃彭年等纂，《畿輔通志》，宣統二年刊本（台北：華文書局影印），十六冊。

53. 雷鶴鳴等修，趙文濂等纂，《新樂縣志》，民國 28 年鉛印本（台北：成文出版社影印），一冊。

54. 董天華等修，李茂林等纂，《盧龍縣志》，民國 20 年鉛印本（台北：成文出版社影印），一冊。

55. 楊文鼎、王大本等纂修，《灤州志》，清光緒二十四年刊本（台北：成文出版社影印），二冊。

56. 萬震宵等修，高遵章等纂，《青縣志》，民國 20 年鉛印本（台北：成文出版社影印），二冊。

57. 賈恩紱纂修，《定縣志》，民國 23 年刊本（台北：成文出版社影印），三冊。

58. 臧理臣等修，宗慶煦等纂，《密雲縣志》，民國 3 年鉛印本（台北：成文出版社影印），一冊。

59. 劉廷昌等修，劉崇本等纂，《霸縣新志》，民國 23 年鉛印本（台北：成文出版社影印），二冊。

60. 劉崇本編輯,《雄縣鄉土志》,光緒三十一年鉛印本(台北:成文出版社影印),一冊。

61. 劉鍾英等纂修,馬增琇等增刊,《安次縣志》(台北:成文出版社影印),二冊。

62. 歐陽珍修,韓嘉會等纂,《陝縣志》,民國 25 年鉛印本(台北:成文出版社影印)。

63. 謝道安修,《來鹿縣志》,民國 26 年鉛印本(台北:成文出版社影印),三冊。

64. 韓志超等修,張瓚纂,《蠡縣志》,清光緒二年刊本(台北:成文出版社影印),二冊。

65. 瞿慎行纂修,《武強縣新志》,清道光十一年刊本(台北:成文出版社影印),二冊。

66. 寶琳等纂修,《定州志》,清道光二十九年刊本(台北:成文出版社影印),三冊。

二、一般論著

(一) 專　書

甲、中　文

1. 丁龍香,《中國地形》(台北:中華文化出版事業委員會,民國 43 年出版)。

2. 王恢,《禹貢釋地》(台北:臺灣商務印書館,民國 60 年出版)。

3. 王仲犖,《魏晉南北朝史》(台北:谷風出版社,民國 76 年 9 月出版)。

4. 王伊同,《五朝門第》,金陵大學中國文化研究所叢刊乙種,民國 32 年 11 月,二冊。

5. 王明珂,《中國古代姜、羌、氐之研究》,師大歷史研究所碩士論文,民國 72 年。

6. 王家梧,《秦漢鄉亭里制之研究》(台北:自印本,民國 43 年 10 月初版)。

7. 王曾才,《北朝時期的胡漢問題》,台大史研所碩士論文,民國 51 年。

8. 王毓瑚,《中國畜牧史資料》(北京:科學出版社,1958 年 4 月)。

9. 王育民,《中國歷史地理概論》,上冊(北京:人民教育出版社,1987 年)。

10. 王益厓,《黃河》(台北:正中書局,民國 47 年 1 月初版)。

11. 王益厓,《中國地理》(台北:國立編譯館,民國 59 年 7 月),二冊。

12. 毛漢光，《兩晉南北朝士族政治之研究》（台北：中國學術著作獎助委員會，民國55年7月初版）。

13. 毛漢光，《中國中古社會史論》（台北：聯經出版公司，民國77年2月初版）。

14. 毛漢光，《中國中古政治史論》（台北：聯經出版公司，民國79年1月初版）。

15. 尹良瑩，《近百年來我國蠶絲業之改進與發展》（台北：中國文化大學蠶絲學系），《蠶絲叢刊》第十一號。

16. 水利部黃河水利委員會「黃河水利史述要編寫組」，《黃河水利史述要》（北京：水利出版社，1982年6月）。

17. 中國科學院「中國自然地理」編輯委員會，《中國自然地理——地貌》（北京：科學出版社，1980年11月）。

18. 中國魏晉南北朝史學會，《魏晉南北朝史研究》（成都：四川省社會科學院出版社，1986年3月）。

19. 史念海，《中國史地論稿（河山集）》（台北：弘文館出版社，民國75年1月）。

20. 史念海，《河山集》，第三集（北京：人民出版社，1988年1月）。

21. 唐長孺主編，《唐史論叢》，第四輯（西安：三秦出版社，1988年6月初版）。

22. 申丙，《黃河通考》（台北：中華叢書編審委員會，1960年5月）。

23. 札奇斯欽，《北亞游牧民族與中原農業民族間的和平戰爭與貿易之關係》（台北：正中書局印行，民國66年7月台二版）。

24. 甘芳蘭，《漢隋之間關中區域的發展與變遷》，東海歷史研究所碩士論文，民國74年。

25. 石璋如等，《中國歷史地理》（台北：中華文化出版事業委員會，民國43年出版）。

26. 任美鍔、楊紉章、包浩生編著，《中國自然地理綱要》（北京：商務印書館，1979年7月初版）。

27. 池田溫，《中國古代籍帳研究》（台北：弘文館出版社，民國74年11月初版）。

28. 宋希尚，《歷代治水文獻》（台北：中華文化出版事業委員會出版）。

29. 宋希尚，《中國河川誌》（台北：中華文化出版事業委員會，民國44年11月再版）。

30. 岑仲勉，《黃河變遷史》（台北：里仁書局，民國71年1月出版）。

31. 邢義田，《漢代以夷制夷政策》（台北：台大史研所碩士論文，民國62年出版）。

32. 李劍農，《魏晉南北朝隋唐經濟史稿》（台北：華世出版社，民國 70 年 12 月台初版）。

33. 作者不詳，《中國農業史話》（台北：明文書局，民國 71 年 10 月初版）。

34. 沈怡編著，《黃河問題討論集》（台北：臺灣商務印書館，民國 60 年 3 月初版）。

35. 沈百先、章光彩等編，《中華水利史》（台北：臺灣商務印書館，民國 68 年 3 月初版）。

36. 吳主惠著、蔡茂豐譯，《漢民族的研究》（台北：臺灣商務印書館，民國 71 年 9 月二版）。

37. 呂思勉，《兩晉南北朝史》（香港：太平書店，民國 51 年出版）。

38. 沙知、孔祥星編，《敦煌吐魯番文書研究》（甘肅：人民出版社，1984 年 8 月）。

39. 沙學浚，《地理論文集》（台北：臺灣商務印書館，民國 61 年 12 月初版）。

40. 何炳棣，《黃土與中國農業的起源》（香港：中文大學，1969 年 4 月初版）。

41. 杜石然、范楚玉等編著，《中國科學技術史稿》（北京：科學出版社，1983 年 12 月三版）。

42. 林幹編，《突厥與回紇歷史論文選集》（上海，中華書局，1987 年 7 月一版），二冊。

43. 林光徵譯，《民族發展底地理因素》（台北：臺灣商務印書館，民國 60 年 7 月台一版）。

44. 屈萬里，《詩經詮釋》（台北：聯經出版公司，民國 72 年出版）。

45. 屈萬里，《尚書集釋》（台北：聯經出版公司，民國 72 年 2 月出版）。

46. 金發根，《永嘉亂後北方的豪族》，中國學術著作獎助委員會，民國 53 年 9 月初版。

47. 周一良，《魏晉南北朝史札記》（北京：中華書局出版，1981 年）。

48. 周振鶴，《西漢政區地理》（北京：人民出版社，1987 年 8 月）。

49. 周振鶴，游汝杰著，《方言與中國文化》（上海：人民出版社，1986 年 10 月初版）。

50. 姚大中，《古代北西中國》（志成出版社，民國 60 年 6 月初版）。

51. 姚大中，《黃河文明之光》（台北：三民書局，民國 74 年 4 月初版）。

52. 姚薇元，《北朝胡姓考》（台北：鼎文書局，民國 67 年 11 月初版）。

53. 段連勤，《丁零、高車與鐵勒》（上海，人民出版社，1988 年 6 月初版）。

54. 高敏，《魏晉南北朝社會經濟史探討》（北京：人民出版社，1987 年 10

月）。

55. 唐長孺，《魏晉南北朝史編論叢》（台北：出版時間不詳），翻印本。

56. 唐長孺，《魏晉南北朝史論集續編》（台北：出版時間不詳），翻印本。

57. 唐長孺，《魏晉南北朝史論拾遺》（台北：出版時間不詳），翻印本。

58. 孫宕越譯，《人文地理學原理》（台北：中國文化大學出版部，民國70年3月再版）。

59. 凌純聲，《邊疆文化論集》（台北：中華文化出版事業委員會，民國42年出版）。

60. 梁方仲，《中國歷史戶口、田地、田賦統計》（上海：人民出版社，1980年8月一版）。

61. 陳永登，《試釋大鮮卑文化意識與北魏統治集團之發展》，東海大學史研所碩士論文，民國71年。

62. 陳正祥，《中國文化地理》（香港：三聯書店，1981年10月）。

63. 陳正祥，《中國歷史、文化地理圖冊》（東京：原書房，1982年4月）。

64. 陳安仁，《中國農業經濟史》（台北：華世出版社，民國68年3月台二版）。

65. 陳芳惠，《歷史地理學》（台北：大中國圖書公司，民國66年2月初版）。

66. 陳寅恪，《陳寅恪先生論文集》（台北：三人行出版社，民國63年5月出版）。

67. 陳建民譯，《地理環境之影響》（台北：臺灣商務印書館，民國64年12月初版），四冊。

68. 陳槃，《春秋大事表列國爵姓及存滅表譔異》（台北：中央研究院歷史語言研究所，民國77年6月三版）。

69. 陳橋驛，《水經注研究》（天津：古籍出版社，1985年6月）。

70. 陳高傭等編，《中國歷代天災人禍表》上、下冊（上海書店影印，1986年）。

71. 野口保市郎著、陳湜譯，《人文地理學概論》（台北：臺灣商務印書館，民國58年2月台二版）。

72. 許倬雲等，《中國歷史論文集》（台北：臺灣商務印書館，民國75年1月初版）。

73. 許倬雲，《求古編》（台北：聯經出版公司，民國71年出版），頁620。

74. 許逸超，《中國地形研究》（重慶：中國文化服務社，民國32年10月初版）。

75. 華世出版社編，《中國土地人口、租佃制度之統計分析》（台北：華世出版社，民國67年3月台一版）。

76. 逯耀東,《從平城到洛陽──拓拔魏文化轉變的歷程》（台北：聯經出版公司，民國 68 年 3 月）。

77. 程俊英譯註,《詩經釋註》（台北：宏業書局，民國 77 年 9 月再版）。

78. 黃乃隆編著,《中國農業發展史》（台北：正中書局，民國 52 年 5 月）。

79. 黃耀能,《兩晉南北朝隋唐農業水利史研究》（台北：六國出版社，民國 73 年 12 月出版）。

80. 黃耀能,《中國古代農業水利史研究》（台北：六國出版社，民國 67 年 12 月初版）。

81. 黃美智,《華北小農經濟與社會變遷》（台北：谷風出版社，民國 76 年 9 月）。

82. 黃盛璋,《歷史地理論集》（北京：人民出版社，1962 年 6 月出版）。

83. 張澤咸、朱大渭編,《魏晉南北朝農民戰爭史料彙編》（北京：中華書局，1908 年 6 月出版）。

84. 張繼昊,《北魏變亂問題初探》，台大史研究所碩士論文，民國 73 年。

85. 楊勇,《洛陽伽藍記校箋》（台北：正文書局，民國 71 年 9 月）。

86. 楊遠,《唐代的礦產》（台北：臺灣學生書局，民國 71 年 12 月出版）。

87. 楊守敬,《楊守敬研究彙編》，存萃學社（香港：崇文書店，1974 年影印出版）。

88. 楊聯陞,《國史探微》（台北：聯經出版公司，民國 72 年 3 月）。

89. 萬繩楠整理,《陳寅恪魏晉南北朝史演講錄》（安徽：黃山書社，1987 年 4 月）。

90. 葛劍雄,《西漢人口地理》（北京：人民出版社，1986 年 6 月）。

91. 葛德石,《中國的地理基礎》（台北：臺灣開明書店，民國 68 年出版）。

92. 趙岡、陳鍾毅,《中國經濟制度史論》（台北：聯經出版公司，民國 75 年）。

93. 蔡幸娟,《南北朝降人研究（西元 398～534 年）》，台大史研所碩士論文，民國 75 年。

94. 蔣君章,《邊疆地理》（台北：蒙藏委員會，1961 年 12 月）。

95. 蔣君章等,《中國邊疆地理》（重慶：文信書局，民國 33 年 6 月）。

96. 潘季馴,《河防一覽》，萬曆潘氏原刊本（台北：臺灣書局影印），三冊。

97. 劉昭民,《中國歷史上氣候之變遷》（台北：臺灣商務印書館，民國 71 年 3 月初版）。

98. 劉義棠,《中國邊疆民族史》（台北：臺灣中華書局，民國 58 年 11 月初版），二冊。

99. 劉鴻喜,《中國的地理》，中央文物供應社，1982 年 4 月。

100. 冀朝鼎著、朱詩鰲譯，《中國歷史上的基本經濟區與水利事業的發展》（北京：中國科學出版社，1981 年 6 月初版）。

101. 薩孟武，《中國社會政治史》（台北：自印本，民國 52 年 12 月），四冊。

102. 譚宗義，《漢代關內陸路交通考》（香港：新亞研究所，民國 56 年 12 月出版）。

103. 譚其驤，《長水集》（北京：人民出版社，1987 年 7 月），二冊。

104. 蘇慶彬，《兩漢迄五代入居中國之蕃人民族研究》（台北：鼎文書局，民國 67 年 11 月初版）。

105. 嚴耕望，《中國地方行政制度史》，上編（台北：中央研究院史語所，民國 63 年 12 月再版）。

106. 嚴耕望，《唐代交通圖考》，五冊（台北：中央研究院歷史語言研究所，民國 74 年～78 年出版）。

乙、日　文

1. 天野元之助，《中國農業史研究》（東京：農業總合研究所，昭和 37 年 3 月出版）。

2. 天野元之助，《中國農業經濟論》（東京：龍溪書舍，1978 年 8 月），三冊。

3. 田村實造，《中國史上の民族移動期──五胡、北魏時代の政治と社會》（東京：創文社，昭和 60 年 3 月）。

4. 西嶋定生，《中國經濟史研究》（東京：東京大學出版會，1970 年）。

5. 谷川道雄，《隋唐帝國形成史論》（東京：筑摩書房，昭和 46 年 10 月）。

6. 前田正名，《平城の歷史地理學的研究》（東京：風間書房，昭和 54 年）。

7. 越智重明，《魏晉南北朝的貴族制》（東京：研文出版，1984 年初版）。

8. 護雅夫、神田信夫編，《北アジア史》（東京：山川出版社，1981 年出版）。

9. 鶴間和幸，《佐藤武敏博士退官記念──中國水利史論叢》（東京：國書刊行會，1981 年出版）。

丙、英　文

1. Brandel, Ferand: *The Mediterranean and the Mediterranean World in the of PhilipII*, vols. London, 1972.

2. Chang, Kwang-chih: *Early Chinese Civilization: Anthropological Perspectives.* Harvard Univ. Press, 1976.

3. Chang, K. C: *Food in Chinese Culture: Anthropological and Historical Perspectives.* New Haven & London, Yale Univ. Press, 1977.

4. Eberhard, Wolfram: *The Rulers and Conquerors: Social Forces in Medieval*

China. 1965 Second Edition.

5. Ebrey, Patricia Buckley: *The Aristocratic Families of Early Imperial China: A Case Study of the Po-ling Tsui Family*, Cambridge Univ. Press, Cambridge, U. S. A. 1978.

6. Huntington, Edward: *The Pulse of Asia*, Boston, Boston Press, 1907.

7. Johnson, David George: *The Medieval Chinese Oligarchy, A Study of the Great Families in Their Social, Political And Institution Setting.* Univ. of Microfilms, A Xerrox Campany, Ann Arbor, Michigan, U. S. A., 1971.

8. Pulleyblank, Edwin. G.: *The Background of the Rebellion of An Lu-San.* Oxford Univ. Press, 1955.

（二）期刊論文

甲、中　文

1. 一得，〈東漢黃河流域森林破壞舉例〉，《歷史地理》第三輯（1983 年 11 月），頁 159。

2. 于鶴年，〈兩漢郡國縣邑增損表訂誤〉，《禹貢半月刊》，第一卷九期（民國 23 年 7 月），頁 35～37。

3. 不刊作者，〈鹽鹼化——對傳統灌溉的懲罰〉，《地理知識》，1988 年六期，頁 32。

4. 王恢，〈東晉南北朝輿地表〉，《文藝復興》，一五六期（民國 73 年 9 月），頁 34～37。

5. 王珍，〈東漢首都洛陽工商業的畸形發展〉，《史學月刊》，1985 年六期，頁 22～27。

6. 王珍，〈略論北魏首都洛陽的工商業〉，《史學月刊》，1984 年六期，頁 33～37。

7. 王光瑋，〈禹貢土壤的探討〉，《禹貢半月刊》，第二卷五期（民國 23 年 11 月），頁 14～23。

8. 王吉林，〈統一期間北魏與塞外民族的關係〉，《史學彙刊》第十期（民國 69 年 6 月），頁 65～86。

9. 王吉林，〈試論歷史上的羌及氐羌〉，《中華學術與現代文化叢書》第三冊（台北：中華學術院，民國 66 年 4 月），頁 180～190。

10. 王吉林，〈柔然與北魏關係之探討〉，《政大國際中國邊疆學術會議論文集》（台北：政治大學，民國 74 年 4 月），頁 325～346。

11. 王育民，〈十六國北朝人口考索〉，《歷史研究》1982 年二號，頁 74～86。

12. 王育民，〈東漢人口考〉，《上海師範大學學報》1988 年三期，頁 1～12。

13. 王明蓀，〈漢晉時期胡族入居與內外動亂〉，《政治大學邊政研究所學報》第十七期（民國 75 年 10 月），頁 43～64。

14. 王明蓀，〈中國北邊政策之初期形成〉，《政大國際中國邊疆學術會議論文集》（民國 74 年 4 月），頁 283～306。

15. 王崧興，〈論漢人社會的家戶與家族〉，《中研院民族所集刊》五十九期（民國 74 年春季），頁 123～129。

16. 王德甫，〈後漢戶口統計表〉，《禹貢半月刊》一卷三期（1933 年），頁 75～82。

17. 王毓瑚，〈中國農業發展中的水和歷史上的農田水利問題〉，《中國農史》1981 年一期，頁 42～52。

18. 王霜媚，〈孫吳政權的成立與南北勢力的興替〉，《食貨月刊》十卷三期（民國 69 年 6 月）。

19. 牟潤珍，〈魏晉北朝幽冀諸州要論——兼談南北東西形勢的形成〉，收在《地域社會在六朝政治文化上所起的作用》（日本：學術振興社，1989 年 3 月），頁 96～104。

20. 毛漢光，〈中國中古社會史略論稿〉，《史語所集刊》第四十七本第三分（民國 65 年 9 月），頁 341～431。

21. 毛漢光，〈從中正評品與官職關係論魏晉南朝之社會架構〉，《中研院史語所集刊》第四十六本第四分（民國 64 年 11 月），頁 595～612。

22. 申丙，〈黃河源流及歷代河患考〉，《學術季刊》第五卷一期（民國 45 年 9 月），頁 76～94。

23. 史念海，〈兩漢郡國縣邑增損表〉，《禹貢半月刊》第一卷八期（民國 23 年），頁 15～27。

24. 史念海，〈黃土高原及其農林牧分布地區的變遷〉，《歷史地理》第一輯（1981 年 11 月），頁 21～33。

25. 史念海，〈由地理的因素試探遠古時期黃河流域文化最為發達的原因〉，《歷史地理》第三輯（1983 年 11 月），頁 1～20。

26. 史念海，〈關於兩漢郡國縣邑增損表〉，《禹貢半月刊》第一卷十二期（民國 23 年 8 月），頁 35～36。

27. 西岡秀雄著、宋念慈譯，〈遊牧民族之移動與氣候的關係〉，《中國邊政》四十四期（民國 62 年 12 月），頁 47～51。

28. 朱丕生，〈北齊、北周及隋長城考〉，《察哈爾省文獻》第八期（民國 70 年 2 月），頁 9～17。

29. 朱丕生，〈齊長城、中山長城及燕長城考〉，《察哈爾文獻》九期（民國 70 年 7 月），頁 16～24。

30. 朱新望，〈試論河北地區村落的出現與發展〉，《歷史地理》第二輯（1982 年 11 月），頁 156～58。

31. 艾伯合特（Eberhad, Waifarm）著，馮鵬江譯，〈研究中國中古及近世之

社會流動與移民問題〉,《史鐸》十五期（民國 67 年 9 月），頁 141～151。

32. 李旭,〈五胡時代華夷同化的三個階段〉,《食貨半月刊》二卷十期（民國 24 年 10 月 16），頁 33～38。

33. 李旭,〈五胡東晉時代華夷勢力之檢討〉,《師大月刊》第十八期（1935 年），頁 155～195。

34. 李克讓、沙萬英,〈乾旱、半乾旱區劃分指標及面積〉,《地理知識》（1987 年一期），頁 4。

35. 李克讓、沙萬英,〈我國乾旱及半乾旱區水分特徵〉,《地理知識》1987 年一期，頁 5。

36. 李則芬,〈東晉僑置州郡與土斷〉,《東方雜誌》十八卷二期（民國 73 年 8 月），頁 25～30。

37. 李高社、楊勤業,〈黃土高原亞濕潤與半乾燥的界線〉,《地理知識》1988 年三期，頁 6～11。

38. 李學勤,〈平山墓葬群與中山國的文化〉,《文物》，1979 年一期，頁 37 ～41。

39. 李樹桐,〈論唐代的魏博鎮〉,《中國史新論》（台北：臺灣學生書局，民國 74 年 8 月），頁 521～532。

40. 呂名中,〈試論漢魏西晉時期北方各族的內遷〉,《歷史研究》1965 年六期，頁 75～92。

41. 邢義田,〈東漢的胡兵〉,《政治大學學報》二十八期（民國 62 年 12 月），頁 143～166。

42. 邢義田,〈漢代的父老、僤與聚族里居〉,《漢學研究》一卷二期（民國 72 年 12 月），頁 355～376。

43. 邢義田,〈東漢孝廉的身份背景〉,《第二屆中國社會經濟史研討會論文集》（1983 年），頁 1～56。

44. 邢義田,〈試釋漢代的關東、關西與山東、山西〉,《食貨月刊》十三卷一、二期合刊（民國 72 年 5 月），頁 15～30。

45. 邢義田,〈「試釋漢代的關東、關西與山東、山西」補遺〉,《食貨月刊》十三卷三、四期合刊（民國 72 年 7 月），頁 44～46。

46. 谷霄光,〈安史亂前之河北道〉,《燕京學報》第十九期（民國 24 年 9 月），頁 197～209。

47. 谷川道雄著、楊清順譯,〈自營農民與國家之間的共同體性質——從北魏的農業政策談起〉,《食貨月刊》十五卷五期（民國 70 年 8 月），頁 229 ～242。

48. 何烈,〈中國牛耕技術的起源〉,《大陸雜誌》五十五卷四期（民國 66 年 10 月），頁 36～43。

49. 何啟民，〈北朝門第經濟之研究〉，《大陸雜誌》五十卷六期（民國 64 年 6 月），頁 35～53。

50. 何啟民，〈魏晉思想與士族心態〉，《政大歷史學報》一期（民國 72 年 3 月）。

51. 何啟民，〈五胡亂華時期中的中原郡姓〉，《政治大學學報》三十二期（民國 64 年 12 月），頁 121～146。

52. 何茲全，〈三國時期農村經濟的破壞與復興〉，《食貨半月刊》一卷五期（民國 24 年 1 月），頁 12～18。

53. 巫鴻，〈談幾件中山國器物造型與裝飾〉，《文物》1979 年五期，頁 46～52。

54. 余遜，〈讀魏書李沖傳論宗主制〉，《中研院史語所集刊》第二十本下冊（民國 37 年），頁 67～83。

55. 余英時，〈漢晉之際士之新自覺與新思潮〉，《新亞學報》四卷一期（1959 年），頁 25～144。

56. 余英時，〈東漢政權之建立與士族大姓之關係──略論兩漢之際政治變遷的社會背景〉，《新亞學報》一卷二期（1956 年 2 月），頁 207～280。

57. 河北省文化局文物工作隊，〈河北永年縣台口村遺址發掘簡報〉，《考古》，1962 年十二期，頁 635～640。

58. 河北省文化局文物工作隊，〈河北靈壽縣北宅村商代遺址調查〉，《考古》，1966 年二期，頁 107～108。

59. 河北省文化研究所，〈河北灤南縣東庄店遺址調查〉，《考古》，1983 年九期，頁 775～778。

60. 河北省博物館等，〈河北藁城縣商代遺址和墓葬的調查〉，《考古》，1973 年一期，頁 25～34。

61. 河北省博物館文物管理處，〈河北藁城縣台西村商代遺址一九七三年的重要發現〉，《文物》1972 年十二期，頁 8～42。

62. 河北省博物館文物管理處，〈河北平山北齊崔昂墓調查報告〉，《文物》1973 年十一期，頁 27～43。

63. 河北省博物館文物管理處，〈定縣四十號漢墓出土的金縷玉衣〉，《文物》1976 年七期，頁 51～59。

64. 河北省博物館文物管理處，〈河北省平山縣戰國時期中山墓葬發掘簡報〉，《文物》1979 年一期，頁 1～31。

65. 河北省博物館文物管理處，〈河北元氏縣西張村的四周遺址和墓葬〉，《考古》1979 年一期，頁 23～27。

66. 河北省博物館文物管理處，〈河北三河縣孟各庄遺址〉，《考古》，1983 年五期，頁 404。

67. 河北省博物館文物管理處等，〈河北武安洛河流域幾處遺址的發掘〉，《考古》，1984 年一期，頁 1～2。

68. 定縣博物館，〈河北定縣四三號漢墓發掘間報〉，《文物》1973 年十一期，頁 8～26。

69. 周偉洲，〈魏晉十六國時期鮮卑族向西北地區的遷徙及其分布〉，《民族研究》1983 年五期，頁 31～38。

70. 吳天任，〈魏晉招集流亡與豪強勢力〉，《民主評論》六卷四期（民國 44 年 2 月），頁 20～21。

71. 武仙卿，〈魏晉時期社會經濟的轉變〉，《食貨半月刊》一卷二期（民國 23 年 2 月），頁 1～13。

72. 武仙卿，〈西晉末的流民暴動〉，《食貨半月刊》一卷六期（1935 年），頁 3～7。

73. 安志敏，〈裴李崗、磁山和仰韶——試論中原新石器文化的淵源及發展〉，《考古》，1979 年四期，頁 346～355。

74. 岡崎文夫著、于景讓譯，〈中國古代稻米稻作考（上）、（中）、（下）〉，《大陸雜誌》十卷五期（民國 44 年 3 月），頁 27～29；十卷六期（民國 44 年 3 月），頁 23～26；十卷七期（民國 44 年 4 月），頁 19～25。

75. 林祥，〈我國乾旱區氣候變化及其展望〉，《地理知識》1987 年五期，頁 4～6。

76. 林聲，〈中國古代各種水利機械的發明（上）〉，《河南文博通訊》1980 年一期，頁 2～9。

77. 林賢超、徐淑英，〈東亞季風強弱變化及其對初夏我國東部地區降水的影響〉，《地理研究》第八卷二期（1989 年 6 月），頁 44～54。

78. 邯鄲市文物所管所等，〈河北磁山新石器遺址試掘〉，《考古》，1977 年六期，頁 361～372。

79. 孟昭林，〈河北正定縣再次發掘彩陶遺址〉，《考古》1957 年一期，頁 50～52。

80. 竺藕舫，〈中國歷史上的旱災〉，《史地學報》第三卷六期（民國 14 年），頁 47～52。

81. 竺藕舫，〈中國歷史上氣候之變遷〉，《東方雜誌》第十二卷三期（民國 14 年），頁 84～99。

82. 竺藕舫，〈論乞雨禁屠與旱災〉，《東方雜誌》第二十二卷十三號（民國 15 年 7 月），頁 5～18。

83. 金發根，〈東漢至西晉初期中國境內游牧民族的活動〉，《食貨月刊》十三卷九、十期合刊（民國 73 年 1 月），頁 364～375。

84. 洪紱，〈中國之地理區域〉，《大陸雜誌》四卷六期（民國 41 年 3 月），頁

180〜187。

85. 洪神皆,〈漢代的徙民殖邊政策〉,中興大學《文史學報》十二期（民國 71 年 6 月）,頁 241〜260。

86. 胡耐安,〈我國邊疆地區之人文觀〉,《國立政治大學三十週年紀念論文集》（1957 年 5 月）,頁 217〜249。

87. 段玉甫著、陳文尚譯,〈中國的自然景觀及變遷（上）、（下）〉,《華學月刊》一二二期（民國 71 年 2 月）,頁 33〜46；一二三期（民國 71 年 3 月）,頁 50〜59。

88. 唐雲明,〈河北邢台東先賢村商代遺址調查〉,《考古》,1959 年二期,頁 108〜110。

89. 唐雲明,〈河北邢台柴庄遺址調查〉,《考古》,1964 年六期,頁 316〜317。

90. 高敏,〈論北魏的社會性質〉,《地域社會在六朝政治文化上所起的作用》,日本學術振興社,1989 年 3 月出版,頁 105〜125。

91. 高天麟,〈關于磁縣下潘庄仰韶文化遺存的討論〉,《考古》,1979 年三期,頁 51〜78。

92. 袁宸,〈慕容燕與拓跋魏時期之軍封〉,《大陸雜誌》六卷八期（民國 42 年 4 月）,頁 18〜19。

93. 桑秀雲,〈「六夷」試釋〉,《政大邊政研究所年報》十五期（民國 73 年 10 月）,頁 1〜13。

94. 孫聲如,〈畜力的使用及其在農業史上的地位〉,《中國農史》1988 年一期,頁 40〜49。

95. 馬非白,〈秦漢經濟史資料（五）人口及土地〉,《食貨半月刊》,三卷三期（1936 年）,頁 8〜38。

96. 馬非白,〈秦漢經濟史料（三）農業〉,《食貨半月刊》三卷一期（民國 24 年 12 月）,頁 9〜31。

97. 島田正郎著、陳奇祿譯,〈亞洲乾燥地帶的自然和文化〉,《台大考古人類學刊》十三、十四期合刊（1959 年 11 月）,頁 10〜20。

98. 徐中舒,〈古代灌溉工程源起考〉,《中研院史語所集刊》五本二分（民國 24 年）,頁 255〜269。

99. 曹景顏,〈唐代行政區「道」之劃分及其與地形之關係〉,《學術論文》五期（民國 61 年 12 月）,頁 1〜10。

100. 許旭文,〈北朝對突厥關係之研究〉,《中國邊政》九十九期（民國 76 年 9 月）,頁 24〜27。

101. 許宏杰,〈秦漢社會之土地制度與農業生產〉,《食貨半月刊》三卷七期（1936 年 3 月）,頁 29〜30。

102. 許倬雲著、王啓清譯,〈漢代農業史稿〉,《思與言》二十卷六期（民國72 年 3 月）,頁 3～10。

103. 許倬雲,〈漢代的市場化農業經濟〉,《思與言》十二卷四期（民國 63 年11 月）,頁 20～23。

104. 許倬雲著、黃俊傑譯,〈春秋戰國時代農業的變動〉,《幼獅學誌》十六卷三期（民國 70 年 6 月）,頁 36～46。

105. 許倬雲,〈西漢政權與社會勢力的交互作用〉,《中研院史語所集刊》三十五本（1964 年）,頁 261～281。

106. 陳華,〈歷史解釋中之地理因素〉,《食貨月刊》四卷十期（民國 64 年 1月）,頁 442～446。

107. 陳良佐,〈我國歷代輪種制度之研究〉,《中研院史語所集刊》五十一本二分（民國 69 年 6 月）。

108. 陳良佐,〈我國古代的麥（上）、（下）〉,《大陸雜誌》第七十卷一期（民國 74 年 1 月）,頁 15～40；七十卷二期（民國 74 年 2 月）,頁 66～93。

109. 陳良佐,〈從漢書地理志試論我國古代黃河下游的黃河主流及其分流〉,《大陸雜誌》七十二卷三期（民國 75 年 3 月）,頁 1～28。

110. 陳克誠,〈中國黃土之研究〉,《學林》一輯（1940 年 1 月）,頁 147～170。

111. 陳明台,〈中國手耕農具的發展〉,《中華文化復興月刊》九卷十期（民國65 年 10 月）,頁 17～20。

112. 陳嘯江,〈三國時代的人口移動〉,《食貨半月刊》一卷三期（1935 年）,頁 14～20。

113. 陶元珍,〈兩漢之際北部漢族南遷考〉,《禹貢半月刊》四卷十一期（民國25 年 2 月）,頁 25～29。

114. 陶晉生,〈歷史上漢族與邊疆民族關係的幾種解釋〉,《思與言》四卷一期（民國 55 年 5 月）,頁 1～3。

115. 陸中臣等,〈試論黃河下游北岸可能決口地段及其最大淹沒範圍〉,《地理研究》第六卷四期（1987 年 12 月）,頁 15～24。

116. 勞榦,〈關於「關東」及「關西」的討論〉,《食貨月刊》十三卷三、四期合刊（民國 72 年 7 月）,頁 42～43。

117. 勞榦,〈關東與關西的李姓與趙姓〉,《中研院史語所集刊》第三十本,下冊（民國 48 年 10 月）,頁 47～59。

118. 勞榦,〈兩漢戶籍與地理關係〉,《中研院史語所集刊》第五本二分（民國24 年 12 月）,頁 179～240。

119. 勞榦,〈兩漢各郡人口增減數目之推測〉,《中研院史語所集刊》第五本二分（民國 24 年 12 月）,頁 215～240。

120. 勞榦,〈戰國秦漢的土地問題及其對策〉,《大陸雜誌》二卷五期（1951

年），頁 9～12。

121. 勞榦，〈北魏後期的重要都邑與北魏政治的關係〉，《中研院史語所集刊》外編第 4 種，上冊（民國 49 年 7 月），頁 229～269。

122. 勞榦，〈論北朝的都邑〉，《大陸雜誌》二十二卷三期（民國 50 年 2 月），頁 1～5。

123. 勞榦，〈北魏州郡志略〉，《中研院史語所集刊》三十二本（1961 年 7 月），頁 181～238。

124. 曾謇，〈秦漢的水利灌溉與屯田墾田〉，《食貨半月刊》五卷五期（民國 26 年 3 月），頁 26～34。

125. 童超，〈東晉南朝時期的移民浪潮與土地開發〉，《歷史研究》（1987 年 4 月），頁 3～18。

126. 賀次君，〈西晉以下北方宦族地望表〉，《禹貢半月刊》三卷五期（1935 年）。

127. 黃烈，〈五胡漢化與五胡政權的關係〉，《歷史研究》（1962 年三期），頁 132～142。

128. 黃席群，〈晉初郡縣戶數表〉，《禹貢半月刊》一卷六期（1933 年），頁 23～27。

129. 黃寶實，〈魏晉南北朝時期漢人民族觀念之特質〉，《大陸雜誌》十九卷四期（1959 年 8 月），頁 4～5。

130. 黃盛璋，〈關於戰國中山國墓葬遺物若干問題辨正〉，《文物》，1979 年五期，頁 43～45。

131. 黃耀能，〈北朝農業水利事業經營的歷史地位〉，《幼獅學誌》十六卷三期（民國 70 年 3 月），頁 46～69。

132. 黃耀能，〈隋唐時代農業水利事業經營的歷史意義〉，《中山學術文化集刊》30 集（民國 72 年 11 月），頁 127～176。

133. 黃耀能，〈水經注時代所出現的中國古代渠陂分佈及其所代表意義〉，《幼獅學報》四十三卷五期（民國 65 年 5 月），頁 56～72。

134. 張仁清，〈魏晉時代中原士庶之南遷〉，《東方雜誌》十三卷二期（民國 68 年 8 月），頁 58～60。

135. 張澤咸，〈試論漢唐間的水稻生產〉，《文史》十八期（1983 年 7 月），頁 33～68。

136. 張榮芳，〈試論隋唐的山東與關東〉，《食貨月刊》十三卷一、二期合刊（民國 72 年 5 月），頁 45～57。

137. 張履權、趙玉蓉，〈論漢代推行代田法在農業技術改革中的作用〉，《中國農史》1988 年一期（1988 年 2 月），頁 50～53。

138. 張繼昊，〈從北魏時期變亂史料看部落民的分布〉，《史原》十四期（民國

74 年 1 月），頁 37～86。

139. 飯島茂三郎著、李汝源譯，〈中國歷朝之戶口統計〉，《食貨半月刊》四卷十一期（1936 年），頁 42～49。

140. 傅樂治，〈漢匈戰爭與自然環境的關係〉，《簡牘學報》五期（民國 66 年 1 月），頁 367～381。

141. 傅樂成，〈漢代之山東與山西〉，《中興史學》三期（民國 64 年 9 月），頁 1～3。

142. 鈕仲勛，〈魏晉南北朝礦業的分布與發展〉，《歷史地理》第二輯（1981 年 11 月），頁 136～146。

143. 鈕仲勛，〈百泉水利的歷史研究——兼論衡河的水源〉，《歷史地理》第一輯（1981 年 11 月），頁 117～125。

144. 楊遠，〈北魏宰輔人物的地理分布〉，《香港中文大學中國文化研究所學報》十三期（1982 年），頁 147～213。

145. 楊遠，〈東漢人物的地理分布〉，《幼獅學誌》十九卷四期（民國 76 年 10 月），頁 1～47。

146. 楊遠，〈西漢人物的地理分布〉，《幼獅學誌》十九卷二期（民國 75 年 10 月），頁 1～32。

147. 楊向奎，〈自戰國至漢末中國戶籍之增減〉，《禹貢半月刊》一卷一期（1934 年 3 月），頁 20～22。

148. 楊效曾，〈漢末至唐戶口變遷的考察〉，《禹貢半月刊》二卷十期（1935 年），頁 21～28。

149. 楊懷森，〈華北多熟集約耕作制度的發展與趨向〉，《中國農史》（1987 年一期），頁 30～34。

150. 楊樹藩，〈西漢的郡國區制〉，《簡牘學報》十二期（民國 75 年 9 月），頁 1～14。

151. 萬國鼎，〈論齊民要術——我國現存最早的完整農書〉，《歷史研究》，1956 年二期，頁 79～102。

152. 鄒達，〈北魏的兵制（上）（中）（下）——五胡北朝兵制之二〉，《大陸雜誌》十四卷八期（1957 年 4 月），頁 13～14；十四卷九期（1957 年 5 月），頁 25～29；十四卷十期（1957 年 6 月），頁 25～29。

153. 鄒達，〈五胡的軍隊——五胡北朝兵制之一〉，《大陸雜誌》十三卷一期（民國 45 年 7 月），頁 5～19。

154. 楊茂勝，〈對漢廷處理羌族問題的探討〉，《史化》十四期（民國 73 年 8 月），頁 2～10。

155. 鄒逸麟，〈黃河下游河道變遷及其影響概述〉，《復旦學報社會科學版》1980 年增刊（1980 年 9 月），頁 12～23。

156. 鄒逸麟，〈歷史時期華北大平原湖沼變遷述略〉，《歷史地理》第五輯（1987年5月），頁25～39。

157. 隆國強，〈小農經濟的地理背景〉，《地理知識》（1989年三期），頁22～23。

158. 管東貴，〈戰國至漢初的人口變遷〉，《中研院史語所集刊》五十本第四分（民國68年12月），頁645～656。

159. 齊漢，〈黃河中下游水沙變化趨勢〉，《地理研究》八卷二期（1989年6月），頁74～81。

160. 蒙文通，〈論古水道與交通〉，《禹貢半月刊》一卷七期（民國23年6月），頁2～6。

161. 趙岡，〈中國歷史上生態環境之變化〉，《幼獅學誌》十九卷三期（民國76年5月），頁1～53。

162. 趙岡，〈中國歷史上的墾荒與農田水利〉，《幼獅學誌》十八卷一期（民國73年5月），頁1～29。

163. 趙鐵寒，〈春秋時期的戎狄地理分布及其源流（上）（下）〉，《大陸雜誌》十一卷二期（民國44年7月），頁6～13；十一卷三期（民國44年8月），頁21～24。

164. 樊志民、馮風，〈關于歷史上旱災與農業問題研究〉，《中國農史》（1988年一期），頁33～39。

165. 蔣丙然，〈華北氣候與農作物之關係〉，《學術季刊》二卷三期（民國43年3月），頁86～106。

166. 蔡學海，〈西晉種族變亂析論〉，《國立編譯館館刊》十五卷二期（民國75年12月），頁39～67。

167. 蔡學海，〈北魏農業之研究〉，《東海學報》十六期（民國64年6月），頁123～155。

168. 劉亮，〈魏晉南北朝文化的特色〉，《中華文化復興月刊》十二卷九期（民國68年9月）。

169. 劉來誠、李曉東，〈試談戰國時期中山國歷史上的幾個問題〉，《文物》1979年一期，頁32～36。

170. 劉遵海，〈河北平原的湖洼及其改造和利用〉，《地理知識》1959年十期，頁461～463。

171. 劉掞藜，〈晉惠帝時代漢族之大流徙〉，《禹貢半月刊》四卷十一期（1936年），頁11～23。

172. 盧雲，〈西漢時期的文化區域與文化重心〉，《歷史地理》第五輯（1987年5月），頁152～175。

173. 錢穆，〈中國史上之南北強弱觀〉，《禹貢半月刊》三卷四期（1934年）。

174. 錢穆，〈中國古代北方農作物考〉，《新亞學報》一卷二期（1956 年 2 月），
頁 1～27。

175. 蕭啓慶，〈北亞游牧民族南侵各種原因的檢討〉，《食貨復刊》一卷十二期
（民國 61 年 3 月），頁 609～618。

176. 勵強、陸中臣等，〈黃河下游泥沙輸移數植模擬〉，《地理研究》第八卷二
期（1989 年 6 月），頁 55～63。

177. 鍾慶梁，〈從農業人口看秦隋的滅亡〉，《農業考古》1987 年二期，頁 45
～47。

178. 鄺利安，〈魏晉門第勢力轉移與治亂之關係〉，《史學彙刊》八期（民國
66 年 8 月），頁 37～66。

179. 薩孟武，〈士族與五胡及隋唐二代的關係〉，《食貨月刊》五卷六期（民國
64 年 9 月），頁 257～272。

180. 韓復智，〈東漢的土地問題〉，《國立編譯館館刊》六卷二期（民國 66 年
12 月），頁 53～62。

181. 羅平，〈河北邯鄲百家村新石器時代遺址〉，《考古》，1965 年四期，頁
205。

182. 譚志東，〈西漢人口遷徙之研究〉，《史化》十四期（民國 73 年 8 月），頁
11～25。

183. 譚其驤，〈論兩漢西晉戶口〉，《禹貢半月刊》一卷七期（1933 年），頁 34
～36。

184. 譚其驤，〈山經河水下游及其支流考〉，《中華文史論叢》第七輯（1978
年 7 月），頁 173～192。

185. 譚其驤，〈海河水系的形成與發展〉，《歷史地理》第四輯（1986 年 2 月），
頁 1～27。

186. 譚其驤，〈西漢以前的黃河下游河道〉，《歷史地理》第一輯（1981 年 11
月），頁 48～64。

187. 譚其驤，〈晉永嘉喪亂後之民族遷徙〉，《燕京學報》十五期（民國 22 年），
頁 50～76。

188. 嚴文明，〈黃河流域新石器時代早期文化的新發現〉，《考古》1979 年一
期，頁 45～50。

189. 嚴耕望，〈北魏軍鎮制度考〉，《中研院史語所集刊》第三十四本上冊（民
國 51 年 12 月）。

190. 嚴耕望，〈魏晉南北朝都督與都督區〉，《中研院史語所集刊》第二十七本
（民國 45 年 4 月）。

191. 嚴耕望，〈漢代地方官吏之籍貫限制〉，《中研院史語所集刊》第二十二本
（民國 39 年 7 月）。

192. 嚴耕望，〈佛藏所見之稽胡地理分布區〉，《大陸雜誌》七十二卷四期（民國 75 年 4 月），頁 153～155。

193. 嚴耕望，〈從南北朝地方政治論隋之致富（上）、（下）〉，《民主評論》六卷二十三期（民國 44 年 12 月），頁 22～24。

194. 嚴耕望，〈戰國時代列國民風與生計──兼論秦統一天下之背景〉，《食貨復刊》十四卷九、十期合刊（民國 74 年 2 月），頁 1～11。

195. 嚴耕望，〈曹操所開平虜泉州新河三渠考略〉，《大陸雜誌》六十五卷一期（民國 71 年 7 月），頁 1～6。

196. 龐聖偉，〈三國時代大族〉，《新亞學報》六卷一期（1964 年），頁 141～204。

197. 龔法高，〈歷史時期我國氣候帶的變遷及生物分布界限的推移〉，《歷史地理》第五輯（1987 年 5 月），頁 1～10。

乙、日 文

1. 山田幸夫，〈遊牧國家論批判──內陸アジア史序説に關して〉，《歷史學研究》二一二期（1957 年 10 月），頁 31～37。

2. 小田義久，〈華北胡族國家の文化政策──特に仏教を中心として〉，《龍谷大學論集》三九九期（昭和 47 年 6 月），頁 83～107。

3. 大澤正昭，〈唐代華北の主穀生產上經營〉，《史林》六十四卷二號（1981 年），頁 149～184。

4. 上田早苗，〈後漢末期的鄴地與魏都──地域社會在六朝政治文化上所起的作用〉（日本，學術振興社，1989 年 3 月），頁 20～27。

5. 川本芳昭，〈五胡十六國北朝期における胡漢融合と華夷觀〉，《佐賀大學教養部研究紀要》十六期（1984 年）。

6. 川勝義雄，〈北朝鄉兵再論──波多野教授の軍閥研究に寄せて〉，《名古屋大學文學部研究論集》，史學 19（1972 年），頁 51～68。

7. 木村正雄，〈中國の古代專制主義とその基礎〉，《歷史學研究》二一七號（1958 年 3 月），頁 11～24。

8. 木村正雄，〈中國古代專制主義の基礎條件〉，《歷史學研究》二二九號（1959 年 3 月），頁 14～17。

9. 天野元之助，〈中國古代農業の展開──華北農業の形成過程〉，《東方學報》三十號（1959 年 12 月），頁 67～166。

10. 天野元之助，〈中國古代デスポティズムの諸條件〉，《歷史學研究》第二二三號（1958 年），頁 41～44。

11. 田村實造，〈東アジア民族移動──前期の政治と社會を中心として〉，《京都大學文學部研究紀要》十二期（1968 年），頁 1～90。

12. 江上波夫，〈匈奴の經濟活動──牧畜と掠奪の場合〉，《東洋文化研究所

紀要》九期（昭和 31 年 3 月），頁 23～64。

13. 羽田亨，〈漢民族の同化力說に就いて〉，《東洋學報》二十九卷三、四號，《白鳥博士紀念論文集》（1944 年 5 月）。

14. 西田保，〈漢代の人口分布上移動とに就いて〉，《史學雜誌》四十九編七號（1938 年 9 月）。

15. 西村元祐，〈漢代王、侯の私田經營と大土地所有の構造——秦漢帝國の人民支配形態に關連〉，《東洋史研究》三十一卷一期。

16. 米田賢次郎，〈漢六朝間の稻作技術について——火耕水耨の再檢討を併せて〉，《鷹陵史學》第七號（1981 年 3 月），頁 1～44。

17. 米田賢次郎，〈陂渠灌漑下の稻作技術〉，《史林》六十四卷三號（1981年），頁 293～324。

18. 米田賢次郎，〈華北乾地農法より見た北魏的均田規定の一解釋〉，《鷹陵史學》第五號（1979 年 9 月），頁 1～50。

19. 米田賢次郎，〈呂氏春秋の農業技術に關する一考察——特に氾勝之書と關連して〉，《東洋史研究》三十一卷三號（昭和 47 年 12 月），頁 30～57。

20. 伊藤敏雄，〈曹魏屯田と水利事業〉，《佐藤博士退官記念中國水利史論叢》（1984 年），頁 67～93。

21. 谷川道雄，〈北齊政治史と漢人貴族〉，《名古屋大學文學部研究論集》第二十六卷（1962 年）。

22. 谷川道雄，〈北魏の内亂と城民（上）（下）〉，《史林》四十一卷三號、五號（1958 年），頁 1～21；頁 59～75。

23. 谷川道雄，〈北魏末期の鄉兵について〉，《東洋史研究》二十卷四號（1962 年），頁 60～91。

24. 谷川道雄，〈自營農民と國家との共同體的關係〉，《名古屋大學東洋史研究報告》六期（1980 年），頁 167～187。

25. 佐藤武敏，〈前漢の戶口統計について〉，《東洋史研究》四十三卷一號（昭和 59 年 6 月），頁 118～141。

26. 佐藤武敏，〈王景の治水について〉，《佐藤博士還曆紀念中國水利史論集》，東京：國書刊行會（昭和 56 年 3 月），頁 377～398。

27. 直江直子，〈北朝後期政權爲政者グループの出身について〉，《名古屋大學東洋史研究報告》五期（1978 年），頁 79～100。

28. 河地重造，〈北魏王朝の成立とその性格について——徙民政策の展開から均田制へ〉，《東洋史研究》十二卷五號（昭和 28 年 9 月），頁 18～46。

29. 東晉次，〈漢代にする家族と鄉里〉，《名古屋大學東洋史研究報告》四期（昭和 51 年 11 月），頁 21～36。

30. 東晉次，〈漢代豪族研究のための一試論〉，《名古屋大學東洋史研究報告》一期（1972 年），頁 1～17。

31. 前田正名，〈北魏平城時代における定州の地域構造に關する論考〉，《史學雜誌》八十四編六、七號（昭和 50 年 6、7 月），頁 44～61、64～80。

32. 前田正名，〈四至六世紀における中山城附近の交易について〉，《立正大學教養部紀要八》（昭和 59 年 6 月），頁 165～173。

33. 籾山明，〈漢代豪族論への一視角〉，《東洋史研究》四十三卷一期（昭和 59 年 6 月），頁 165～173。

34. 宮川尚志，〈三至七世紀における中國の都市〉，《史林》三十六卷一期（昭和 28 年 5 月），頁 35～49。

35. 宮崎市定，〈六朝時代華北の都市〉，《東洋史研究》二十卷二號（1961 年 9 月），頁 53～74。

36. 宮崎市定，〈中國における聚落形體の變遷について——邑、國と鄉、亭と村とに對する考察〉，《大谷史學》第六號。

37. 宮崎市定，〈中國における村制の成立——古代帝國崩壞的一面〉，《東洋史研究》第十八卷四號，頁 569～590。

38. 氣賀澤保規，〈竇建德集團と河北——隋唐帝國の性格をめじって〉，《東洋史研究》第三十一卷四號（昭和 48 年 3 月），頁 1～28。

39. 都築晶子，〈西晉末期の諸集團について〉，《名古屋大學東洋史研究報告》十期（1985 年），頁 132。

40. 渡邊信一郎，〈漢六朝期における大土地所有と經營（上）、（下）〉，《東洋史研究》第三十三卷一號、二號（1974 年）。

41. 福原啓郎，〈西晉代宗室諸王の特質〉，《史林》六十八卷二號（1985 年 3 月），頁 87～117。

42. 福島繁次郎，〈北齊村落制の成立過程（二）〉，《滋賀大學學芸學部紀要》七期（1957 年 12 月），頁 23～47。

43. 增淵龍夫，〈中國古代デスポティズムの問題史的考察〉，《歷史學研究》二二七號（1959 年 1 月），頁 31～40 及 56。

44. 稻葉一郎，〈漢代の家族形態と經濟變動〉，《東洋史研究》四十三卷一號（昭和 59 年 6 月），頁 88～140。

45. 橫山裕男，〈均田制の崩壞と農民叛亂考をめぐって〉，《東洋史研究》十八卷二號（1959 年 10 月），頁 92～96。

46. 濱口重國，〈高齊出自考——高歡の制霸と河北の豪族高乾兄弟の活躍（上）（下）〉，《史學雜誌》四十九期第七、八號（昭和 13 年 2 月），頁 821～855、1004～1040。

47. 濱口重國，〈北朝の史料に見えた雜戶、雜管戶、營戶について〉，《山梨

大學學芸學部研究報告》八期（1957 年 12 月），頁 46～61。

48. 藤田勝久，〈漢代における水利事業の展開〉，《歷史學研究》五二一期（1983 年 10 月），頁 1～16 及 61。

49. 藤田勝久，〈「四民月令」の性格について──漢代郡縣の社會像〉，《東方學》六十七期（昭和 59 年 1 月），頁 34～47。

附　圖

圖一：西元 90～590 年寒冷紀事分布圖

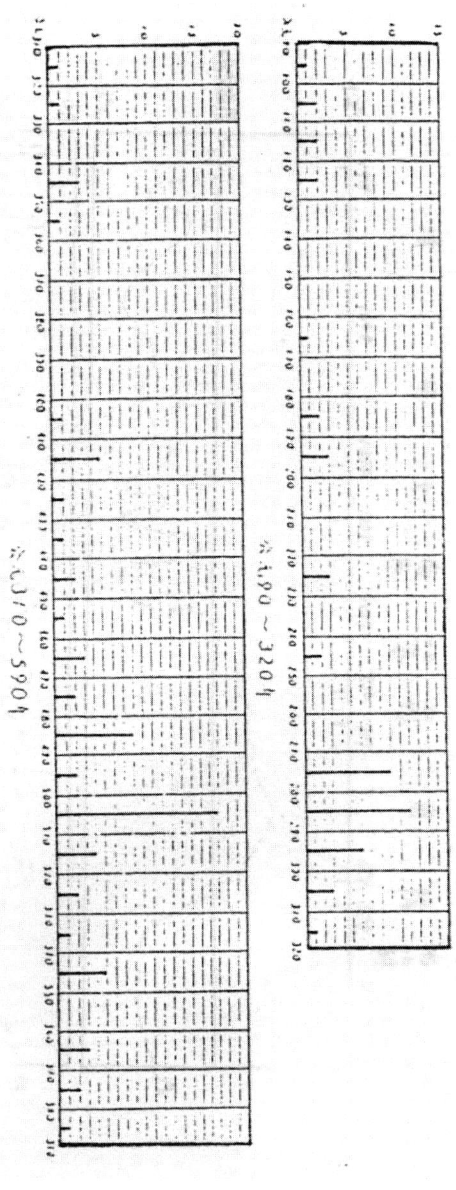

（本圖錄自許倬雲先生〈漢末至南北朝氣候與民族移動的初步考察〉附圖）

圖二：一千七百年來世界溫度波動趨勢圖

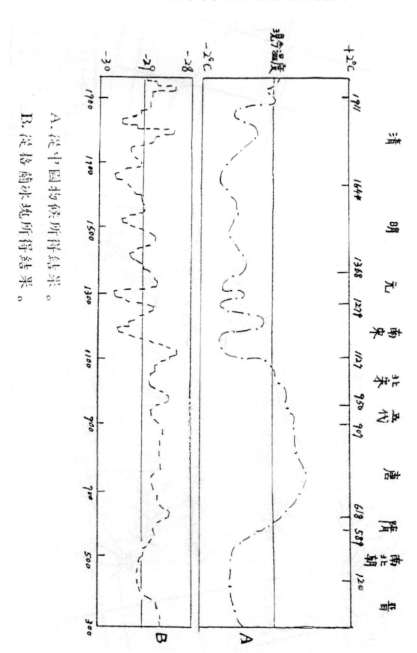

A. 從中國物候所得結果。

B. 從格陵蘭冰地所得結果。

圖三：全年實際溫度圖

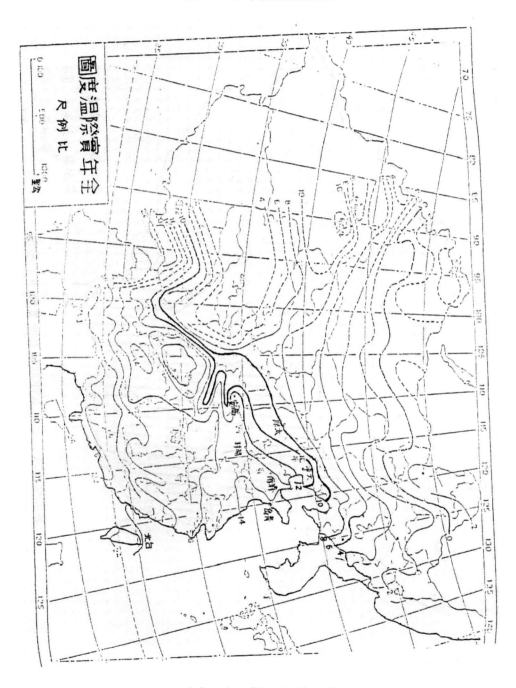

（錄自王益厓《中國地理》附圖）

圖四：中國農業收穫類別及春麥、冬麥分界線圖

圖五：中國農牧業分野狀況圖

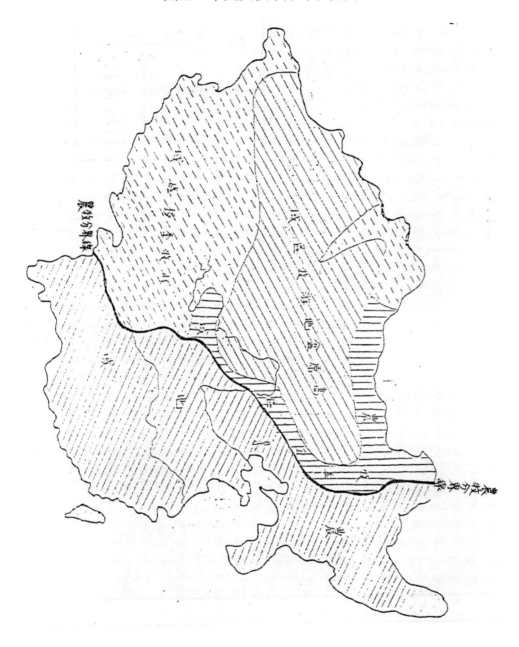

圖六：今日華北地區灌溉程度圖

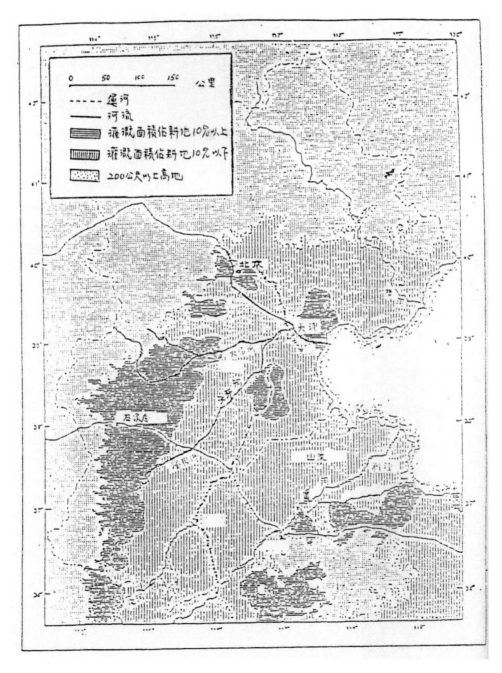

（本圖錄自〈華北小農經濟與社會變遷〉）

圖七：西漢至唐中葉旱災頻率示意圖

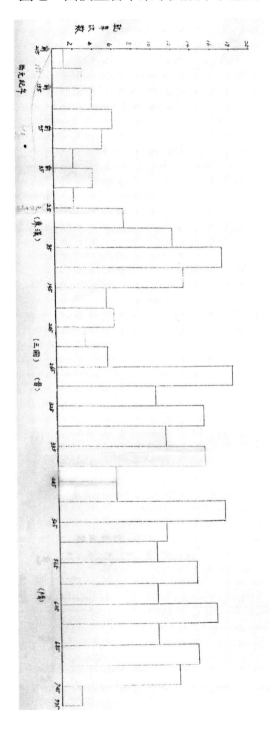

圖八：西漢至唐連續乾旱示意圖

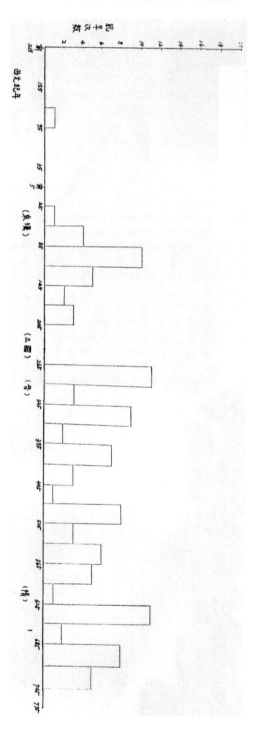

圖九：先秦各個時期河北平原城邑與文化遺址分佈圖

（本圖錄自史念海同圖）

圖十：西漢河北水域圖

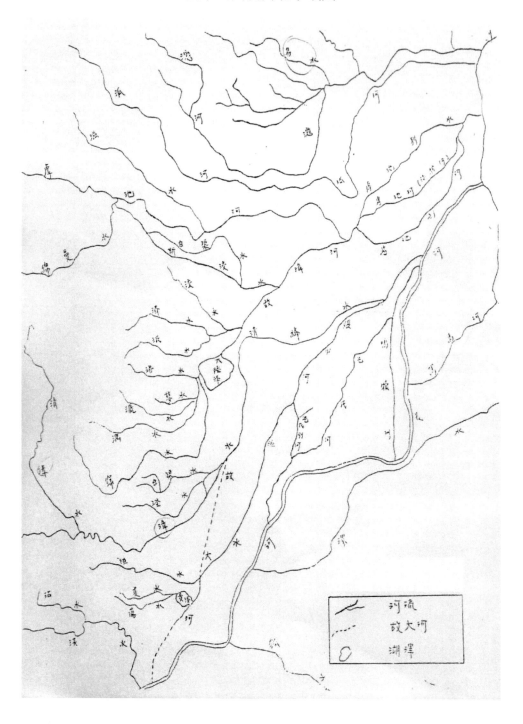

圖十一：西漢黃河下游險工段圖

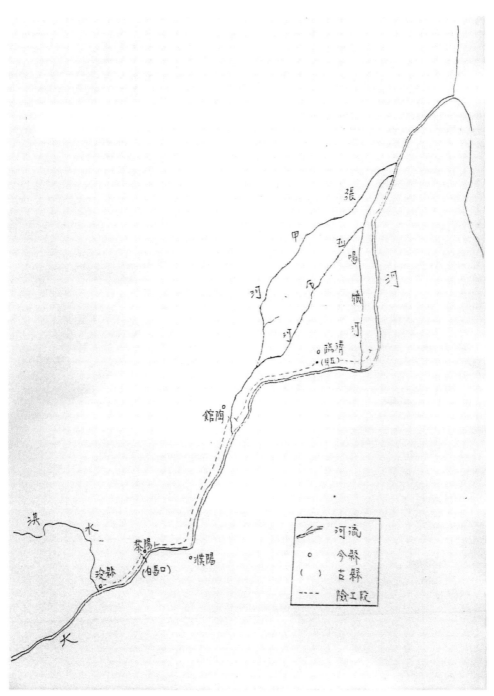

圖十二：東漢河北水系圖

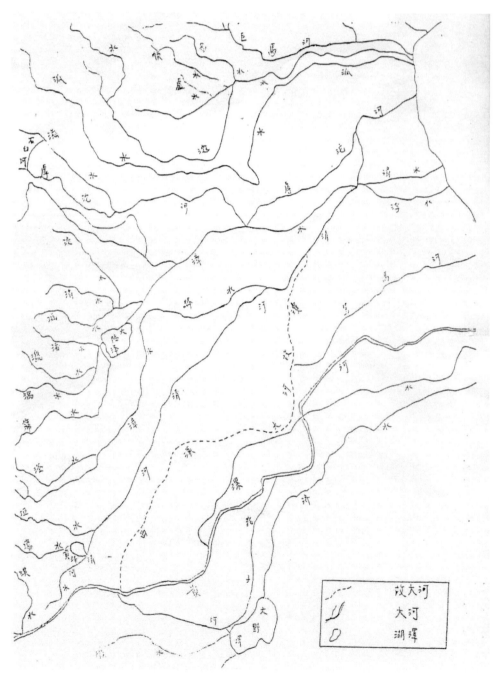

圖十三：黃河下游不同河段決口可能波及範圍示意圖

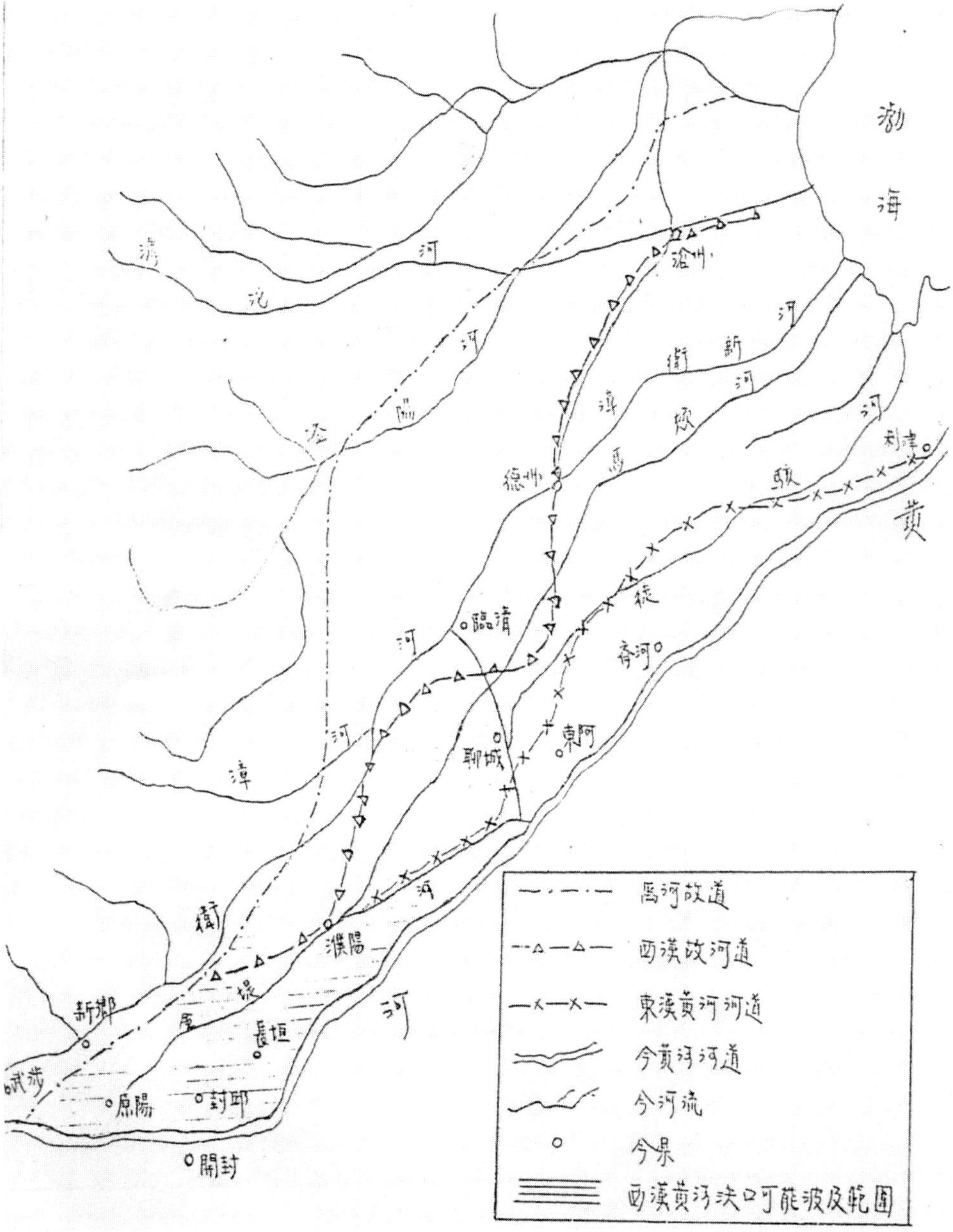

圖十四：西晉黃河下游拋荒地域圖

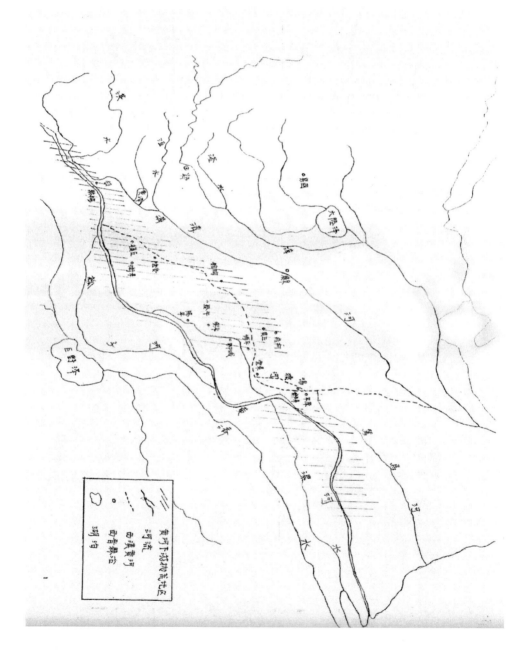

圖十五：漢末河北黃巾活動地域大要圖

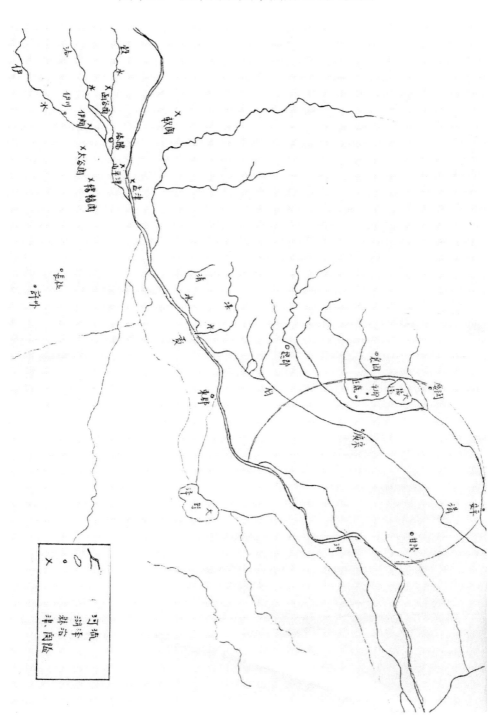

圖十六：黃河下游後燕與反燕軍勢力分佈圖

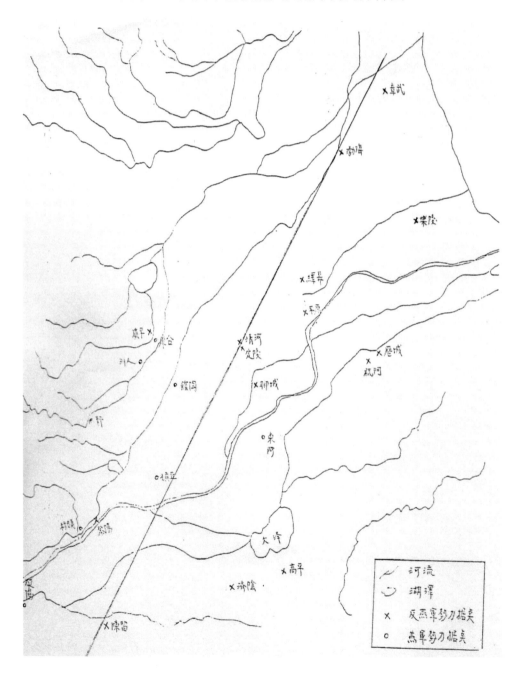

圖十七：三國時代河北水系圖

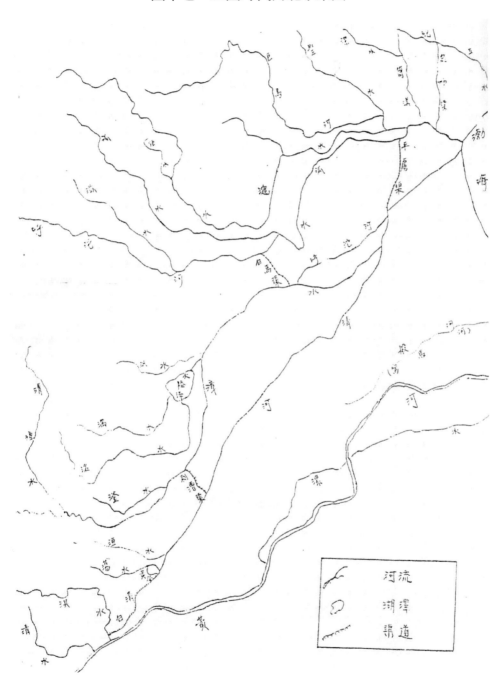

圖十八：鄴經濟區示意圖

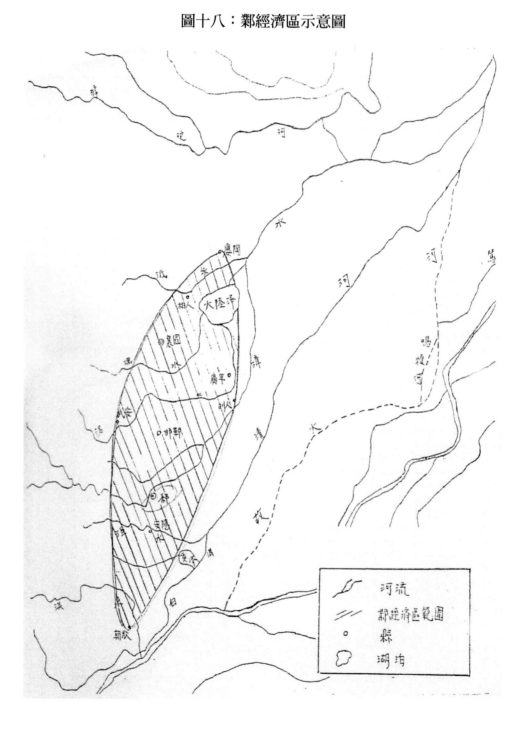

圖十九：春秋戰國中山附近形勢大要圖

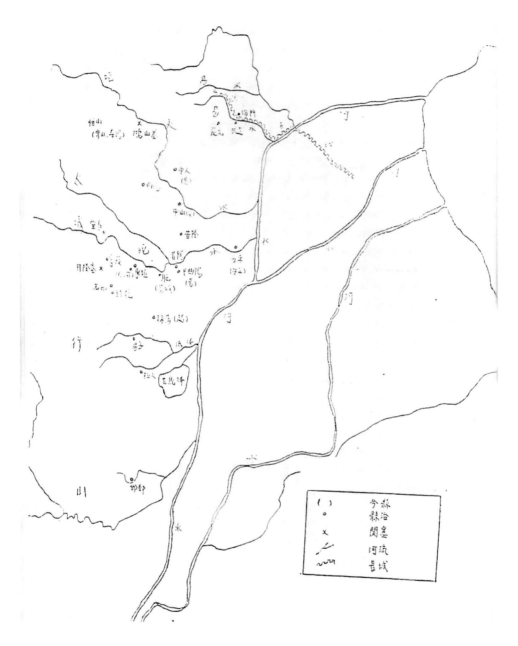

圖二十：中山附近地域交通狀況圖

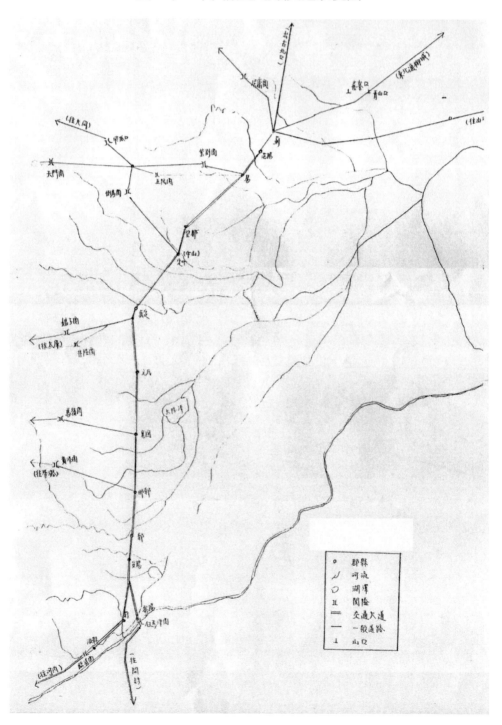

圖二十一：中古時期農牧線分界圖

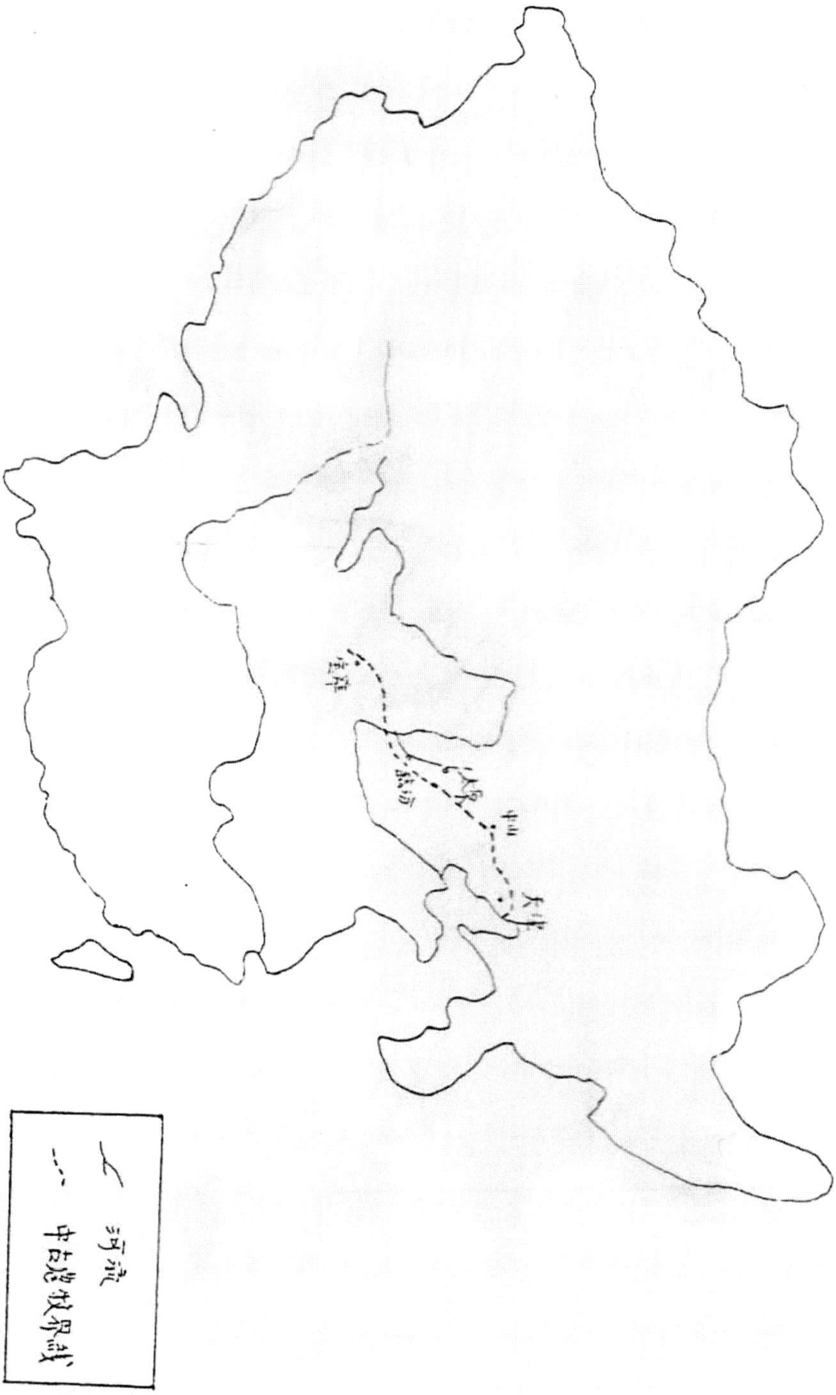

圖二十二：中山地區形勢圖

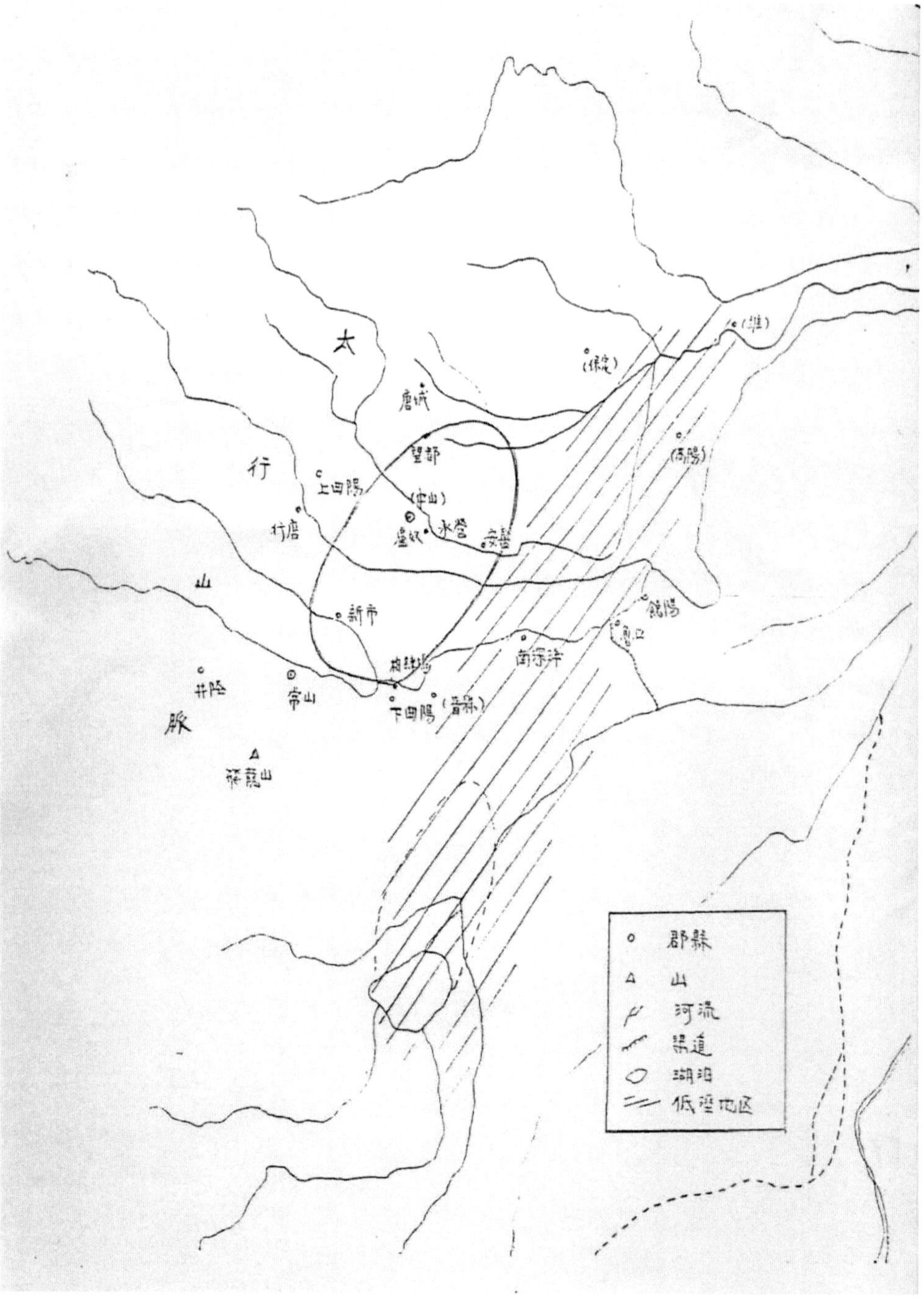

圖二十三：清河水系圖

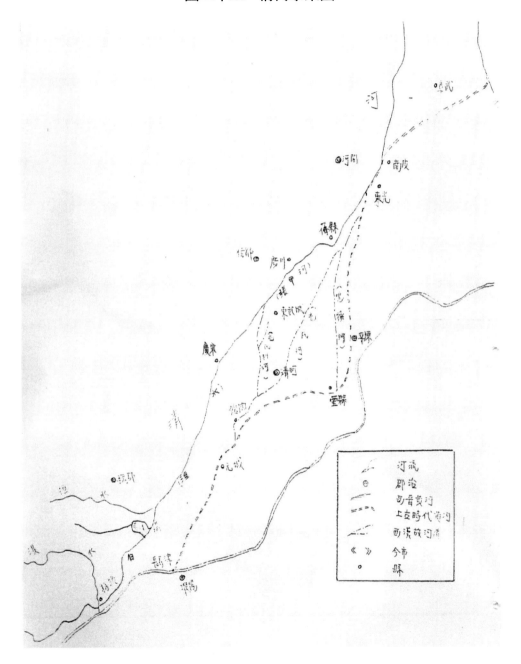

圖二十四：漳河水系圖

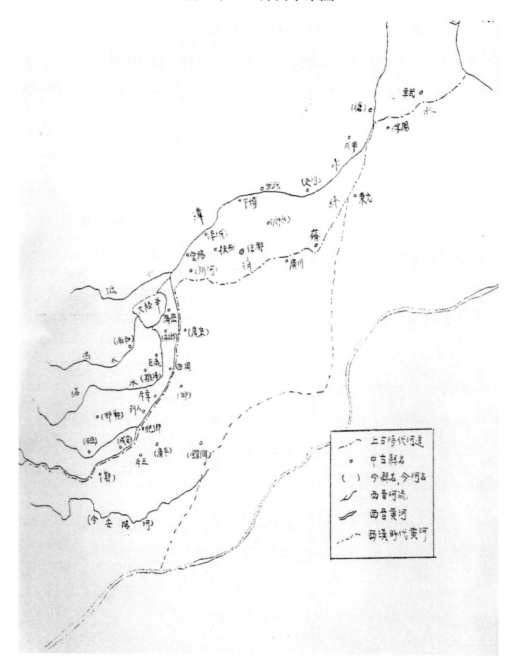

圖二十五：西晉河北水系圖

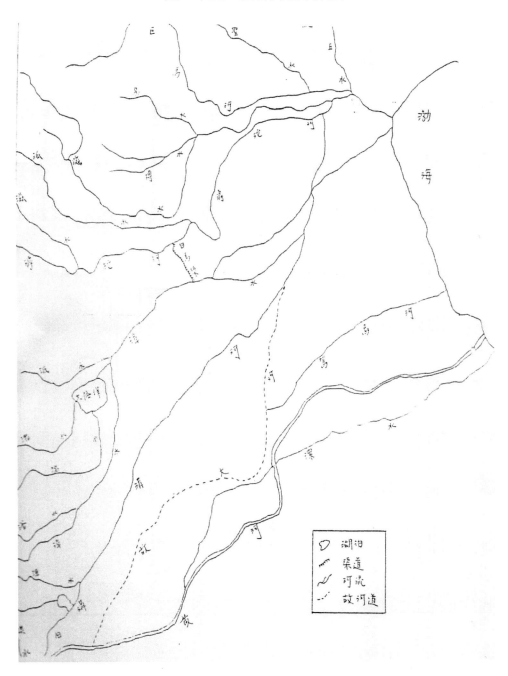

圖二十六：太行山東麓低溼地帶示意圖

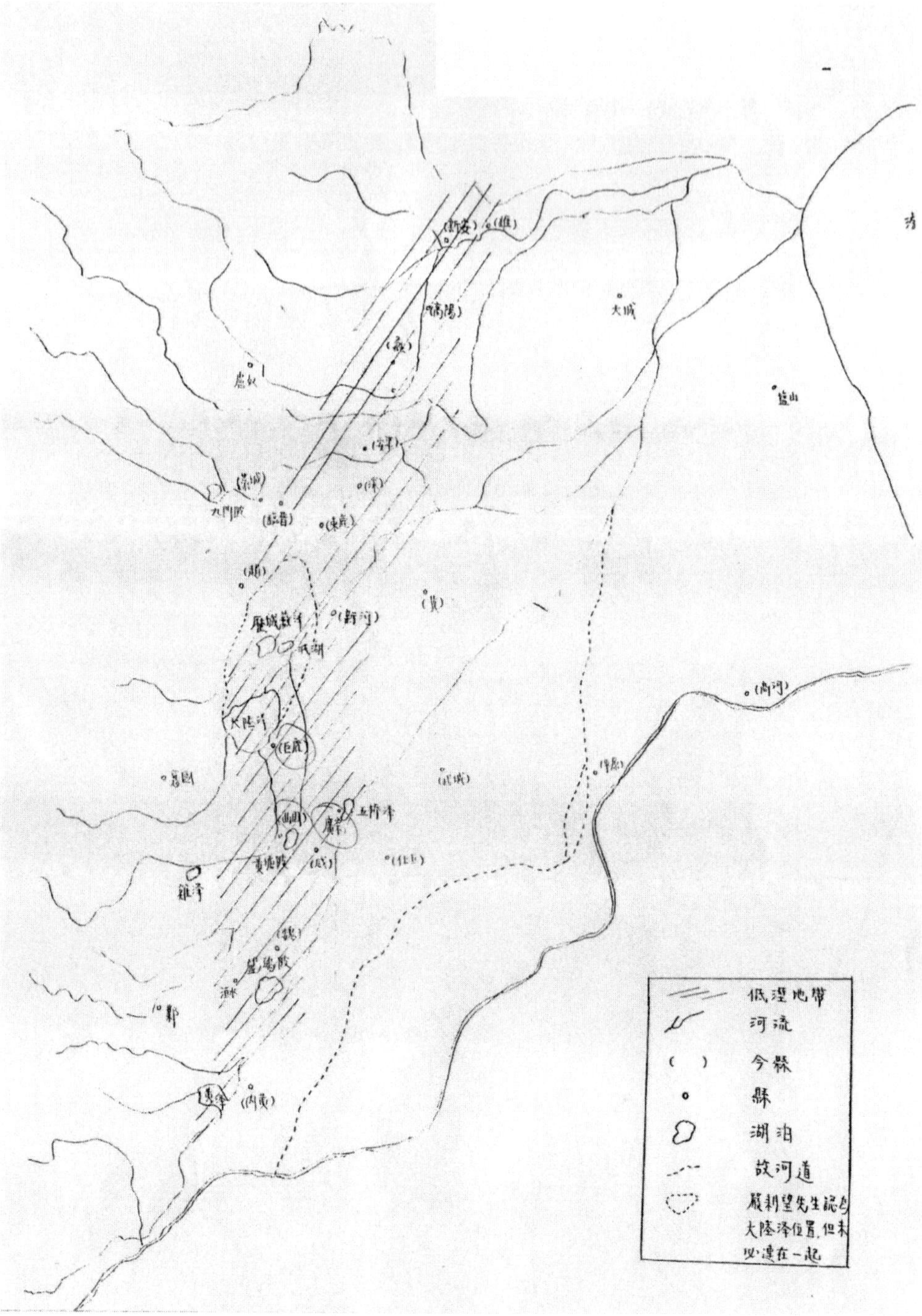

圖二十七：大陸澤南北交通路線圖

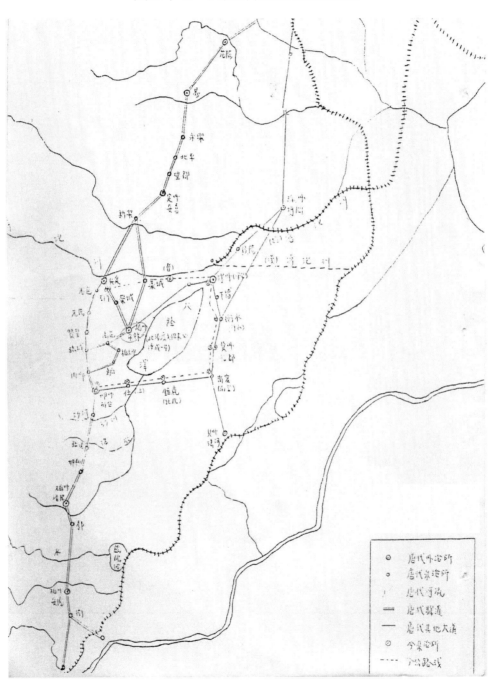

圖二十八：廣宗地區形勢圖

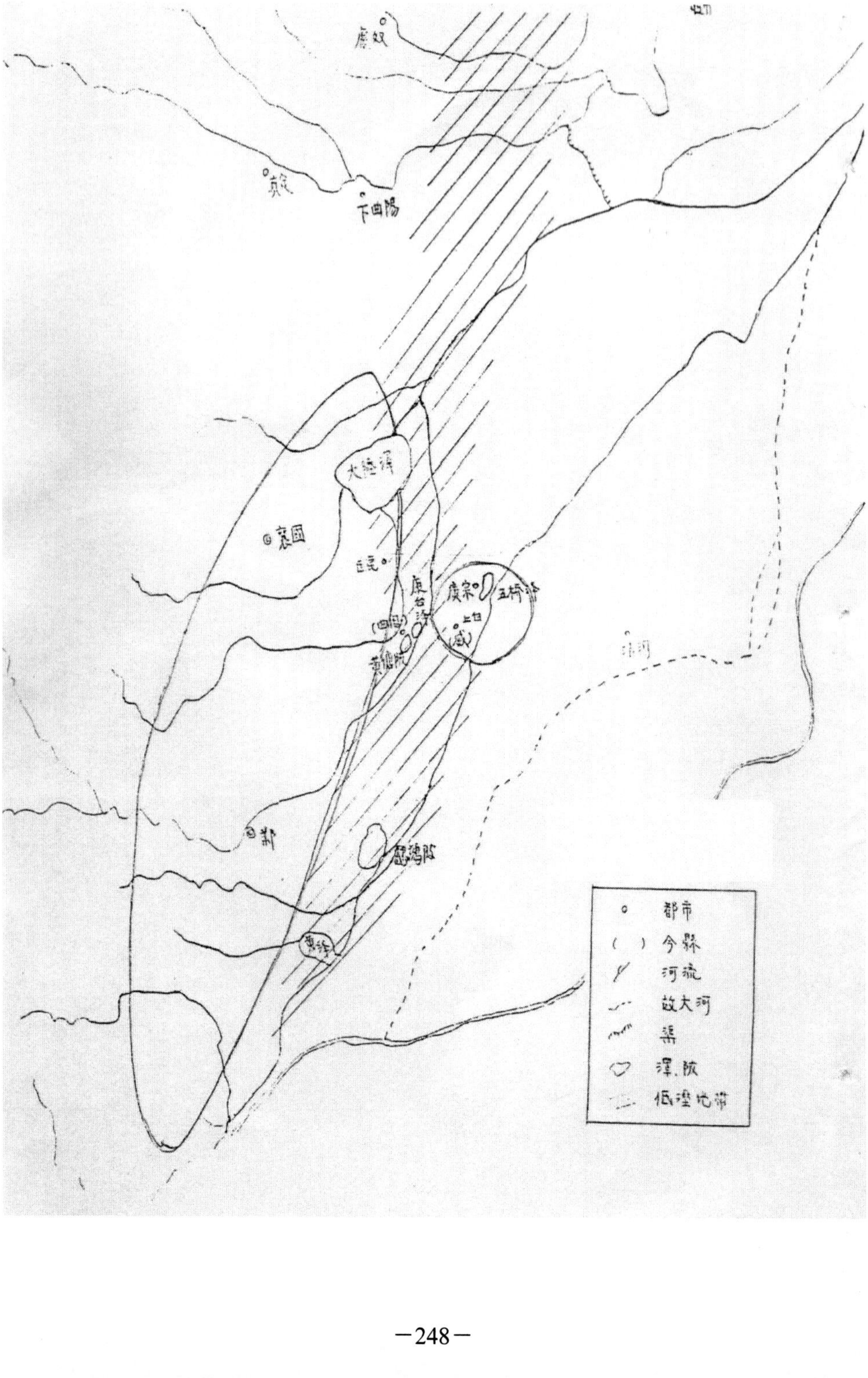

圖二十九：魯口地區形勢圖

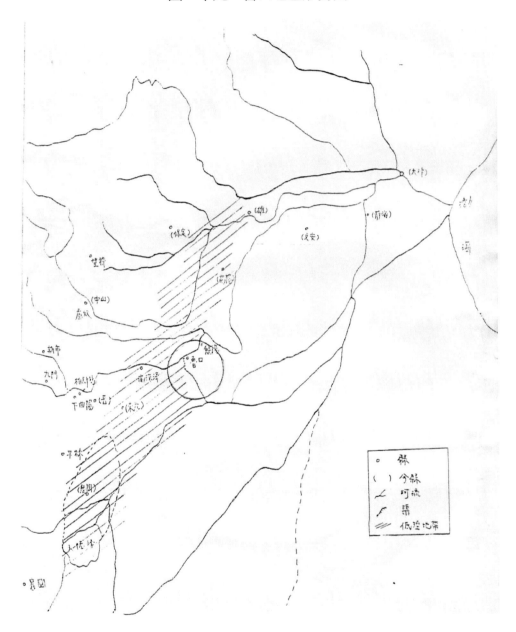